길
위의 향
기 下

장현근의 역사현장 답사기

길 위의 향기 下

2021년 10월 30일 초판 발행
2022년 10월 20일 제2판 발행

지은이   장현근
교정교열   정난진
펴낸이   이찬규
펴낸곳   북코리아
등록번호   제03-01240호
주소   13209 경기도 성남시 중원구 사기막골로 45번길 14
          우림라이온스밸리2차 A동 1007호
전화   02-704-7840
팩스   02-704-7848
이메일   ibookorea@naver.com
홈페이지   www.북코리아.kr
ISBN   978-89-6324-968-1 (04910)
           978-89-6324-966-7 (세트)

값 23,000원

2판

길 위의 향기

장현근 지음

장현근의 역사현장 답사기

下

리더십 함양을 위한 교양서

북코
리아

차례

제1부 영남권

제2부 호남권 – 전남

제3부 호남권 – 전북

제5부 강 따라 떠나는 인문학 기행

제6부 우리의 삶터: 전라도 역사탐방

제7부 문학으로 만나는 인문학

제1부

영남권

독립운동의 성지 안동의 향기는

광복 70주년을 기념하는 해를 맞이하여 대한민국의 독립을 있게 한 노블레스 오블리주의 의로운 삶을 온몸으로 보이며 살다 가신 분들의 역사를 찾아가는 기행을 떠난다.

그 첫 번째 발자취는 서간도(西間島) 독립운동의 밑바탕이 되었던 안동의 혁신유림(革新儒林)이다. 작년 갑오년은 민족혁명이었던 동학농민혁명, 경기·강원 일대의 화서학파를 찾아 위정척사계열인 의암 유인석, 외당 유홍석, 윤희순 의사를 찾아가는 항일의병전쟁, 전남 장성의 노사학파를 찾아가는 항일의병전쟁, 녹천·매천 선생을 따라가는 전남·전북의 호남의병전쟁 등을 다루며 전국을 찾아다녔다. 올해 광복 70주년을 기념하여 북원태학(北原太學)에서 만나고자 하는 분은 일송(一松) 김동삼 선생이다.

일송이 태어난 안동의 천전(川前), 즉 내앞마을을 시작으로 만주 서간도 유하현 삼원보와 추가가를 지나 신흥강습소 졸업생을 이끌고 개척한 팔리초 백서농장, 그의 가족들이 정착했던 길림성 목단강의 영안현, 그리고 마지막으로 이주한 하얼빈 지역까지 그의 발자취를 따라갈 것이다.

일송 김동삼은 백야와 함께했던 만주 해림의 산시진(山市鎮)을 지나 만주사변 이후 새로운 전략을 수립하고자 하얼빈에 들어갔다가 피체된 후 신의주감옥을 거쳐 평양으로, 다시 서대문형무소로 옮긴 뒤 1937년 순국한다. 일제의 시선이 두려워 아무도 나서지 않을 때, 만해 한용운 선생이 심우장(尋牛莊)[1]으로 시신을 옮겨 오일장(五日葬)을 치르며 생애 처음으로 통곡했다 한다. 만주벌판을 포효하던 호랑이의 기개와 심우장 차가운 북향의 정신은 그렇게 만나 빼앗긴 땅을 적셨고 "나라 없는 몸, 무덤은 있어 무엇하냐"라는 일송의 유언대로 그의 몸은 한강에 뿌려졌고, 강을 따라 그의 이름과 넋은 지금도 흐르고 있다.

일송 김동삼 선생이 살았던 내앞마을에는 일송에게 영향을 준 많은 스승과 제자, 가족과 동생, 사촌동생, 그리고 안동의 혁신유림과 혁신학교가 있다.

의성김씨 김동삼, 그를 만나기 위해 먼저 학봉 김성일의 종가 학봉종택을 방문하기 위해 88고속도로를 타고 인월을 넘어 함양, 거창, 합천, 고령을 지나 달구벌을 고속도로로 통과하여 중앙고속도로로 갈아타고 안동으로 달린다.

우리나라 독립운동사는 세계사에 그 유례를 찾을 수 없을 정도로 대단한 위치를 차지하고 있다. 그중에서도 만주를 중심으로 줄기차게 이뤄진 항일무장 독립투쟁이야말로 우리나라 독립운동사의 백미(白眉)라 할 수 있는데, 그 한복판에 경북 안동이 있다. 안동을 이해하기 위해서는 조선시대 성리학의 한 축을 이끌어간 퇴계 이황을 이야기해야 한다. 그의 후손이 향산 이만도 선생이요, 이육사요, 만주에서 빼놓을 수

---

1 일제강점기인 1933년 만해(萬海) 한용운(1879~1944)이 지은 집으로 남향을 선호하는 한옥에서는 흔히 볼 수 없는 북향집인데, 독립운동가였던 그가 남향으로 터를 잡으면 조선총독부와 마주 보게 되므로 이를 거부하고 반대편 산비탈의 북향 터를 선택했기 때문이다. 이처럼 일제에 저항하는 삶을 일관했던 한용운은 끝내 조국의 광복을 보지 못하고 1944년 이곳에서 생애를 마쳤다(두산백과).

안동 학봉종택 2015-02-01

없는 이원일 선생이다. 퇴계에서 유성룡을 거쳐 김성일로 이어져 내려
가는 퇴계 학풍의 맥이 안동에 뿌리를 내린 것은 학봉 김성일이 그 중
심에 있으니 의성김씨 학봉종택을 찾아가는 일은 어쩌면 우리나라 독
립운동의 한 장을 찾아가는 길일 것이다.

　　만주 4천km 대장정 「아직 끝나지 않은 독립운동」 답사 프로그램
을 기획하고 현지답사를 마무리하여 현재 만주지역 독립운동사를 수
차례 안내하고 있는데, 그 여정 한복판에 서간도 독립운동의 중심인 신
흥무관학교가 있다. 신흥강습소에서 출발한 무관학교는 우당 이회영의
6형제와 안동의 고성이씨(固城李氏) 석주 이상룡을 포함하여 의성김씨
김대락과 일송 김동삼을 빼놓을 수 없으니 결국 이들의 희생과 정신이
봉오동과 청산리, 의열단과 그 외 셀 수 없이 많은 독립운동단체의 탯
줄이 되어준 것이라 생각한다. 그들의 정신과 희생의 결과는 1945년 해
방을 가져왔지만, 결론을 미리 말하고 나니 서글퍼지는 이유는 뭘까.

　　보수의 중심이라는 안동이, 소위 척사위정(斥邪衛正)의 차돌 같은

단단함으로 변하기 어려웠던 그 안동이 독립운동사에 길이 빛날 혁신유림으로 변모하며 만주를 개척했던 주인공들의 산실이 되었으니 이 어찌 혁명적이지 않은가. 하지만 지금의 안동은 어떤가. 보수로 대변되는 지역의 안동으로 머물지 말고 독립운동 정신을 계승하고 발전시키는 일에 앞장서는 혁신안동으로 다시 부를 이름이어야 하지 않을까. 독립운동의 성지는 단지 지역 패권을 지키는 에너지로만 모여지는 것은 아니다. 그 정신이 현재에도 살아있어야 하고 이 시대에 필요한 정신으로 승화하여 살아 꿈틀대며 역사의 흐름으로 나아가야 한다. 고인 물이 탁해지듯 과거의 역사로 박제되어버린 독립정신이라면 그것은 성지가 아니라 박물관에 불과할 것이다. 안동 혁신유림이 자주와 통일이라는 새로운 독립의 길로 탈피(脫皮)하여 다시 태어나야 한다. 아직 끝나지 않은 이 시대 독립운동의 본질로 들어가면 우리는 민족분단의 아픔을 극복하며 통일을 향해 살을 에는 고통을 견뎌내는 노력을 해야 한다.

2015-02-01

학봉종택과 내앞마을

섬진강 기행을 위한 답사를 마무리하고 돌아왔다. 다시 일상으로 돌아온 나의 마음은 자꾸 안동으로 향한다.

한 시대의 지도자로 살아간 사람들은 어떤 생각으로 자신의 삶을 꾸려갔을까. 답사를 진행하며 압록강에 설 때마다 그 도도한 역사의 흐름을 바라보며 이 강을 건너 만주로 향한 사람들, 독립을 꿈꾸며 한 삶을 바친 여러 지도자의 삶과 대면하곤 했다.

그것은 나 자신을 돌아보게 하는 시간이었고, 시대의 정신을 생각하게 하는 강물이었다. 압록강이 거꾸로 흘러 수풍을 지나 집안을 오르고 장백현을 굽이쳐 백두산으로 흐른 적은 없다. 역사도 지엽적인 측면에서 뒤로 가는 듯해도 결국은 앞과 미래를 향해 흘러간다. 그 물 위에서 손님을 실어나르는 뱃사공이 강을 비스듬히, 때로는 거꾸로 향한다 해도 결국은 건너편 나루터를 향하듯이 말이다. 얼마나 많은 사람이 압록강을 건넜던가. 1910년을 전후로 이 땅의 지식인, 즉 이타심을 가지고 자신과 가족을 사랑했던 뜨거운 가슴을 간직한 그들은 그렇게 이 강을 건넜다. 도망해서 숨어 살려고 그런 것이 아니었다. 그들은 다시 돌아올 수 있다는 믿음, 해방된 뒤 온전하게 주권국가로 서 있는 독립된 그 나라로 복귀할 수 있다는 희망을 가졌기에 목숨을 내놓고 싸울 수

광복 70주년 기념 「아직 끝나지 않은 독립운동」 만주 대장정에서 압록강에 선 교직원연수단 2015-07-28

있었을 것이다.

안동으로 생각이 자꾸만 향하게 하는 사람, 역사의 압록강을 건넌 많은 선각자 중의 한 사람, 다시 이 압록강을 건너 조국에 돌아와 서대문형무소에서 순국한 일송 김동삼이 요즘 나를 계속 부르고 있다.

안동 서후면 학봉(鶴峯) 김성일의 종택을 찾아간 이유도 일송이 바로 학봉의 후손이기 때문이며, 퇴계 이황의 주리론을 이어받아 척사사상으로 무장한 선비의 가문을 만나고자 함이었다. 종손의 안내로 학봉 종택의 불천위묘(不遷位廟)를 만난 후 대문 앞에 서 있는 기념식수 한 그루를 보았다. 장흥고씨 고경명 장군의 후손이 이 집 앞에 기념식수를 한 이유는 무엇일까. 학봉 김성일이 진주성을 지키다가 세상을 떠난 그 시대 고경명 의병장은 두 아들을 전장에 참여시키며 다섯째 고용후와 가족을 안동의 학봉댁에 의탁했다. 과거 김성일이 나주 목사로 있었을 때 맺은 인연으로 두 집안은 그렇게 임진왜란, 즉 조ㆍ일전쟁 시기부터

종택의 불천위묘에서 학봉 김성일과 그의 후손들의 선비정신을 안내하는 종손 2015-02-01

인연을 맺어 오늘에 이르게 된 것이다.[2]

　　종손의 의연함과 종택 관리인의 자상한 배려를 뒤로하고 안동 시가지로 들어섰다. 몇 해 전 대한민국자연생태체험연구회에서 안동의 유학을 찾아 기행한 적이 있어 낯설지 않았다. 낙동강이 측면을 흐르는 안동 강변을 타고 임하면을 향해 계속 동쪽으로 향했다. 막 다리를 건너는데 좌측에 임청각이 보였다. 임청각은 내일 만나기로 하고 임하면 천전(川前)으로 달렸다. 천전은 우리말로 '내앞마을'이라 불린다.

　　이곳에는 백하구려 김대락과 일송 김동삼의 생가, 그리고 빼놓을 수 없는 협동학교 터인 가산서당 등이 자리 잡고 있다. 협동학교는 그야말로 변혁의 대명사다. 혁신유림의 요람이던 이곳에서 동산 류인식 선생과 김동삼을 만날 것이다. 또한 경상북도독립기념관이 이곳의 가치를 보여주듯 의미 있게 서 있다.

2　　이해영, 『안동 학봉 김성일 종가』(서울: 예문서원, 2011), 67-69쪽.

영남권

하루해가 기울어가는 시간에 그토록 오고 싶었던 안동 임하 내앞 마을에 섰다. 만주 서간도 독립운동의 모태인 땅에 드디어 발을 디딘 것이다.

2015-02-01

반변천 내앞마을 협동학교와 김동삼 생가

약 천삼백 리의 낙동강이 굽이치는 안동, 그 지류 반변천이 흐르는 내앞마을로 깊숙이 들어왔다. 한때 천전의 구석구석 집집마다 150여 명이 한꺼번에 만주로 망명하여 마을이 텅 비어버린 적이 있던 곳. 그야말로 독립운동 성지라고 불릴 정도로 엄청났던 역사적 사건을 간직한 마을이 낙동강의 지류인 반변천 개울가 앞마을이다.

보수유림의 대명사 안동에서 어떻게 혁신유림이 가능했을까. 그 한복판에 동산 류인식 선생이 있다. 1865년생인 동산은 1903년경 성균관을 드나들며 국내외 정세를 접했고 신채호, 장지연 등과 교류하며 서양 문물을 접하게 된다. 그래서 1907년 안동의 혁신을 불러올 협동학교를 세우게 되는데, 이 학교의 탄생에는 대략 10년 아래의 의성김씨 내앞마을의 김후병과 김동삼이 있었다. 이들이 학봉종택의 큰 종손 김병식을 움직였을 것으로 보고 있다.[3]

협동학교는 유림이 중심이 된 의병들의 습격을 당해 교사들이 피살되는 비극을 맞기도 한다. 보수의 한복판에서 혁신의 개화 학교가 서 있는 것이 얼마나 어려운 일인가를 보여준 일대 사건이었다.

---

3   김희곤, 『안동 내앞마을』(파주: 지식산업사, 2012), 25-29쪽.

안동시 임하면 내앞마을. 의성김씨 종택이 산 아래 위치한다. 2015-02-01

안동의 혁신학교 가산서당 2015-02-01

　　해가 지고 있는 내앞마을, 독립운동의 성지마을임에 든든해지는 느낌이다. 혁신유림의 땅 안동의 내앞마을에 땅거미가 찾아온다. 한 마을 150여 명이 만주로 망명하여 서간도 독립운동의 중심에 섰던 마을.

그해 그들이 떠나가던 행렬의 뒷모습이 장엄함을 넘어 가슴 아리게 다가온다. 그들의 앞길엔 풍토병과 추위 그리고 가난, 일제와 한통속이 되었던 중국인의 만행, 그리고 참혹했던 경신년 일제의 간도학살[4]이 기다리고 있었기 때문이다.

경신참변은 일송 김동삼의 가족에게도 예외가 아니었다. 이때 살해당한 김동삼의 동생 김동만의 죽음은 처참했으며 참으로 안타까운 일이었다. 독립운동으로 떠나고 없는 형님의 가족들을 돌보았고, 만주로 망명할 때 가족들을 이끌었으며, 삼원포에서 삼광학교(三光學校) 교장을 맡아 민족 인재를 길러내면서 독립운동의 텃밭인 동포사회를 꾸려나간[5] 김동만이 일제의 간도학살에 의해 목숨을 잃었다.

내앞마을 이곳저곳을 돌아다니다가 골목 안길에서 일송 김동삼 선생 생가터를 찾았다. 내가 안동에 오고자 했던 목적 중의 하나가 일송을 만나고자 함이었다. 안동과 만주를 연결하여 아직 끝나지 않은 독립운동 답사를 안내하고 있는 내게 김동삼은 설렘이었다. 생가에 표시된 출생연도를 바라보며, 순간 1878년 같은 해에 태어나 항일의병장의 길을 간 정재 이석용 선생이 스쳐갔다. 동산 류인식 선생과 함께 협동학교를 세우고 만주로 건너가 독립운동단체의 통합을 위해 온 힘을 기울였던 일송 김동삼. 그의 뒤엔 경학사와 백서농장을 포함하여 서로군정서, 대한통군부, 대한통의부 등 많은 독립운동단체가 있고 1928년 조직한 혁신의회 등이 있다.

1931년 하얼빈에서 체포되고 1937년 서대문형무소에서 순국한 일송 김동삼. 작년 만주 독립운동 답사를 통해 곳곳에서 그의 흔적을

---

4   1920년 경신년에 일제가 만주에 거주하는 조선인을 학살한 경신참변을 말한다.
5   김희곤, 『만주벌 호랑이 김동삼』(파주: 지식산업사, 2009), 117-120쪽.

일송 김동삼 생가 2015-02-01

만날 수 있었다. 이제 또다시 올 7월에 교직원연수단을 이끌고 일송의
흔적을 찾아 만주로 갈 것이다.

독립운동의 성지 이곳 내앞마을에 경상북도독립기념관이 세워진
것은 너무나도 당연한 일이다. 우리의 자랑 독립운동의 역사를 안동을
중심으로 전시해놓아 이곳을 찾는 사람들에게 자긍심을 느끼게 하기에
충분했다. 야외 전시물 공간에 3.1만세운동과 대한민국임시정부 수립
90주년을 맞은 2009년 새봄에 쓴 다음의 글귀가 가슴에 와닿는다.

안동은 한국 독립운동의 성지입니다. 겨레가 나라를 빼앗겨
고통에 빠져있을 때 이를 구하려 몸 바친 안동사람들의 피어린
투쟁은 한국 독립운동사와 세계식민지 해방투쟁사에서 우뚝한
것이기 때문입니다. 자랑스러운 그 역사를 가슴에 새기면서 이
제 다짐을 합니다. 세우신 나라 사랑의 뜻 이제는 우리가 되세웁

안동 내앞마을에 세워진 경상북도독립기념관 2015-02-01

니다. 펼치신 겨레사랑의 삶 이제는 우리가 걸어갑니다.[6]

저 앞에 흐르는 반변천이 서쪽으로 흘러가 낙동강과 합류하는 부근에 석주 이상룡의 임청각이 있다. 내앞마을을 나와 다시 서진하여 낙동강을 건너고 우측으로 임청각을 스치며 안동 구시장으로 향했다.

오늘 안동이 가야 할 길은 어느 방향일까? 혁신유림처럼 다시 보수를 넘고 자주를 신실학으로 받아들이고 민족통일로 가는 신 독립운동의 성지가 되어주기를 간절히 소망한다. 이곳 출신 독립운동가들이 그토록 바라던 조국 독립의 오늘의 사명은 분단을 넘고 통일로 가야 하기 때문이다.

2015-02-01

---

6   안동 내앞마을에 세워진 경상북도독립기념관 동편 야외 전시공간 돌판에 새겨놓았다
    (2015. 2. 1).

임청각

이른 아침 향산고택을 시작으로 도산서원, 이육사 생가, 퇴계 종택을 돌아와 임청각(臨淸閣)에 앉아 낙동강을 내려다본다. 아직 안동에 시야와 생각이 머물러 있다. 서간도 독립운동의 밑바탕이 되었던 안동의 혁신 유림들. 그들의 길을 잠시라도, 아니 삶의 긴 여정 속에서 한 번쯤은 그들을 생각하는 시간을 갖고 마음으로 안타까워도 하고, 고맙다는 말 한마디는 하고 살아야 할 듯해서 낙동강을 계속 기웃거리고 있다.

안동에서 기억해야 할 세 가문이 있다. 진성이씨(眞城李氏), 의성김씨(義城金氏) 그리고 고성이씨(固城李氏)다. 학봉 김성일을 기리는 학봉가의 의성김씨 인맥과 퇴계 이황의 진성이씨는 세 차례나 사돈을 이어갈 정도로 가문끼리 대단한 연을 가졌다. 향산 이만도, 이육사, 훗날 만주에서 활동하는 이원일, 그리고 그 가문의 여성들은 고성이씨와 의성김씨의 며느리로 인연이 되면서 만주 서간도에서 독립운동을 펼쳐나간다.

오늘 안동에서 만나야 할 사람은 임청각의 주인 고성이씨 석주(石洲) 이상룡 선생이다. 우당 이회영 선생과 함께 서간도 유하현 삼원보 추가가에 신흥강습소를 세워 무장독립운동 35년의 역사를 있게 한 주인공 중의 한 분이다.

임청각 지킴이 김호태 선생과의 만남 2015-02-02

임청각은 99칸의 현존하는 살림집 중 가장 오래된 큰 집으로 보물 제182호이며 '세계의 건축물 1001'에 들어가 있다. 500여 년 전에 세워진 임청각의 위용과 아름다움에 외국인들도 놀라고 있다고 한다. 도연명(陶淵明)의 「귀거래사(歸去來辭)」에 나오는 다음 시구에서 '임청(臨淸)' 두 자를 차용한 것이다.[7]

> 登東皐而舒嘯 臨淸流而賦時
> 동쪽 언덕에 올라 길게 휘파람 불고
> 맑은 시냇가에서 시를 읊조린다.

7   허은 구술, 변창애 기록, 『아직도 내 귀엔 서간도 바람소리가』(서울: 민족문제연구소, 2013), 259쪽.

유하현 삼원보 추가가의 대고산. 현지 동포 가이드는 좌·우측으로 보이는 주택 자리가 석주 이상룡과 우당 이회영의 거주지였다고 했다. 2014-03-25

그 마루에 앉아 10년 전 도올 김용옥 선생이 독립운동사 다큐멘터리 촬영하던 장면을 떠올렸다. 임청각은 우리 민족의 정신이다. 임청각을 가슴으로 안내하는 김호태 선생과 잠시 대화를 나누었다. 임청각을 진하게 사랑하는 모습이 내게도 전해온다.

여러 정승이 태어난다는 우물방에 나도 들어가 보았다. 석주 선생이 태어났고, 이 집안의 여러 독립지사가 이 방에서 태어났다니 그 기운이 내게도 들어왔으면 좋겠다. 도올 선생이 남긴 친필 글이 액자 속에 정성스럽게 자리하고 있다. 스리랑카에서 직접 가져왔다는 홍차를 내주셨다. 맛이 참 좋았다. 김호태 선생의 안내로 500년 세월의 임청각 군자정 안도 자세히 볼 수 있었다. 퇴계 선생의 친필 현판이 그 기나긴 세월을 말해주고 있었다.

2014년 3월 서간도 삼원보의 추가가 대고산을 찾았다. 대고산 아래 추가가 마을의 끝자락에는 경학사 터도 남아 있었다. 그리고 바로 앞에 우당과 석주의 거주지 자리를 확인하는 순간, "아!" 하고 아무 말도 할 수 없었다. 우리 민족의 위대한 두 스승의 흔적을 만주 땅에서 확인할 수 있었고, 그 자리에 와볼 수 있다는 것만으로 형언할 수 없는 감동을 느낄 수 있었다.

석주 이상룡이 태어나 살았고, 종가의 대를 이은 그가 조상의 위패를 모두 땅에 묻고 노비를 해방하며 신학문을 받아들여 무장독립운동의 길로 떠난 출발이 바로 임청각이었다니 이곳에서 하루만 묵을 수 있다면 얼마나 좋겠는가. 도올 선생이 묵었다는 우물방에서 나도 언젠가는 하룻밤을 지새우고 싶다. 담장을 말끔하게 보수해서 보기 좋다. 어디서 가져왔는지 역암을 가져다 담을 조성했다. 이곳의 지질도상 의아해서 물어보니 문경 쪽에서 가져온 것 같다고 했다.

담양 창평의 학봉(鶴峯)종택, 안동 서후면의 학봉(鶴峯)종택 두 사당에서는 불천위묘 그리고 위패들을 만날 수 있었다. 그러나 이곳 석주의 고성이씨 사당은 비어 있다. 망명 직전 나라가 독립되기 전에는 절대 귀국하지 않겠다는 비장한 각오를 다지며 임청각에 있는 사당으로 올라가 신주와 조상 위패를 땅에 묻었기 때문이다.[8] 사당의 외곽을 둘러보고 낙동강이 내려다보이는 임청각 군자정의 뒤안 가장 높은 곳에 올랐다. 1942년경 일제가 철도를 내면서 30여 칸을 헐어냈다. 그리고 임청각을 누르기 위해 기찻길을 구부리며 이 터 앞을 지나가게 했다. 마치 정유재란 전투 때 순국한 만인의 혼을 짓누르며 지나가게 건설한 남원역의 전라선 철도 만행(蠻行)처럼 말이다. 지금도 그 철길은 살아서 임청각의 귀청을 흔들고 정신을 혼미하게 만들고 있다. 향후 철로를 옮

---

8   임청각, http://www.imcheonggak.com(검색일: 2021. 1. 3).

낙동강변 임청각 2015-02-02

기는 일을 시도한다니 퍽 다행스러운 일이다.

　낙동강 그 언저리 임청각은 1519년 별서(別墅)로부터 그렇게 500년을 이어왔다. 역사는 삶이다. 그리고 어렵게 임청각은 다시 종손의 관리에 들어왔다. 임청각에는 서간도 만주 땅에서 아버지 석주의 유품을 안고 국내에 들어와『석주유고(石洲遺稿)』를 세상에 남기고 자결을 택한 이준형 독립지사와, 조부와 아버지의 독립운동의 길을 이어간 손자 이병화 선생의 혼이 담겨 있다. 한편 이병화의 부인 허은은 만주 생활의 회고록『아직도 내 귀엔 서간도 바람소리가』를 남겼다.

　임청각에서 다시 낙동강을 내려다본다. 석주가 만주로 망명한 1911년 54세 때 임청각 앞을 흘렀던 강물은 남해로 들어가 몇 번이고 육지로 들어와서 오늘도 천삼백 리를 흘러 남해로 다시 흘러간다. 아직 끝나지 않은 독립운동의 그 길, 우리 세대에서 끝나지 않은 독립운동을 끝내야 한다.

매천(梅泉) 황현(黃玹)이 남긴 '난작인간식자인(難作人間識字人)' 구절을 떠올린다. 오늘 이 시대의 지식인으로 살아가는 것이 얼마나 어려운 일인지를 안다면 독립운동은 그 결론을 낼 것이다.

2015-02-02

아직도 내 귀엔 서간도 바람소리가 1

- 전북 70아 5097 버스

비가 내리는 저녁, 버스 승강장에 앉아 버스를 기다린다.
사람이 아닌 책 한 권이다.

어딘가 떠나야 할 여행
우리를 기다리게 하는 여름 끝의 여행을 위한 연수 교재다.

전주 인쇄소에서 전북 70아 5097 버스를 타고
그 녀석도 여행하고 남원으로 온다.
많은 이야기로 배가 볼록해진 그 녀석을 기다리며 난 튀기는 빗방울을
맞고 있다.

지금 이 순간이 가장 소중한 시간이다. '더 나은'이라는 것은 없다.
한때 많은 사람의 삶을 그토록 가엾게 만든 지나간 세월이 있었다. 그
들을 미리 마중 나와 기다린다. 언제 올 줄 모르는 독립을 한없이 기다
리며 고통스레 살아간 그들이다.

2016년 정기연수 「아직 끝나지 않은 독립운동」 기획 - 안동 혁신유림을 찾아

아직도 내귀엔 서간도 바람소리가

| 2016년 8월 27일(토) ~ 8월 28일(일) | 주최 : 전북교과통합체험학습연구회 | 진행 : 北原太學

김락, 김우락, 이해동, 허은, 남자현 그들의 삶을 떠올리며 빗방울을 맞는다. 연신 고개는 좌측 오거리로 향한다. 남원직통이라는 이정표를 달고 버스 한 대가 회전하여 들어온다. 전북 70아 5097 버스다.

"기사님, 책 한 권 혹시 안 맡겼어요?"
"예, 여기요" 하고 건네는 버스 기사를 보면서 만주 해성에서 심양으로 굴렁쇠를 굴리며 독립군을 연결했던 유돈상의 아들 유연익을 떠올렸다.

나흘 뒤 교원들과 떠날 안동 연수 교재 『아직도 내 귀엔 서간도 바람소리가』가 내 손에 들어왔다.

2016-08-23

아직도 내 귀엔 서간도 바람소리가 2
- 학봉종택에서 이육사까지

서간도지역의 독립운동, 경학사, 부민단, 신흥무관학교로 이어지는 서로군정서. 그 줄기찬 우리 민족의 항일독립운동 속에 안동이 자리한다. 그 안동의 사상적 근간에는 영남 남인이던 퇴계학파가 있다. 주리론을 근간으로 위정척사 학맥을 이어오는 그들이 자기반성을 통해 혁신유림으로 변모하여 한국독립운동사에서 크나큰 족적(足跡)을 남겼다.

퇴계에서 학봉 김성일, 정재 유치명에서 서산 김흥락으로 이어지는 학맥과 진성이씨와 의성김씨의 혼맥은 안동을 똘똘 동여맸다. 그리고 고성이씨와 전주류씨도 안동유림 형성에 중요한 역할을 했다.

「아직 끝나지 않은 독립운동」 기획의 일환으로 만주와 국내를 연계하여 의병항쟁과 독립투쟁의 현장을 찾아가는 답사가 계속되고 있다. 작년에 중국 동북지역인 만주의 요녕성, 길림성, 흑룡강성 등지를 9박 10일간 4천 km의 「아직 끝나지 않은 독립운동」 대장정을 대한민국자연생태체험연구회와 전북교과통합체험학습연구회 소속 교원들이 다녀왔다.

만주와 안동을 연결하기 위해 전북교과통합체험학습연구회 교원들이 이번에는 서간도 독립운동의 밑바탕인 '안동 혁신유림을 찾아' 떠

안동으로 향하는 연수단이 들렀던 진안 마이산휴게소에서 바라본 마이산 2016-08-27

나는 '아직도 내 귀엔 서간도 바람소리가'라는 주제로 1박 2일의 여정을 안동 서후면 금계리 학봉종택에서 시작했다.

아침 7시 8분에 전라북도교육청 주차장에서 출발한 연수단은 진안 마이산휴게소에 들러 산경도를 통한 영남의 산줄기를 익힌 뒤 장수, 함양, 논공, 서안동IC를 빠져나와 11시 35분 학봉종택에 도착했다. 먼저, 기념관과 종택을 돌아보고 종부(宗婦)와 기념사진을 찍었다. 특히 이번 기행은 독립운동의 숨은 주역들인 안사람들을 주목하기로 했다. 종손(宗孫)이 출타 중이어서 종부(宗婦)를 만날 수 있었던 것도 행운이었을까.

의병장으로 활약한 서산 김흥락과 일제강점기에 가문의 재산을 파락호(破落戶) 행세하며 독립자금으로 제공한 김용환 지사의 삶도 살펴보았다. 김용환 지사는 내앞마을 백하구려 김대락의 동생 김락 여사의 사위이기도 하다.

안동 서후면 학봉종택에서 종부(宗婦)와 함께 2016-08-27

　　안동 시내로 들어가 안동댐 아래 식당에서 헛제사밥으로 점심을 해결했다. 마침 종택을 답사한 뒤라 그 분위기가 제법 어울렸다. 북으로 도산면을 향하고 도산서당[9]에서 도산서원으로 발전해간 서원의 역사를 살피고 한국독립운동사의 의의와 안동 독립운동의 특징을 사전 연수 차원에서 미리 돌아보았다. 안동 혁신유림의 근원을 찾아가면 퇴계 이황의 학풍으로 이어져 있기 때문이다.

　　퇴계 선생이 4년에 걸쳐 지었다는 도산서당에는 퇴계가 거처하던 방인 완락재(玩樂齋)가 있고 마루에는 '암서헌(巖栖軒)'이라는 이름으로 편액이 걸려 있다. 그가 암서헌에 앉아 사색에 잠길 때 조용히 걸었을 화단 절우사(節友社)는 계절별로 함께해준 자연의 식물들을 벗으로 가꾸었다. 방형의 연못 정우당(淨友塘)은 그가 꽃 중의 군자라 칭한 연꽃을

9　　안동시 도산면 토계리 680.

도산서당 2015-02-02

심어 그리 이름했다 한다. 글자 뜻대로 깨끗한 벗이 있는 못이다. 연꽃이 진흙탕에 살면서도 몸을 더럽히지 아니하고 속은 비고 줄기는 곧아 남을 의지하지 않으며 향기는 멀수록 맑은 자태를 가지고 있으니 가히 정우(淨友)다.

　도산서당 뒤편에 선조 7년(1574) 제자들이 세운 도산서원의 강당에 해당하는 전교당(典敎堂)의 마당에서 선조가 이름을 내린 편액을 감상했다. 명필 석봉(石峯) 한호(韓濩)의 글씨체다. 편액 좌측에 '만력 36년 6월 선사(宣賜)'라고 쓰인 글자를 통해 1574년 사액(賜額)이 되었음을 알 수 있다. 옥진각(玉振閣) 안에서 무이구곡도와 도산서원도 및 우리나라에서 가장 오래된 혼천의를 살피고 도산서원을 나선 일행은 서원의 북쪽으로 산길을 타고 넘어 토계리의 퇴계종택으로 향하던 중 좌측에 조성된 계상서당(溪上書堂)[10]에서 잠시 멈췄다.

10　안동시 도산면 백운로 251-11.

퇴계가 된 실개천과 복원된 계상서당 2016-08-27

　퇴계종택을 코앞에 두고 흐르는 실개천이 토계천이다. 이 천이 바로 이황의 호가 된 그 퇴계(退溪)다. 선생이 50세쯤 벼슬에서 물러나 조그만 서당을 지어 독서와 저술을 하면서 제자들을 가르쳤던 곳이 계상서당이었다. 앞서 들른 도산서당 이전의 수련과 강학을 겸한 수도처였다. 1년 전 2월 초에 찾았을 때와 달리 녹음이 우거지고 실개천에 물이 흐르는 모습이 깨달음의 공간으로 이만한 데가 없겠구나 하는 생각이 들게 하는 충분한 경관이었다.

　퇴계종택 주변에는 퇴계기념공원이 조성되어 있고 도산서원선비문화수련원까지 자리하고 있어서 사뭇 규모를 갖춘 공간이 되었다. 퇴계종택을 둘러본 연수단은 바로 옆의 퇴계기념공원에 새겨놓은 이황 선생의 흔적들을 통해 선비의 삶을 만날 수 있었다.

　퇴계 선생의 생활철학으로 새겨놓은 경(敬) · 성(誠)에 대한 안내문에는 다음과 같이 소개하고 있다.

퇴계선생의 학문적 근본 입장은 진리(眞理)를 리론(理論)에서 찾는 데 있지 않았다. 오히려 진리가 평범한 일상생활 속에 있다는 것이 그의 신념으로 지(知)와 행(行)의 일치를 주장, 그 기본이 되는 것이 성(誠)이요, 그에 대한 노력으로서 경(敬)이 있을 뿐이라 했다. 실로 그의 학문, 인생관의 최후 결정은 이 경에서 찾아볼 수 있는 것으로 이 경을 70의 생애를 통하여 실천한 것이 퇴계 선생이다.

퇴계 선생 묘소가 있고 많은 독립운동가를 배출한 도산면 하계마을에 세워진 독립운동기념비를 살피고 이육사문학관으로 향했다. 작년에 왔을 때와는 완전히 달라져 있었다. 완전히 다른 공간으로 변하고 있는 문학관은 공사 중이어서 이육사의 집터[11]에 세워진 청포도 시비를 찾아갔다.

시인, 의열단원 독립운동가로 알려진 이육사의 본명은 이원록(李源祿)이다. 육사는 이곳 원촌에서 태어나 예안 보문의숙과 대구의 교남학교, 영천의 백학서원에서 학문을 연수한 뒤 일본 동경에서 대학을 다니다가 귀국했다. 윤세주의 의열투쟁에 영향을 받아 형 이원기와 동생 이원유와 같이 삼형제가 의열단에 가입했다. 1927년 10월 18일 장진홍의 조선은행 대구지점 폭파사건이 일어나자 일제의 무차별적인 검거로 체포되어 고문을 받았다. 이때 미결수 번호 264가 그의 상징이 되었다.

중국에서 김원봉이 교장으로 있던 조선군관학교를 수료한 뒤 귀국하여 일경에 체포되기도 한 이육사는 일제의 고문 후유증으로 의열단에서 활동을 멈추고 시로써 일제에 항거했다. 다시 중국에 들어갔다가

---

11   이곳에 있던 집은 안동시 포도길 8(태화동 672-2)로 이전했다.

이육사 청포도 시비 앞에 선 연수단 2016-08-27

이육사문학관 뒤편에 조성한 옛집 육우당과 절정시비 2015-02-02

1943년 5월 귀국하여 7월에 서울에서 체포되고 중국 북경으로 이송되어 1944년 1월 16일 북경감옥에서 세상을 떠났다. 그리고 재가 되어 고향으로 돌아왔다.

    의열단원으로 활동하다가 민족시인으로 일제에 저항했던 이육사의 삶을 잠시 돌아보고 옛 집터에 꾸며진 청포도 시비에서 다 함께 두 차례 시를 낭송했다. 먼 길을 달려와서 시간을 쪼개듯 하루 일정을 소화해낸 연수단은 낙동강을 따라 남으로 내려와 향산 이만도의 고택 뒤 치암(恥巖)고택[12]에서 긴 여정으로 지친 몸을 쉬었다.

2016-08-27

「안동의 혁신유림을 찾아」 여정 1

❶전주 → ❷대구 → ❸서안동 → ❹학봉종택 → ❺도산서원 → ❻계상서당 → ❼퇴계종택 →
❽퇴계공원 → ❾하계마을 → ❿이육사문학관 → ⓫치암고택(숙소)

---

12   경상북도 안동시 안막동 119-1.

아직도 내 귀엔 서간도 바람소리가 3

- 임청각 종손 이항증 선생

'한국 정신문화의 수도'라고 홍보하는 안동에서 하룻밤을 보냈다. 낙동강이 저 아래에서 흘러가는 안동 시내의 높은 언덕에 자리한 치암고택에 아침부터 가을을 재촉하는 비가 내리고 있다. 안채와 행랑채 그리고 사랑채 기와에 비가 잠시 머물렀다가 제각각 크기대로 모여 방울이 되어 떨어진다. 고풍스러운 한옥의 처마에서 낙숫물이 가을을 재촉하고 유서 깊은 고택의 새벽을 더욱 고즈넉하게 감싼다. 이 고택은 치암(恥巖) 이만현(李晩鉉)이 살던 집으로 원래 어제 다녀온 이육사의 고향 도산면 원촌리에 있었으나 안동댐 건설로 1976년 현재의 위치로 옮겨졌다. 사랑채 문을 열고 고택과 함께 숨 쉬고 있는 정취를 바라본다. 참 좋다. 안동의 깊은 정취, 오늘은 비가 되어 흐르는 안동의 정신을 흠뻑 담아본다.

안동 시내로 아침을 먹으러 가기 전 도산면 토계리에서 치암고택 바로 아래로 옮겨온 향산(響山) 이만도(李晩燾) 선생의 고택 앞에 잠시 걸음을 멈추었다. 이 고택도 안동댐 건설로 고향을 두고 떠나온 셈이다. 안동 혁신유림 이전의 대표적 척사유림이 향산 이만도 선생이다. 퇴계 이황의 11대손인 향산은 의병을 일으켰으며 경술국치 소식을 듣고

치암고택에서 바라본 향산고택 2016-08-28

임청각에서 석주 이상룡 선생의 증손자 이항증 선생과의 대담 2016-08-28

단식으로 순국투쟁을 벌여 24일 후 숨을 거둔다. 안동에서 항일전쟁에
불을 댕긴 향산의 뒤를 이어 그의 아들과 손자들도 독립운동에 함께했
다. 며느리 김락은 백하 김대락의 누이로 기미독립 만세운동에 참여했

다가 일경의 고문에 두 눈을 잃고 67세로 삶을 마감했다. 안동의 독립운동에서 빼놓을 수 없는 사람이 바로 향산이다.

아침을 먹고 임청각에 올랐다. 작년에 만났던 김호태 선생과 인사를 나누었다. 석주 이상룡 선생의 증손자이며 임청각의 소유권을 2010년 문중으로 되돌려놓는 일에 10여 년간 열정을 쏟은 이항증(李恒曾) 선생이 마침 임청각에 계셔서 잠시 안내를 청했다. 현재 경상북도 광복회장을 맡고 있다.

형제들이 세상을 떠나 조카 여덟 명의 결혼식장에서 아버지 역할을 했다는 임청각 종손의 애잔하고 가슴 아픈 사연들이 임청각 뜰 안에 가랑비와 함께 젖어든다. 증조부 석주 선생이 노블레스 오블리주 정신으로 종택 임청각을 팔아 독립자금으로 썼다는 이야기와 해방 이후 고아원 신세를 졌다는 이항증 선생의 삶의 단면을 면전에서 들으며 경청하는 교원들의 눈시울도 함께 물들어가는 모습이 보였다. 친일하고 나라 팔아먹은 자들은 은사금 받아 삼대가 부자로 살아가고, 독립운동 한 애국지사들의 후손은 삼대가 비참하게 가난을 이어간다는 말이 가슴 아프게 다가오는 시간이었다. 석주의 증손과 함께 임청각 마당에서 기념촬영을 마친 후 나는 따로 요청하여 함께 사진기록을 남겼다. "건강하게 오래오래 사십시오" 하고 인사 드리고 임청각을 떠났다.

한 집안에서 독립훈장을 9명이나 받은 임청각은 우리 독립운동사에서 민족정신이 솟아나는 샘과 같은 곳이다. 하지만 맑고 청량한 정신이 솟아나는 샘 옆에는 침략자 일제가 흉물스럽게 만든 철로가 아직도 굉음을 내며 달려 임청각의 정신을 짓누르고 있는 눈앞의 현실이 안타깝다. 향후 철로를 옮긴다니 이 얼마나 다행스러운 일인가.

임청각 바로 옆 탑동 신세동 칠층전탑 국보를 익산미륵사지 석탑, 경주분황사 모전석탑, 여주신륵사 다층전탑과 비교하고 탑 전체를 꼼

44

석주 이상룡 증손자 이항증 선생과 함께 자주통일을 외치는 연수단 2016-08-28

꼼꼼하게 관찰한 뒤 안동 기행의 정점인 혁신유림의 산실 내앞마을을 향해 낙동강을 건너 동쪽에 있는 임하면으로 발길을 서둘렀다.

2016-08-28

아직도 내 귀엔 서간도 바람소리가 4

- 백하구려와 김락 여사

내앞을 한자로 표현하면 천전(川前)이다. 내앞을 처음 찾은 것은 작년 2월 초이틀이었다. 유난히 종택이 많았던 마을. 지금은 그 육중한 고택 중에서 몇 채만이 숨을 쉬고 있고 나머지는 인적 없이 침묵하며 잠들어 있는 듯 보였다.

11시에 임청각을 떠난 연수단은 오늘 마지막 답사지 내앞마을에 들어섰다. 작년에 만주에서 독립운동사 답사를 다녀온 교원들은 특히 일송 김동삼이 가슴에 남아 있을 것이다. 그의 생가가 이곳 내앞마을에 있다는 설렘을 안고 마을 안길 곳곳을 걷는다.

유림 하면 보수적인 분위기가 먼저 떠오른다. 그런데 그 앞에 혁신 이라는 단어를 놓으면 '혁신유림(革新儒林)'이 된다. 안동의 혁신유림을 찾아온 것은 우리 역사에서 이들을 반드시 기억해야 하기 때문이다.

일제강점기 치욕의 기간 동안 우리 선조는 굴종의 삶만을 살진 않았다. 너무나도 당당하고 위대하게 끊임없이 저항했고 투쟁했다. 그 힘 겨운 시간을 수없이 많은 선각자와 지식인 그리고 우리 민족을 이끌 지도자들이 일제의 잔혹한 억압과 학살의 진흙탕 속에서도 향기로운 연꽃을 피우며 아프게 성장해가면서 민족의 길을 개척했다.

내앞마을을 돌고 있는 연수단 2016-08-28

　　자랑스러운 민족해방전쟁의 한 축이 만주 서간도 개척이었고 경학사, 신흥강습소, 부민단으로 이어가며 서로군정서에서 청산리전투로 맥을 이었다. 그 속에 전 재산을 팔아 조국의 독립에 삶을 바쳤던 우당 이회영 형제와 안동의 혁신유림과 김동삼 선생이 있다. 기억하고 또 불러주어야 할 이름들이 참으로 많다.

　　그들의 후손인 우리도 일제강점기를 치욕과 굴종만을 기억하며 패배의식에 빠져 있지 말아야 한다. 그것은 패배 역사의 연장선상의 하나일 뿐이다. 저항의 자세, 그 진중한 삶의 자세를 놓지 않았던 수많은 지도자가 현재의 우리에게 외치고자 하는 것은 무엇이겠는가. 그분들이 목숨으로 지키고자 했던 그 자세와 정신을 이어가기 위해 우리 교사들은 오늘도 걷고 있다.

　　마을 사람 150여 명이 서간도로 망명해서 마을이 텅 비어버린 이해할 수 없는 일이 벌어졌다. 그들이 안동의 혁신유림이었고, 그 가족들이었으며, 그 가족에서 해방된 노비들이었다. 첫날 만났던 서후면 김흥

내앞마을 모정에서 김락 여사의 영상을 시청하는 연수단 2016-08-28

락, 도산면 이만도 등 척사유림이 보여준 의병투쟁과 자정 순국투쟁은 경술국치에 다른 지역에서도 일어났다. 주리론에 근거한 의리 명분과 화이론(華夷論)에 근거한 의로운 저항이었다. 그들의 선비정신은 이후 안동에서 일어난 독립투쟁의 정신적 기반이자 불꽃이 되었다.

마을 앞에 세워진 경상북도독립기념관은 공사 중이었다. 협동학교의 가산서당은 들어갈 수 없어 아쉬웠다. 모정에 앉아 김락 여사의 일대기 영상을 같이 감상했다. 67년의 삶 속에 자리한 일제강점기는 그분을 그렇게 처참하게 짓밟았다. 퇴계 묘소가 자리한 하계마을 이만도의 아들 이중업에게 시집 간 뒤 문중의 종부로 1919년 예안 3.1독립만세운동에 참가한 뒤 체포되어 고문으로 두 눈을 잃었다. 이윤옥의 시집 『서간도에 들꽃피다』에 실린 '김락' 시 일부분을 감상해본다.

쉰일곱 늘그막에 기미년 안동 예안 만세운동 나간 것이
무슨 그리 큰 죄런가

갖은 고문으로 두 눈 찔려 봉사 된 몸
두 번이나 끊으려 한 모진 목숨 11년 세월
그 누가 있어 한 맺힌 양가(兩家)의 한을 풀까[13]

시아버지는 물론 남편 그리고 두 아들과 두 사위까지 독립운동에 헌신한 아름다운 집안이었다. 1929년 67세의 나이로 독립의 길에서 하늘로 떠난 김락 여사는 2001년 건국훈장 애족장이 추서되었다. 작년 춘천에서 만났던 윤희순 의사가 겹쳐졌다. 윤희순 의사와 김락 여사는 나이 차이가 두 살밖에 나지 않은 동시대에 태어난 여성들이었다. 시아버지 향산 이만도, 오빠 김대락, 형부 이상룡, 사위 김용환 그리고 남편과 본인과 두 아들까지 그렇게 독립운동에 목숨을 걸었던 독립지사들이었다.

성균관을 다니며 일찍이 서구의 신학문을 접한 내앞마을 동산 류인식 선생이 혁신유림으로 가는 시작이라면 가야산에서 의병기지를 건설하던 임청각 종손 석주 이상룡 선생은 안동 혁신유림의 또 하나의 주역이다. 제국주의 침략의 이론적 배경이 된 사회진화론을 받아들이고 대한협회 안동지회를 세우며 50년 공자·맹자의 학문에 몰두한 것을 스스로 반성하며 나라를 되찾기 위한, 그리고 민족해방을 위한 계몽운동과 군대양성을 준비하고자 한 분이 이상룡 선생이다.

동산 류인식은 김후병과 김동삼, 하중환 등과 힘을 합쳐 내앞에 협동학교를 세운다. 초대 교장이 의성김씨 종손 김병식이다. 이상룡의 처남인 김대락은 협동학교를 설립할 당시에는 반대 입장을 보였으나 1909년 교사로 쓰던 서당을 보수하게 되어 수업을 진행할 수 없게 되자

---

13 이윤옥, 『서간도에 들꽃피다 1』(서울: 얼레빗, 2014), 30쪽.

자신의 50여 칸 가옥을 학교의 교사와 기숙사로 내놓을 정도로 협조적
이었다.[14] 백하 김대락의 변신이 안동 혁신유림의 자리매김에 결정적으
로 기여했다. 김대락은 석주 이상룡의 대한협회 신문을 접하고 눈물로
신학문의 필요성을 받아들이게 된 것이다.

의성김씨, 고성이씨, 전주류씨, 그리고 진성이씨로 가문과 혼맥, 퇴
계의 학맥을 바탕으로 한 이들이 의기투합했다. 1904년부터 1910년에
이르는 동안의 혁신적 변화를 가져왔다. 그 와중에 유림이 의병을 자처
하며 협동학교를 습격하여 교감과 교사 세 명을 살해하는 비극이 발생
했다. 협동학교에서 단발했다는 것이 이유였다. 어찌 그 이유뿐이었겠
는가? 보수의 중심 안동의 또 다른 모습이었다.

경술국치를 당하자 안동의 혁신유림이 망명을 결행했다. 임청각
석주 이상룡 가문, 내앞마을 백하 김대락 가문, 일송 김동삼 가문, 동산
류인식, 예안에서 진성이씨 이원일 집안, 허씨 집안 등 헤아릴 수 없다.
협동학교는 계속 살아 졸업생을 배출하고 있었다.

서간도 독립운동의 밑바탕인 안동의 혁신유림을 찾아 낙동강을 건
너 내앞마을을 찾은 이유는 만주 서간도로 망명하여 새로운 나라를 준
비하는 그들의 처절한 생존투쟁이 기다리고 있었기 때문이다. 서간도
로의 답사를 떠나기 전 석주의 증손을 임청각에서 만났고, 백하 김대락
의 증손 김시중 선생을 내앞 백하구려에서 만났으며, 일송 김동삼 생가
를 밟았고, 협동학교가 세워진 내앞마을을 한 바퀴 돌았다. 의성김씨 종
택과 추파고택 등 마을 전체가 독립운동가를 배출한 곳이어서 독립운
동가 집이 아닌 곳이 없을 정도다.

'백하 할배와 김락 할매'의 삶과 집안 독립운동의 역사를 힘 있게

---

14   채영국, 『서간도 독립군의 개척자 이상룡의 독립정신』(서울: 역사공간, 2007), 66쪽.

백하구려 전경 2015-02-02

백하 김대락의 증손 김시중 선생의 집안 독립운동사 강의 2016-08-28

증언하시는 팔십 증손의 모습에 가슴이 아팠다. 백하 김대락의 망명지 만주에서의 삶의 모습은 다음 글에서 확인할 수 있다.

66년 동안 수구적 삶을 살와왔던 김대락은 경술국치후 가족들을 데리고 만주로 망명하면서 또 한번 변신을 꾀한다. 그는 1911년 윤 6월 12일에 작성한 신흥학교 「권유문」에서 사상적으로 한층 진보한 모습을 보여준다. 그는 서양 문명과 새로운 조류에 대해 '사회진화론'에 입각하여 강자인 서양이 동양을 지배하는 것은 당연하게 받아들였다. 그러면서도 서양을 배우되 나라를 빼앗긴 특수한 상황에서 유가의 정신인 사생취의(捨生取義) 도리정신으로 국혼은 지켜야 한다는 유가로서의 본질적 취지는 변함없이 고수하고 있었다.[15]

　　백하구려 토방 앞에 덩그러니 놓여 있는 바윗덩어리가 아픈 역사를 간직하고 있다는 사실에, 그리고 눈앞에 존재하는 현실에 지나간 역사가 살아서 재현되고 있었다. 나라가 무엇이기에 조국의 독립을 위해 집안을 망해버리게 했을까. 나라의 독립을 위해 목숨과 재산 모두를 희생한 그들에게 해방된 이후 조국이 그들에게 행한 것은 무엇이었는가.

　　오늘 이 질문은 지금 이 순간도 가슴 아프게 절망하며 살아가고 있는 독립지사들의 후손 앞에서 부끄럽게도 우리에게 되돌아온다. 이렇게 살다간 독립지사들과 후손들을 가슴에 안아본 적이 있느냐고 말이다. 구사일생(九死一生)으로 살아 돌아온 그들에게 감당하기 힘든 외로움과 절망감을 주고 있다면 너무나도 가엾고 미안하고 불공평한 일이 아니겠는가. 백하 김대락 선생 증손의 증언을 가슴에 담은 연수단은 일송 김동삼의 생가로 향했다.

15　안동독립운동기념관 편, 『국역 백하일기』(서울: 경인문화사, 2011), 13쪽.

김동삼 생가를 찾은 연수단 2016-08-28

    일송 김동삼은 1937년 음력 3월 3일 투옥된 지 6년의 세월이
흘러 서대문형무소에서 순국했다. 하얼빈에서 전보를 받은 둘째
아들 용묵(容黙)이 기차를 타고 서울로 출발했고 장남 정묵(定黙)
은 이틀 뒤 길을 떠났다. 일송은 이들이 도착하기 하루 전에 세
상을 떠났고 인사동 경일여관에 호상소를 만들어 문상객을 맞았
다. 이때 일송을 존경하던 만해 한용운이 유해를 자신의 거처 심
우장으로 옮겨 5일장으로 치렀다. 한용운이 일생에 목놓아 눈물
을 흘린 적이 이때 한 번뿐이라는 일화는 김동삼의 됨됨이를 말
해주기도 한다.[16]

    김동삼의 길을 내어준 일등공신은 그의 아내 박순부(朴順夫)와 형
의 빈자리를 대신하다가 경신참변 때 처참하게 학살당한 동생 김동만

---

16   김희곤, 앞의 책(2009), 213-219쪽.

(金東滿)이 있다. 또 만주를 옮겨 다니며 시어머니와 함께 집안을 지켜낸 며느리 이해동(李海東)을 빼놓을 수 없다. 그녀는 독립운동가 이원일의 딸로 여섯 살에 가족과 함께 만주로 망명하여 김동삼의 큰아들 김정묵 (金定默)과 결혼하여 만주에서의 파란만장한 삶을 살아내야 했다. 1989 년 고국으로 돌아와 『만주생활 77년』[17]을 책에 담아냈다. 이해동 여사 의 둘째아들이자 일송의 손자 김중생은 만주 9.18사변 다음 해 피난민 수용소에서 태어난 뒤 만주에서 성장했다. 그는 자서전 『험난한 팔십인 생 죽음만은 비켜갔다』를 남긴 이유를 "삼대 가족은 조부 김동삼이 감 옥에서 옥사 순국하고 부친 김정묵은 중공의 토지청산운동 시 폭행의 후유증으로 병사했으며 누님과 형님, 동생도 시대의 격변기에 비명으 로 죽었으니 필자의 가족이 삼대가 망한 전형으로 판단하기 때문에 인 생기록을 적는 것이 출판의 이유가 된다"[18]라고 했다.

일송 김동삼의 삶에는 그를 낳아준 부모가 있고 그가 낳은 자식들 과 며느리 그리고 손자도 있다. 그의 길은 망한 나라를 되찾고자 하는 조국 독립으로 향한 것이었다. 그 길이 가족들의 미래를 위한 길이라고 생각하기도 했을 것이다. 이승에서 끝내 이루지 못한 그 길이 가슴 아 프게 다가온다.

살아생전에 뜻을 이루지 못한 채 생을 놓아야 했던 수많은 선각자 를 만나 그들의 이름을 눈물로 안으며 미안함과 감사함을 조금이나마 갚기 위해 걸었던 국내 항일의병전쟁 답사지와 수천 km를 달린 만주 독립운동 순례길의 가슴 벅찬 여정을 안동을 끝으로 내려놓고자 한다. 그들을 만나며 그래도 조금은 지식인으로서의 소임을 실천한 것 같기

17   이해동, 『만주생활 77년』(서울: 명지출판사, 1990).
18   김중생, 『험난한 팔십인생 죽음만은 비켜갔다』(서울: 명지출판사, 2013), 13쪽.

도 하다.

조국의 독립을 위해 목숨을 바쳐 일제에 항거하며 싸우다가 돌아가신 의로운 선열들께 마음으로 감사하며 묵념을 올린다. 그리고 이 순간 외롭게 살아가시는 후손들께 마음으로 함께하고 있으며, 기억하고 잊지 않겠다는 약속 또한 드린다. 우리가 진정으로 보답하는 길은 당신들이 숨을 거두는 마지막까지 소망했던 것이 조국의 독립이었듯, 오늘 그 조국이 분단을 극복해내고 통일을 이루어 전 세계 한민족의 융합을 이루는 것이라고 확신한다. 안동의 유림이 벽을 깨고 혁신유림이 되어 압록강을 건넜던 것처럼 분단의 벽을 넘고 통일혁명으로 횃불을 들어야 한다. 그것이 독립운동 성지 안동이 말하고 싶은 것일 것이다.

2016-08-28

「안동의 혁신유림을 찾아」 여정 2

❶향산고택 → ❷신세동 칠층전탑 → ❸임청각 → ❹내앞마을 협동학교 가산서당 → ❺경상북도독립기념관 → ❻백하구려 → ❼일송 김동삼 생가 → ❽의성김씨 종택

다시, 임청각

- 하룻밤을 묵고 아침상을 받다

낙동강이 북동쪽에서 남서쪽으로 흐르는 강변에 위치한 임청각 군자정 돌계단에 앉았다. 밤 11시 30분이 넘어가는 시각, 임청각에 굉음이 몰아친다. 아직도 일제의 흔적이 임청각을 흔들고 있다.

평가회를 마친 연수단원들이 배정된 숙소로 돌아간 자정 무렵 군자정 남쪽 벽면에 퇴계 이황의 친필로 쓰인 임청각 편액과 사면에 걸려 있는 독립훈장들이 빛을 발하며 말을 걸고 있다.

건국공로훈장 단장 이상룡 1962년 3월 1일 대통령 윤보선

건국훈장 애족장 김우락 2019년 3월 1일 대통령 문재인

이달의 독립운동가 건국훈장 독립장 이상룡 1992년 5월 1일 국가보훈처장
　　민경배

건국훈장 애국장 이준형 1990년 8월 15일 대통령 노태우

건국훈장 국민장 이병화 1990년 4월 14일 대통령 노태우

건국훈장 애족장 허은 2018년 8월 15일 대통령 문재인

건국훈장 애족장 이상동 1990년 12월 21일 대통령 노태우

건국훈장 독립장 이봉희 1990년 8월 15일 대통령 노태우

퇴계 이황이 쓴 임청각 편액 2020-06-13

임청각 군자정 벽에 걸린 훈장증 2020-06-14

건국훈장 애족장 이형국 1990년 12월 21일 대통령 노태우
건국훈장 국민장 이광민 1990년 4월 13일 대통령 노태우

　　고성이씨 한 집안에 9명의 독립훈장이 임청각의 무게를 말하고 있
다. 1515년 건축되어 우리나라에서 가장 오래된 민가 중의 하나라는 세
월의 무게는 독립지사 9명 배출이라는 노블레스 오블리주의 백세청풍

임청각 군자정에 걸린 석주의 「거국음」 2020-06-14

의 기운을 더해 이곳이 어떤 곳인가를 온몸으로 보여주고 있다.

　　사방의 벽면을 살피던 중 동쪽 벽에 걸린 석주 이상룡의 「거국음 (去國吟)」이 눈에 들어왔다. 나라를 떠나며 읊는다는 시에는 목숨을 걸고 떠나 나라를 되찾은 뒤 돌아오겠다는 장엄함과 희망 그리고 안타까움이 배어 있었다.

　　석주는 떠나기 전 선산이 있는 도곡에서 고향 사람들에게 잔치를 베풀고 선현을 모실 경비 충당문서와 가족의 생계비, 문중 구휼을 위한 돈을 건네며 집안의 노비들을 풀어주어 양민으로 살아가도록 노비문서를 불태웠다. 그리고 자신의 심정을 「거국음」으로 읊었다.[19]

　　　山河寶藏三千里　더없이 소중한 우리 산하여
　　　冠帶儒風五百秋　오백여 년 동안 예의를 지켜왔네
　　　何物文明媒老敵　문명이 무엇이길 늙은 적과 매개했나

19　　채영국, 앞의 책, 90-91쪽.

無端魂夢擲全甌　까닭 없이 꿈결에 온전한 사발이 던져졌네

已看大地張羅網　이 땅에 그물이 쳐진 것을 보았으니

焉有英男愛髑髏　남아가 제 일신 아끼는 게 어디 있으랴

好佳鄕園休悵惘　잘 있거라 고향 동산이여 슬퍼하지 말지어다

昇平他日復歸留　다른 날 좋은 세상 되거든 다시 돌아오리라[20]

　　그동안 여성독립운동가에 대한 연구 성과가 쌓이고 여성독립운동가에 대한 인식 변화에 맞추어 이곳 석주 이상룡 선생의 가문에도 두 분의 여성이 독립운동 훈장을 받았다. 석주의 부인 김우락 여사와 석주의 손부이자 독립지사 이병화 선생의 부인 허은 여사가 그들이다. 2019년에 추서된 김우락 여사는 내앞마을 백하구려 김대락의 누이이며, 2001년 훈장을 수여한 김락 여사의 언니다.

　　『아직도 내 귀엔 서간도 바람소리가』는 허은 여사 회고록이다. 허은 여사는 1915년 만주로 망명한 허씨 일문을 따라 아홉 살 어린 나이에 만주 영안현으로 이주했고, 열다섯 살이던 1922년 고성이씨 집안으로 출가하여 1932년 시조부 석주 이상룡 선생의 서거로 귀국할 때까지 석주는 물론 시아버지 동구 이준형 선생 그리고 남편 이병화를 뒷바라지하며 만주 독립운동의 현장에서 온갖 고난을 함께했다.[21]

　　임청각 벽면에 걸린 9명의 훈장증이 우리에게 주는 의미는 무엇일까. 모두 고인이 되신 분들이다. 한분 한분 그들의 삶이 독립운동사다. 우리는 다 읽어낼 수도, 가슴으로 느낄 수도 없다.

　　이른 여름밤인데도 아직 열기가 남아 있다. 임청각 계단에 앉아 담

20　　허은 구술, 변창애 기록, 앞의 책, 242쪽.

21　　위의 책, 12쪽.

훈장증 고 김우락   훈장증 고 허은

장 너머 철길과 그 아래 낙동강의 밤을 바라본다. 올해 늦게 임청각이
그런대로 옛 모습을 찾기 위해 공사를 시작한다는 기쁜 소식을 들었다.
한평생 독립을 위해 헌신하다가 떠나신 임들에게 저 훈장증이 어떻게
보답이 되겠는가?

　빼앗긴 들에 봄은 왔고 광복이 되어 우리 땅, 우리 산,
　그리고 우리 강이 되었다.
　저 낙동강에 흐르는 물은 그때나 지금이나 변함없이 제 길을 가고
있다. 네 번째 찾은 이번 임청각 답사에서는 특별하게 이곳에서 숙박해
보는 체험을 하게 되었다.
　가슴에서 느끼는 형언할 수 없는 감정에 벅차오른다. 이곳이 어떤
곳인가. 임청각이 깊어간다.
　낙동강이 깊은 밤에 잠들고 그 위로 내리는 빗줄기가 굵어지는데

도 잠이 오지 않는다. 2009년 4월 25일 임청각을 처음 찾은 뒤로 11년이 흘렀다. 그동안 국내 곳곳의 항일의병전쟁 현장과 만주지역 현장의 독립운동사를 안내하면서 곳곳에서 그분들을 만났다. 2015년 2월 1일 임청각을 밟을 준비를 갖춰 다시 찾았고, 2016년 교원들을 대상으로 안동의 혁신유림을 찾아 「아직도 내겐 서간도 바람소리가」라는 주제를 잡아 답사를 진행했다. 다시 2020년 6월 13일 11년 전 이곳을 찾았던 대한민국자연생태체험연구회 교사들과 다시 안동을 찾았고 임청각에서 숙박과 아침식사를 할 수 있는 기회를 얻었다. 11년 전에 생각했던 임청각에서의 숙박이 드디어 이루어진 것이다. 이날 연수단은 영주지역의 답사를 마치고 안동으로 내려와 임청각에서 숙박과 아침 식사 후 내앞마을에 중점을 두고 연수를 진행하고자 했다. 시내에서 저녁 식사후 임청각 군자정에 모여 김호태 선생의 임청각의 역사와 속 이야기를 안내받았다. 그리고 군자정에 둥그렇게 모여앉아 소감을 나누었다.

비가 살짝 내리고 있는 아침, 임청각의 방식으로 제공되는 아침상

임청각의 아침상, 대한민국자연생태체험연구회 교원들 2020-06-23

을 둘씩 짝을 지어 받았다. 남녀가 동등하게 상을 들고 상을 냈다. 마침 종손 이항증 선생이 임청각에 머물러 있어서 우리 일행과 아침 식사를 같이했다. 정갈한 음식과 임청각 사람들과 함께하는 아침은 조용한 감동과 향기가 가득하여 오래오래 그 맛을 음미했다.

- 대한민국자연생태체험연구회 연수에서, 2020-06-13

밀양 해천 독립운동거리 김원봉과 윤세주

작년 광복 70주년을 맞이하여 40여 명의 교원이 함께한 「아직 끝나지 않은 독립운동」 만주 4천 km 대장정 그 감동의 순간들, 조국의 독립을 염원하며 숨져간 분들을 만나며 아리고 아팠던 만주에서의 10일간 여정이 오늘 또다시 스쳐간다. 중국 길림 시내 의열단 결성지에서 만났던 약산 김원봉과 석정 윤세주가 태어난 곳 밀양. 그들을 만나기 위해 밀양으로 달리며 본 영화 「암살」의 마지막 장면이 밀양강을 건너는 버스와 함께 밀양사람 약산 김원봉과 백범 김구의 만남으로 종점에 다다른다. 오늘은 2016년 8월 15일, 71주년 광복절이다. 독립운동가의 한 단면을 보여준 약산 김원봉은 아직 대한민국에서는 독립훈장을 받지 못했다. 밀양시독립기념관에 도착하면서 영화 「암살」은 막을 내렸다. 밀정들과 배신자들의 반민족적 행위 그리고 그들은 그렇게 일제강점기에 부일(附日) 또는 친일(親日)을 했다. 그리고 처단되어야 했을 그들은 미군정에 의해 다시 살아나 해방 후 화려하게 변신하며 다시 이 땅의 권력을 잡았다.

독립기념관 한 공간을 빌려 광복절의 의미와 약산 김원봉 그리고 석정 윤세주의 삶을 뒤돌아보며 오늘 그들의 희생에 감사하고 기억하자는 강의를 했다. 그리고 밀양시독립기념관의 전시물을 꼼꼼히 살펴

약산 김원봉이 의열단을 결성했던 길림성 길림시에서 자주독립을 외치고 있는 대한독립교직원연수단
길림시 광화로 57번지, 1919년 11월 9일 농부 반씨집, 2015-08-03

밀양 해천 독립운동거리를 찾은 전북교과통합체험학습연구회 교원들 2018-01-04

고 전시관 바닥에 앉아 다 같이 영상물을 시청했다. 기념관을 나와 약산과 석정의 생가를 찾았다. 생가 주변 옛 밀양 성안의 해천길을 따라 조성된 해천항일운동테마거리를 걸으며 두 사람의 흔적을 밟았다.

　현상금이 김구보다 더 많이 걸렸던 김원봉은 의열단 단장에서 조

밀양 해천 독립운동거리 벽면에 붙은 조선의용대 사진. 약산 김원봉과 석정 윤세주가 맨 앞줄에 서 있다. 2018-01-04

선의용대로, 다시 한국광복군으로 활약했다. 해방 후 꿈에 그리던 조국
으로 돌아왔으나 거기까지였다. 그를 기다리고 있던 것은 수모와 멸시
였다.

> 약산은 1947년 3월 22일 포고령 위반이라는 혐의로 수도경찰
> 청장 장택상의 지시로 총독부 악질 경찰 출신인 노덕술에게 피
> 체되었다. 중부경찰서에 구금되어 수모를 당했던 김원봉은 전
> 의열단원 유석현에게 가서 꼬박 3일간을 울었다고 한다. "내가
> 조국 해방을 위해 중국에서 일본놈과 싸울 때도 이런 수모를 당
> 하지 않았는데 해방된 조국에서 악질 친일파 경찰 손에 수갑을
> 차다니 이럴 수가 있소"라며 분노를 터뜨렸다고 한다.[22]

---

22   김삼웅, 『약산 김원봉 평전』(서울: 시대의 창, 2010), 552-554쪽.

우리 현대사는 약산 김원봉에게 염치가 없다. 약산이 월북했던 배경에는 해방 후 조국의 현실이 작용했다고 보고 있다. 친일파들이 독립운동가들을 잡아다 고문하는 역설이 바로 해방조국의 기막힌 현실이었다. 친일파들이 활개 치는 해방정국에서 남한의 단독정부 수립이 기정사실화되고 신변에 위협을 느끼자 김원봉은 1948년 4월 9일 가족과 함께 38선을 넘었고[23] 이후 평양에서 4월 19일에 열린 제정당 총수회의[24]에 참석한 후 남으로 내려오지 않고 북에 남았다. 그리고 1958년 김일성에게 숙청당한 것으로 역사는 기록하고 있다.

　　오늘 약산 생가 표지석 옆에 정성이 담긴 화분이 따뜻하게 함께하고 있는 것을 보았다. 누군가 광복절인 오늘 약산을 추모하며 놓아둔 것이다. "약산 김원봉 선생님을 추모하며 감사합니다. 미안합니다"라고 쓰여 있었다. 김원봉의 생가터인 밀양시 내이동 90-1번지에는 안타깝

밀양 해천 독립운동거리 약산
김원봉 생가지 안내판과 화분
2016-08-15

23　위의 책, 572쪽.

24　이 회의에 참석대상은 남쪽에서 김구, 김규식, 조소앙, 홍명희, 백남운, 김일청, 이극로, 박헌영, 허헌, 김원봉, 허성택, 유영준, 송을수, 김창준, 북쪽에서는 김일성, 김두봉, 최용건, 김달현, 박정애 외 5명을 거명했다(위의 책, 573쪽).

게도 상가 건물이 들어서 있다. 밀양시에서 건물을 매입하여 의열기념 관으로 조성한다고 하니 얼마나 다행스러운 일인가. 약산 김원봉의 생가를 처음 찾은 것은 2015년 12월 27일이었다. 큰아들을 대동하고 함께 찾은 밀양시 내이동 해천 옆에서 석정 윤세주 생가를 먼저 만날 수 있었다. 중국 내륙에서 피를 흘리며 죽어간 석정 윤세주 묘비 앞에서 석정 동지를 부르며 통곡하던[25] 도올 선생의 엄숙함이 윤세주의 생가 앞에 세워진 사진에 중첩되었다. 언젠가는 석정이 순절했던 중국의 태항산을 가보리라 다짐했다.

최국철의 『석정평전』에 들어 있는 김약산이 쓴 「석정 동지 약사」에는 그의 역할과 죽음에 대해 다음과 같이 기술하고 있다.

> 석정은 1941년 봄 조선의용대 주력부대를 이끌고 중국 화북 지역의 항일 최전선으로 이동했다. 이때 부대는 조선의용대 제3지대였다. 전대의 공작이 무장선전과 적후공작으로 나누어져 석정은 적후 공작의 부책임자가 되었다. 1942년 5월 말 태항산중의 마전 반격전에서 불행히도 적탄에 중상을 입고 무안현 장자령 초지상(산기슭 다락밭)에서 기동하지 못하고 3일 경과 뒤 동지들이 발견하여 산록흑룡동(山麓黑龍洞) 석굴로 옮겼지만 이틀 후 6월 3일 석굴 속에서 영면했다.[26]

또한 『석정평전』에는 석정의 죽음을 눈앞에서 목격한 최채의 '피의 5월'이라는 회상기 기록을 토대로 석정의 죽음을 다음과 같이 기록

---

25   김용옥, 「도올이 본 한국독립운동사」 7부 '십자령에 뿌린 의혈'(EBS TV, 2005. 8. 14).

26   최국철, 『석정평전』(중국 길림 연길: 연변인민출판사, 2015), 356-357쪽.

석정 윤세주의 생가. 밀양시 내이동 880번지 2015-12-27

하고 있다.

　　당시 조선의용지대 주력 80명은 운두처촌에 있었고 지대장
박효삼은 석정, 김두봉, 진광화를 비롯한 총부 인원들과 팔로군
전선총부가 자리잡은 마전에 있었다. 일본군의 태항산혁명근거
지 토벌이 시작되자 팔로군전선사령부 명령에 의해 편성(偏城)
일대로 전이하게 되었다. 이때 100여 명의 의용대 화북지대는
전위부대에 속했다. 팔로군의 관련자 만여 명과 함께 부대 이동
을 하던 의용대는 약 30명만 무장하고 석정, 김두봉, 진광화 등
의용대 총부인원은 무기가 없었다. 5월 25일 점심 무렵 3천여 명
의 일본군이 팔로군이 있는 북애포와 의용지대가 있는 요문구를
포위했다. 이에 팔로군 경위대는 서쪽을, 박효삼의 의용지대는
동쪽을 맡아 일본군과 전투를 벌였다. 이때 석정, 김두봉, 진광화
를 포함한 40여 명이 전투요원과 갈라지게 되어 5월 27일 섭현

경내 하청구에 도착했고 석정, 진광화, 최채 등 셋은 나머지 인원을 지키기 위하여 세 방향으로 분산하여 달려 일본군의 화력을 분산시켰다. 이때 산중턱을 뛰던 석정은 허벅다리에 관통상을 입게 되었다. 이때 진광화도 총에 맞았고 생포되지 않으려고 벼랑에서 뛰어내렸다. 이는 이 장면을 친히 본 김두봉의 증언이라고 했다. 부상당한 석정은 최채에 의해 발견되어 최채가 숨었던 자그마한 동굴로 옮겼다. 이때 저격 임무를 집행했던 박효삼의 의용지대 무장대원들이 엄호 임무를 완성하고 하진동을 파견하여 최채와 함께 움집으로 이동한 석정을 만났다. 여기에서 석정은 최채와 하진동을 설득하여 보내고 최후를 준비했다. 일본군의 포위망이 좁혀지자 움집 부근 다락밭 잡초들 속으로 몸을 숨긴 석정은 그곳에서 숨을 거두었다. 1942년 6월 2일 석정의 나이 43세였다. 최채와 하진동은 석정을 찾아내 손으로 흙을 파서 그 자리에 묻었다. 석정은 섭현 북부에 위치한 편성진내 화옥산 장자령(庄子岭)에서 순직했다.[27]

류연산이 쓴『불멸의 영령 최채』에는 이때 조선의용대의 활약상을 다음과 같이 기록했다.

조선의용대 전사들은 적들을 격퇴한 후 팔로군 경위부대와 함께 적의 포위망을 뚫고 이동했습니다. 그 전투에서 적군 300여 명을 사살하는 전과를 올렸습니다. 적의 포위망을 뚫고 나온 무장대원들은 팔로군 경위부대와 이동하고 우리 40여 명 비무장인

---

27 위의 책, 306-323쪽.

약산 김원봉 생가에 있던 상가 건물이 의열기념관으로 변했다. 2018-01-04

원들은 팔로군 후군부와 함께 이동하게 되었습니다.[28]

훗날 석정과 진광화의 무덤은 타이항산(太行山) 석문촌(石門村) 북쪽의 연화산 위에 혁명열사기념초장지로 옮겨졌는데, 석재릉묘였다. 석정 묘비에는 '조선민족영령'이라는 용어를 자모음을 분리하여 새겨 놓았다. 이후 이들의 묘는 1949년 하북성(河北省) 한단시(邯鄲市) 진기노예열사릉원(晉冀魯豫烈士陵園)으로 옮겨졌다. 대한민국 정부는 1982년 열사의 독립운동 공적을 기려 건국훈장 독립장을 추서했다.

이곳 해천의 항일운동테마거리는 약산 김원봉과 석정 윤세주가 태어나서 뛰어놀았던 곳이다. 다시 영화 「암살」의 대사 "나 밀양사람 김원봉이오" 하는 소리가 귀에 쟁쟁하게 들려온다. 통일된 나라에서 제대로 평가받는 그날이 하루빨리 오기를 기원한다.

28　류연산, 『불멸의 영령 최채』(중국 북경: 민족출판사, 2009), 118-134쪽.

영남루 2018-01-05

    2015년 겨울에 들렀던 홍능불고기 집에서 점심 식사를 한 일행은 밀양의 자랑 영남루를 찾았다. 밀양강이 내려다보이는 영남루에 올라 밀양 시가지를 내려다보았다. 영남루 맞은편에는 천진궁이 있다. 우리 민족의 역대왕조 신위를 모시는 곳이다. 임금의 얼굴을 그린 것은 '어진', 단군의 얼굴을 그린 것은 '천진'이라 한다. 옛 밀양 객사를 천진궁으로 활용하고 있었다. 역대왕조 신위께 사배와 목례를 올리면서 이 나라의 통일을 기원했다. 오늘이 71주년 광복절이다. 언제까지 광복절 기념식만 계속할 것인가. 약산과 석정 그분들이 그토록 염원했던 조국의 독립은 아직 미완이다. 대한제국에서 일제강점기 그리고 해방 후 격랑을 겪으며 한국 현대사의 비극을 온몸으로 안고 살다간 약산을 기리며 해방 후 약산이 찾았던 표충사 근처의 숙소로 이동했다.

2016-08-15

김해 봉하마을 부엉이바위에서 길을 보다

2017년 정유년 닭띠 해를 맞이하며 길을 나선다. 세상의 길을 나선 지도 어언 50여 년이 흘러갔다. 내일은 정유년 새해 첫날이다. 우리 민족의 명절, 수없이 많은 사람이 길을 나서서 고향으로 향하고 있다. 고향으로 가는 길은 그리움의 길이다. 길은 인류의 역사와 함께해왔다. 앞서가는 자의 뒤를 따라 발걸음은 이어지고 그 발길은 어느새 길이 되고 익숙함이 되고 두려움이 아닌 편안함으로 연결되며 소통과 문화를 형성하는 혈관이 되어왔다.

낯설고 두려운 미지의 공간이 도전의식과 모험 그리고 실천의 첫발에 의해 비로소 길이 만들어진다. 때로는 그 첫발이 죽음의 길이었을 수도 있다. 그러나 용감한 자의 그런 시도가 없었다면 오늘날 세상을 향해 나아가도록 이끄는 수많은 희망의 길은 만들어지지 않았을 것이다.

길은 역사다. 반복의 결과가 길이 되었듯 그 길은 또한 역사가 되었다. 내가 가는 길 역시 작은 역사다. 부산에서 김해로, 김해에서 다시 밀양으로 이어지는 봉수로의 통로에 있던 김해시 진영읍 봉하마을. 고 노무현 대통령의 생가와 그가 가던 길을 놓고 세상을 떠난 부엉이바위 그리고 그의 죽음을 함께 슬퍼하며 세상의 많은 이들이 함께 참여하여 만든 묘소 앞의 박석들에 새겨진 작은 소원들이 망자의 길을 따뜻하게

사자바위에서 내려다본 봉하마을과 길 2017-01-24

김해 봉하마을 노무현 대통령 생가. 대한민국자연생태체험연구회 연수 2017-01-24

해주고 있는 마을.

셀 수 없는 돌 만장이 길바닥에 누워 그의 묘소로 가는 길을 밝히고 있다. 그리고 그 좌측으로 또 다른 길이 있다. 마을 뒷산으로 이어지는 봉수대의 길, 그 길은 서울의 경봉수인 목멱산(남산)으로 귀결되던 길이었다. 원주, 광주, 전주, 남원 등지에서 모인 기행단이 생가와 기념 전시관 그리고 묘소 앞에서 헌화와 참배를 마치고 그가 마지막으로 나섰던 길을 따라 바위가 보이는 산으로 향했다. 화산재가 쌓여 만들어진 바위 표면들이 날카롭고 거칠었다. 부드러운 재들이 아닌 각진 입자들이 세상을 대변이라도 하는 듯 날이 서 있다.

중턱에 오르자 암면에 새긴 부처님이 누워 있다. 이 길을 오르는 중생에게 극락왕생을 베풀어주기 위함일까. 부처를 새긴 이후 외부 충격으로 그 거대한 바위가 굴러떨어져 한쪽에 처박혀 있다. 부처님은 한쪽에 치우쳐 불안하게 누운 채로 있으나 그럼에도 세상 시름 내려놓으라며 온화하게 사랑으로 나를 바라본다. 부처를 바라보던 눈을 들어 올리니 그 바위가 다가온다. 부엉이바위에 앉아 세상의 번민을 그려내던 그도 그렇게 세상의 충격에 굴러떨어지고 말았다.

부처바위 2017-01-24

74

거대한 태풍의 소용돌이와 산사태의 괴력이, 그리고 밀어붙이는 권력의 무자비함이 비수가 되고 총탄이 되어 그를 한발 한발 벼랑끝으로 몰고 갔다. 아침 해는 떠오르나 햇살이 차가웠다. 최고의 높은 권력의 자리에서 가장 낮은 평범함과 겸손으로 서고자 했던 그를 이 언덕길에 서게 한 것은 무엇이었을까.

일행을 보내고 철망으로 막아놓은 그의 마지막 자리에 잠시 혼자 서 있었다. 발아래 저만큼 그의 묘소와 생가, 경호원들과 함께하는 지금의 집이 시야에 들어온다. 다시 돌아 나오니 길은 정토원을 향한다. 나무아미타불이 반복적으로 작은 산사에 울려 퍼진다. 산속에 나 있는 길 옆 소나무 사이에 석등이 서 있다. 부처님의 사랑을 밝혀 더 멀리 퍼져나가게 함이리라. 나무아미타불 관세음보살! 마음 깊이에서 새어 나온다.

그가 생전에 품었던 '사람 사는 세상'을 꿈꾼다. 석등은 그렇게 그의 사랑을 밝히고 서서 우리들을 앞으로 나아가게 한다. 사자바위에 오르니 봉하마을이 코앞이다. 산 위에서 마을을 내려다보는 것 또한 길이다. 눈으로 가는 길, 새벽 그믐달과 함께하며 백두대간을 넘어 3시간을 달려와 봉화산에서 내려다보는 이 길, 바로 역사의 길에 서 있다.

어느 시대건 당대를 살아가는 역사는 안타깝고 아프고 아리다. 1944년 일제에 강제로 징집되어 히로시마로 끌려갔던 선친(先親)이 그의 길에서 느꼈을 그 아림의 역사 뒤로 나는 오늘을 살고 있고 또 길을 가고 있다. 누구나 가는 길, 앞선 세대가 갔고 또 우리가 가고 있고 자식 세대가 가게 될 그 길이 평화와 사랑 그리고 더불어 함께 가는 역사의 길이 되기를 소망하며, 오늘 또 우리는 아프고 아린 역사를 안타깝게 바라보고 있다.

그의 짧은 길을 회상하며 돌아와 이른 아침 반갑게 맞이하며 우리에게 따뜻한 커피를 타주던 봉하마을 휴게소 아주머니와 사진을 찍었

노무현 대통령 묘역에서 참배하고 나오는 연수단 2017-01-24

다. "강물은 바다를 포기하지 않습니다"와 "인간의 자존심이 활짝 피는 사회", "원칙이 승리하는 역사를 우리 아이들에게 물려주자"라는 등의 글귀가 새겨진 주방 앞에서 살며시 웃었다.

그리고 오늘의 지도자를 돌아보았다. 그래서 그의 길이 더 아려온다. 우리가 가는 길 깨어나 함께 소통하고 연대하는 길, 그 길은 적어도 다음 세대에게 역사의 길이 아프지 않게 또 아리지 않게 하는 사랑의 길이요, 지행합일(知行合一)의 산자의 길이 되어야 한다.

2017-01-24

제2부

호남권 – 전남

장성향교와 장성공원

우리 민족의 특성 중 하나를 꼽으라면 의병정신을 들고 싶다. 의병(義
兵)은 나라가 위난에 처했을 때 승패를 떠나 의롭게 일어나서 불의에 저
항한 숭고한 정신이다. 1910년 경술국치 후 끊임없이 진행된 세계사적
으로 드문 한국의 독립전쟁은 이 암울하고 불행하고 치욕스러운 일제
강점기를 오히려 우리 민족을 불굴의 강인함으로 승화시킨 원동력이었
다. 박은식은 의병이란 "민군(民軍)이다. 국가가 위급할 때에 즉각 의(義)
로써 분기하며 조정의 징발령을 기다리지 않고 종군하여 적개(敵愾)하
는 사람이다"[1]라고 했다. 의병정신은 동학농민혁명으로부터 그 뿌리를
같이했고, 독립운동은 의병항쟁의 연장선상에서 그 생명력을 제공받
았다.

오늘의 우리는 아버지로부터 핏줄을 받았고 그 아버지는 할아버지
로부터 핏줄을 이어받았다. 아버지와 할아버지들의 피와 희생의 결과
가 바로 오늘이다. 그들의 삶은 일제강점기였고 구한말 항일의병전쟁
의 시기였다. 역사란 무엇인가. 저 멀리 배달국으로부터 단군조선을 거
쳐 오국시대, 남북국시대, 고려시대와 조선시대를 아는 것만이 역사를

---

1   박은식(남만성 역), 『한국독립운동지혈사(상)』(서울: 서문당, 1999), 51쪽.

이해하는 것이 아니다. 바로 나를 있게 한 내 부모의 삶과 내 부모를 존재하게 한 할아버지 세대의 삶을 바르게 만날 수 있음이 역사이며, 좁게는 지나온 나의 삶을 자식들에게 이어주는 것이 역사다.

이번 장성의 장성향교와 고산서원, 담양 금성산성, 순창 복흥과 쌍치 일대의 항일의병전쟁 관련 유적지를 돌아보며 위난의 시기에 사상적으로 민족을 이끌었던 노사(蘆沙) 기정진(奇正鎭) 선생의 정신을 배우고 항일투쟁에서 순국하거나 나라를 걱정하며 절개를 보여준 선열들을 가슴으로 모셔오고자 한다.

11월 15일 「노사학파(蘆沙學派)를 따라가는 장성·담양·순창 일대 항일의병투쟁 기행」을 시작한다. 이른 아침 7시 전라북도교육청에서 출발하여 두 주갑 전 동학농민혁명의 한복판 김제와 정읍의 동진강을 건너고 호남평야를 지나 우금치 패전 후 원평전투에서 뒤로 쫓기는 신세가 되어 입암산성으로 숨어 들어갈 때 넘었던 그 노령을 기행단도 넘는다. 이번엔 치(峙)가 아닌 호남터널을 통해서다.

황룡강을 지나고 장성읍을 지나 장성향교에서 첫 여정을 푼다. 산경도로 지형과 수계를 익히고 호남 전기의병의 출발지 장성향교에서 송사(松沙) 기우만(奇宇萬), 성재(省齋) 기삼연(奇參衍), 녹천(鹿川) 고광순(高光洵)이 드높이 세운 창의의 깃발을 바라본다. 8시 30분경 장성향교에 도착한 연수단에게 안개 사이로 아침 해가 얼굴을 내밀 때 향교 관리인이 아기를 업고 우리를 맞이해준다.

제법 쌀쌀한 날씨에도 37명의 교직원 연수단이 진지하게 공부하며 대성전의 공자도 만난다.

1895년 명성황후 살해사건과 단발령으로 촉발된 을미의병이 이곳 장성에서 시작되었다. 기우만을 대장으로 하는 장성의병은 1896년 2월

장성향교에서 산경도를 통해 장성의 지리를 이해하고 있다. 2014-11-15

7일 이곳 장성향교에서 출범하고 4일 후 나주의병과 합진하기 위해 나주로 이동하여 세를 불려 다시 광주향교로 의진을 옮긴다. 이때 장성의병은 의병장 기우만을 포함하여 고광순, 기삼연, 김익중, 이승학, 기주현, 고기주, 양상태, 기동관, 기재, 기동준 등 200여 명의 규모였다.[2]

　　동학 진압에 공을 세워 해남 군수에 임명된 정석진과 담양 군수에 임명된 민종렬이 적극적으로 호응하여 조직된 나주의병은 이후 전주진위대에 의해 두 사람이 체포되고 관군에게 무참하게 진압되고 만다. 이러한 소식을 들은 기우만은 선유사 신기선(申箕善)이 고종의 칙유(勅諭)를 전달하자 4월에 의병을 해산하기에 이른다. 이때 선봉장 성재 기삼연 선생이 이에 항거하여 장성으로 돌아가 의병의 재기를 도모했으나 전주 진위대에 체포되어 뜻을 이루지 못했다.[3] 노사 기정진의 문하

2　　홍영기, 『대한제국기 호남의병 연구』(서울: 일조각, 2005), 145쪽.

3　　김상기, 『한말 전기의병』(서울: 경인문화사, 2009), 247쪽.

제79회 윤희순 의사 헌다례에서 「의병아리랑」 공연을 마친 기우만의 증손녀 기연옥
의병아리랑 단장과 함께 춘천, 2014-08-29

생들이 주축이 되었던 장성의병은 이렇게 끝나고 말았다. 연수단은 성
재 기삼연 의병장의 이후 계속된 항일전투 여정을 돌아보기 위해 장성
읍내 장성공원으로 향했다.

　　1907년 초 창평의 녹천 고광순과 능주의 양회일 등과 연락을
취하면서 10월 10일 장성의 석수암에 머물다가 고창의 문수사
에 주둔했고, 드디어 10월 30일 호남창의회맹소를 결성하여 총
대장에 임명되었다. 이들은 1907년 10월 30일 무장의 주재소의
공격을 시작으로 고창, 영광, 나주, 함평, 광주, 창평, 담양, 순창
등지를 옮겨 다니면서 1908년 2월 2일까지 30차례의 전투를 벌
였다. 일제의 대규모의 군사작전에 밀려 후퇴를 하던 중 담양을
습격한 기삼연은 이후 금성산성을 의지하여 항전을 계속하고자
했으나 금성산성에 도착한 그날 밤에 일제 추격군의 기습공격을
받아 의병 30명의 전사자가 발생하자 군대를 해산시킨 뒤 자신

호남창의회맹소 영수 기삼연 의병장 순국비 앞에서 참배하는 연수단 2014-11-15

은 복흥의 구수동의 기구연 집에 숨어들었다가 이마무라(今村)토
벌대에게 체포되고 말았다.[4]

　오늘 노사학파를 따라가는 항일의병전쟁 연수의 주인공 성재 기
삼연 선생의 순국비가 이곳 장성읍 장성공원에 있다. 이른 아침 이슬이
많이 내려 공원에 있는 팔각정자 나무 바닥에 물기가 많았지만, 원형으
로 둘러 모인 기행단은 의병투쟁 기행을 왜 하는지 그 목적을 되새기는
시간을 가졌다. 3.1운동 기념비와 충혼탑 그리고 기삼연호남의병영수
순국비가 나란히 눈에 들어온다.
　자리를 옮겨 성재 선생의 비로 향했다. 고려시멘트공장이 내려다
보이는 공원에서 멀지 않은 곳에 있는 황룡촌을 바라보며 1894년 황룡
촌 전투를 떠올려본다. 최신 무기로 무장한 중앙에서 파견한 정예부대

4　　홍영기, 앞의 책, 223-252쪽.

와 치른 전투에서 동학농민혁명군은 장태를 이용하여 대승을 거둔다. 그리고 10여 년 뒤 1908년 2월 2일 기삼연 의병장이 일제에 의해 총살을 당했다. 연수단은 기삼연 의병장의 혼이 새겨진 비 앞에서 머리를 숙였다.

2014-11-15

위정척사衛正斥邪기념탑에서 고산서원까지

동학농민혁명군이 대승을 거둔 황룡촌을 지나 노사 기정진 선생의 묘가 있는 동화면의 위정척사기념탑을 찾아간다. 처음 가는 것이라 길을 묻고 동화면사무소에 전화를 걸어 위치를 확인한 후 휴대폰 지도를 이용하여 어렵게 찾았다. 위정척사기념탑 조성지는 관리가 되지 않아 남자들의 발길로 길을 내면서 유적지를 살펴었다. 이곳은 장성군 동화면 남산리 봉황마을 남쪽에 있다.

위정척사기념탑으로 오르는 길에 세 분의 의병장이 남긴 명언을 만났다. 노사 선생의 대표적인 제자들인 기우만, 기삼연, 고광순 등의 글이다.

> 군사를 일으켰다가 이기지 못하고 몸이 먼저 죽어가니 해를 삼켰던 큰 꿈 또한 헛되었구나. - 성재 기삼연
>
> 한번 죽어 보국코자 함은 내 마음에 정한 바다. - 녹천 고광순
>
> 사람은 비록 죽더라도 의리는 죽지 않고 나라는 망할 수 있어도 의리는 망하지 않는다. - 송사 기우만

장성군 동화면 남산리 산 51-3 위정척사기념탑 2014-11-15

노사 선생의 생애를 짧게 살피고 위정척사사상과 노사 선생이 병인년에 올린 상소인 병인소, 바로 이어진 황준헌의 조선책략(朝鮮策略)

위정척사기념탑 장성 동화, 2014-11-15

과 영남 만인소(萬人疏), 그리고 경기도 양평의 화서학파 상소 등을 연결하며 위정척사 사상의 출발점에 서 있는 노사의 성리학적 식견을 만났다.

노사 기정진을 상징하는 병인소를 만나본다. 서양의 첫 침입인 병인양요(1866, 고종 3)가 일어났을 때 기정진은 68세였다. 그해 7월 조선을 대표하는 지식인으로서 현실 문제를 논의한 상소를 올렸다. '병인소

(丙寅疏)'라고 불리는 상소에서 그는 외세에 대비하는 여섯 가지 조항을
건의했다.

> 첫째, 묘당(廟堂)의 계책을 먼저 정하지 않을 수 없습니다.
>
> 둘째, 먼저 사령(辭令)을 손질해야 합니다.
>
> 셋째, 지형(地形)을 살피는 일입니다.
>
> 넷째, 군사를 훈련하는〔鍊兵〕일입니다.
>
> 다섯째, 말을 구하는〔求言〕것입니다.
>
> 여섯째, 서둘러 내치(內治)에 힘써 외적을 물리치는 근본으로 삼
> 는 일입니다.[5]

근처에 있는 기정진 선생의 묘를 찾아 다 같이 노사 선생을 기리며
목례를 올렸다. 한말 호남의병의 정신적 기둥이 되고 사상의 뒷배가 되
었던 노사 선생과 그의 문하생들이 참여했던 호남의병진, 특히 성재 기
삼연의 호남의병창의회맹소는 일제를 벌벌 떨게 했다. 이곳 위정척사
기념탑 초입에는 노사 기정진 선생의 비가 세워져 있는데, 면암 최익현
이 쓴 것이다. 1906년 태인의병을 창의한 면암 최익현은 33년 전 계유
상소(癸酉上疏) 이후 제주 유배 시에 노사의 제자 안달삼과 인연이 되어
훗날 노사를 두 번 찾게 되며, 그 인연으로 1901년 노사 선생 비문을
짓게 된다. 노사 선생이 타계하는 1879년 면암 최익현은 흑산도에 유
배 중이었는데, 그해 2월 고향으로 방축(放逐)하라는 명을 받고 해배되
어 돌아오는 도중에 광주를 거쳐 장성의 고산서원에 들러 노사를 찾아
갔다.

---

5   〔한국고전종합DB〕,『노사집 3권』「소(疏) 병인소〔丙寅疏〕」내용 중 일부 인용.

노사(蘆沙) 기공(奇公)을 고진원(古珍原) 담대헌(澹對軒)에 들러 뵈었다. 기공은 병환이 위독하여 수작하지 못하므로 선생이 잠깐 인사만 드리고 물러 나와 절구(絶句) 한 수를 읊었다.

道在南州望不輕　남주에 도가 있어 인망이 가볍지 않으니
秋陽江漢幾人情　추양과 강한이 몇 사람의 정이런가
再來只見伊川面　두 번 와서 선생의 얼굴만 보았으니
五十無聞愧後生　오십에도 소문 없는 부끄러운 후생일세[6]

위정척사사상은 자주의 발로였으며 세상의 변화에 대응한 민족주의 사상이었다. 오늘의 정(正)과 오늘의 사(邪)는 무엇인가.

오늘의 정은 자주요 오늘의 사는 외세의존이다.
오늘의 정은 분단극복이요 오늘의 사는 분단고착.
오늘의 정은 통일교육이요 오늘의 사는 분단교육.

오늘의 정(正)은 국제정세를 읽어 강대국의 분단고착전략을 뛰어넘는 일이고, 오늘의 사(邪)는 주변 강대국의 전략에 묻혀 이용당하는 것이다. 노사 선생의 위정척사사상은 과거의 개화를 막은 고리타분한 사상, 역사 속에 박제된 사상이 아닌 지금 우리에게 사를 몰아내고 정을 위해 부단히 투쟁하라 가르침을 주고 있는 살아 꿈틀대는 사상으로 승화시켜나가야 한다.
전시작전권을 연장한 것을 위정척사사상으로 접근하면 당연히 사

6　〔한국고전종합DB〕, 『면암선생문집 부록 제2권』 「연보, 기묘년」.

노사 기정진의 고산서원 2014-11-15

(邪)로써 배척해야 할 반자주적 처사임이 분명하다. 이제 호남의병들의 사상적 지주 노사 기정진의 고산서원을 찾아 호남정맥에서 갈라져 나온 병풍지맥 봉화산과 월선봉 사이의 고개를 넘어 진원면으로 향한다. 장성 황룡강 수계에서 영산강 본류가 흐르는 유역으로 넘어왔다. 11시 20분경 고산서원에 도착한 연수단은 이곳이 노사 기정진이 1878년(고종 15)에 정사(精舍)를 지어 '담대헌(澹對軒)'이라는 이름으로 출발했다는 것을 알았다. 담대헌은 그 뒤 후손들이 1924년 중건했고, 1927년 지금의 '고산서원(高山書院)'이라는 이름을 갖게 되었다. 그리고 노사 기정진은 그다음 해 1879년 세상을 떠났다.

> 노사 기정진은 수많은 제자를 양성하여 노사학파를 형성했으며 그의 문인들은 이일원론(理一元論)에 입각하여 도학적 전통을 수호하거나 위정척사운동, 나아가 의병전쟁과 의열투쟁을 전개

했다. 이들은 19세기 중후반 조선의 불안한 상황을 성리학적 입장에서 개혁하기 위해 끊임없이 노력했다. 노사학파의 사상은 이론적 독창성뿐만 아니라 현실을 개혁하려는 시국관을 겸비했다.[7]

노사 기정진의 사상은 수많은 제자에게 영향을 끼치며 노사학파를 형성했다. 그들은 다른 학파들로부터 공격을 받기도 하고 문집의 간행을 방해받기도 했는데, 노사의 유리론적 이일원론의 제창은 당시 권력을 장악하고 있는 노론세력, 즉 기를 중시하는 기호 계열을 비판하는 한편 그것을 바로잡아야 한다[8]는 논리를 펼쳤기 때문이다.

近世彬彬盛 인재가 근세 들어 성하다 해도
眞儒竟亦稀 진유는 끝내 또한 많지 않다네
先生起南服 선생께서 남방에서 일어나시어
隻手障東歸 한 손으로 물길 막아 동으로 돌리셨네
寶鏡妖精伏 보배로운 거울에 요정조차 굴복하니
霜旻宿曜輝 서리 치는 하늘의 찬란한 별빛 같으셨네
微言足千古 은미한 그 말씀은 천고에 전해지리니
太息盥薔薇 크게 한숨 쉬며 장미 이슬에 씻네[9]

매천 황현이 '奇蘆沙先生挽'이라는 제목으로 노사 선생을 칭송한 시다. 당대의 현실을 직시하며 도학 연구에만 머물러 있지 않고 그를

7   홍영기, 앞의 책, 104쪽.
8   위의 책, 96쪽.
9   〔한국고전종합DB〕, 『매천집 제5권』 「시(詩) 보유(補遺)」.

타개하고자 했던 노사의 성리학적 사상은 천고에 전해질 것이라고 칭송한 매천. 주변에서 노사학파를 탄압하던 시기에 재야지식인 매천은 노사의 마음과 함께했다.

매천은『매천야록(梅泉野錄)』에서 노사 기정진을 몸가짐이 독실하고 학문에도 정통했으며, 이기를 논하면서 선인들에게 아부하며 기대지 않고 자기의 견해를 스스로 터득하여 문빗장을 뽑고 자물쇠를 열 듯 아주 깊이 연찬했다고 평가했다. 그러면서 어떤 사람이 평한다는 방식으로 "퇴계의 후손들이 『한주집(寒洲集)』을 불사른 것과 연재가 노사를 막으려고 한 것은 똑같이 상대를 시기했기 때문[10]이라고 했다. 한편 영재 이건창이 보성으로 귀양 가서 『노사집(蘆沙集)』을 읽고 노사의 학문에 감탄한 내용을 기록하고 있는데, 다음과 같다.

> 이것은 천하의 참다운 학문이다. 우리나라에만 없던 것이 아니라 중국에서 찾는다 해도 원나라와 명나라의 여러 유학자들 가운데 짝할 만한 자가 드물다. 성리학에 관한 그의 글을 뽑아서 두세 책으로 엮어 천하에 전하고 이름난 산에 간직해 두는 것이 마땅하다.[11]

연수단은 경기도 양평과 춘천에서 화서 이항로[12]의 화서학파가 보여주었던 항일투쟁의 전개 과정을 만난 적이 있다. 화서학파는 노사학

10 　황현(허경진 역), 『매천야록』(파주: 서해문집, 2014), 121-123쪽.

11 　위의 책, 124쪽.

12 　1792년(정조 16)~1868년(고종 5) 경기도 양평에서 태어났다. 주리철학에 바탕을 두고 호남의 기정진, 영남의 이진상과 함께 침체되어가는 주리철학을 재건한 조선조 말기 주리철학 3대가의 한 사람이다(한민족문화대백과).

파처럼 위정척사사상으로 무장하여 국내 항일의병전쟁을 주도했고, 이후 만주로 망명하여 끝까지 무장독립투쟁을 펼쳐나갔다. 그런 측면에서 화서 이항로와 노사 기정진[13]은 요시다 쇼인과 이토 히로부미의 조선 침략에 맞선 항일의병항쟁에서 기억해야 할 지도자, 스승으로 보아야 한다.

2014-11-15

---

13   1798년(정조 22)~1879년(고종 16) 전라북도 순창군 복흥면 구수동에서 태어났다.

담양 금성산성에서 순창 구수동으로

담양에서 점심을 먹은 연수단은 오후 2시 20분경 가을 단풍이 아름다운 금성산성에 올랐다. 이 산성은 금성산 줄기의 해발 350~600m 능선에 쌓은 것으로 '산성산'이라고도 한다. 금성산성은 길이가 3km에 가까운 큰 규모로, 전남 장성의 입암산성, 전북 무주의 적상산성과 함께 호남 삼처산성(三處山城)에 속한다. 산성의 남쪽 기슭에는 화강암 계통인 순창편상화강암이, 산성 중턱을 올라서면서부터는 중생대 백악기 퇴적암인 무이산층이 나타나는데, 역암과 사암 등이 분포하고 있다.

금성산은 정읍의 내장산, 담양의 추월산과 용추봉 그리고 순창의 강천산을 따라 남으로 이어지는 호남정맥의 산줄기에 위치하며 이곳에서 창평을 지나 광주 무등산으로 이어진다. 노사학파의 항일의병전쟁의 현장을 찾아 금성산성에 오른 일행은 기삼연 의병진이 마지막 전투를 벌인 1908년 2월 한겨울 상황으로 들어갔다. 마치 병자호란 당시 혹한의 추위 속에 남한산성을 지키던 조선 병사들을 떠올리게 하는 분위기와 흡사한 상황이었다.

세모(歲暮)에 행군하여 담주(潭州)의 금성에 이르니 성이 험하여 믿을만하므로 그곳을 지키며 새해 계획을 세우기로 했다. 이

담양의 금성산성에서 기삼연의병장을 만난 전북교과통합체험학습연구회 교원들 2014-11-15

날 밤 날이 춥고 비가 쏟아져서 의복이 젖어 군사들이 얼고 굶주
렸다. 미처 성을 지킬 준비도 하기 전에 적이 뒤를 따라 엄습하여
들어와서 요란한 탄환이 비 오듯 했다. (중략) 순창의 복흥 산중
에 이르러서 군사들을 풀어 보내어 각기 집에 돌아가 새해를 지
낸 후 정월 보름 뒤에 다시 모이기로 맹세했다. 성재 자신은 구수
동(九水洞)에 몸을 숨겼다.[14]

기울어가는 나라를 구하겠다는 일념으로 죽음을 각오하고 창의의
깃발을 들었던 호남의병창의회맹소 영수(領袖) 기삼연 의병장은 이곳
금성산성의 마지막 전투에서 30여 명의 동지들을 잃고 30여 명의 부상
자가 발생하자 다시 집결하기로 하고 의병진을 해산한 뒤 호남정맥을
넘어 전라북도 순창군 복흥의 조동으로 몸을 숨겼다. 금성산성은 그 겨

---

14   홍영기, 앞의 책, 251쪽.

울 의병들의 안타까운 죽음을 기억하고 있다. 우리는 단풍이 수려하게 수놓인 이곳을 역사기행차 올라왔지만, 그날의 의병들은 생과 사를 넘어 나라를 구하고자 저 침략군 일본 군대를 상대로 항전하기 위해 올랐다. 그런데 이 금성산성 전투가 기삼연 의병장에게 마지막이 될 줄 누가 알았겠는가. 기삼연 의병장이 이곳에서 상당히 떨어진 순창 복흥으로 몸을 피한 이유는 무엇일까.

금성산성을 돌아본 일행은 4시쯤 산성에서 내려와 오늘의 마지막 답사지인 순창 복흥의 구수동으로 향했다. 하루해가 짧아지는 가을, 오후 5시가 넘어서야 복흥의 동산마을에 도착했다. 구수동은 조동이라고도 하는데, 내가 처음 이곳을 찾은 것은 2014년 8월 27일 노사 기정진 선생의 탄생지를 찾아 나설 때였다. 마을의 어른들은 이곳이 구수동 또는 조동이라는 사실을 모르고 있었다. 마을 안 모정에서 쉬고 있는 어른 중 가장 연장자라고 하는 분이 "그런 이름은 모르고 그냥 동산마을"이라고 강조했다. 골목길에서 만난 트럭을 운전하는 아저씨에게 또 확인해보니 마을 서편 정자에서 본 듯하단다. 마을 서편 정자 옥천정(玉川亭) 벽면의 현판에서 이 마을의 옛 이름이 구수동 또는 조동이었다는 문구를 확인했다.

마을 앞의 지석묘들이 우리 동산마을의 유구한 역사를 말해주고 있고 백제시대에 복흥현으로 자리매김하면서 상치, 하치, 복흥의 삼방문화를 꽃피웠으며 고려시대 전주이씨 가문이 마을의 터전을 잡은 이후에 대유학자 노사 기정진 선생을 배출했다. 우리 마을은 갈마음수(渴馬飮水) 형상으로 말 구유통 마을이라는 뜻의 조동(槽洞)이라 불리었다가 구시동이라 변했고 세월이 흘러

구슬마을이라 부르다가 일제강점기에 불분명한 이유로 동산마을로 바뀌었으니 안타까운 일이다. 800여 년 된 느티나무가 꿋꿋하게 마을을 지키고 있고 맑은 개울이 사철 흐르고 사방이 확 트여 수려한 유서 깊은 이곳에 주민들과 출향인들의 뜻을 모아 1991년에 모정을 건립하고 그 이름을 옥천정이라 했으니 마을 주민들과 나그네들의 화합과 휴식공간으로써 그 역할을 다하기를 기원한다.

옥천정 옆 안내문에는 '조동' 또는 '구수동'으로 불리던 이 마을이 1915년 행정구역 개편 때 '동산'이라는 이름으로 변경되었다고 소개하고 있다. 마을 어른들은 그 이후에 태어났으니 조동이나 구수동을 모를 수 있겠지만, 역사가 깃들어 있는 조동이나 구수동을 모르고 있다는 것에 안타까운 마음이 들었다. 더욱이 마을 서편 옥천정에 그 내용을 기록해놓았는데도 말이다. 그 정자 옆에 당당하게 서 있는 노사기정진탄

노사기정진탄생유허비. 순창군 복흥면 동산리 319-1 2014-08-27

생유허비는 먼 길을 달려온 내게 선물이었다. 2014년 11월 15일 노사 학파를 따라가는 항일의병전쟁의 연수 마지막 여정에서 노사 기정진이 태어나 청년기까지 자랐던 그의 고향을 찾은 것이다.

노사 기정진은 이곳 조동에서 아버지 증참판 기재우(奇在祐), 어머니 권덕언(權德彥)의 딸 안동권씨 사이에서 1798년 6월 3일에 태어났다. 네 살 때부터 글을 읽었고 다섯 살 때 천연두를 앓아 왼쪽 눈의 시력을 잃어버렸다. 이곳 순창에 머물렀던 적이 있는 울산김씨 하서 김인후의 후손 진사 김의휴(金宜休)의 딸과 혼인했다. 1815년 17세가 되던 해에 부모님이 돌아가시자 선친의 고향인 장성으로 이주했다. 1819년 아들 기만연(奇晩衍)이 태어났다.

노사 기정진이 태어난 복흥 구수동은 그의 제자였던 성재 기삼연 의병장이 담양 금성산성에서 마지막 전투를 치르고 몸을 숨겼던 곳이다. 그가 숨은 곳이 기구연의 집인 것을 보면 같은 항렬(行列)의 집안이었던 것으로 보인다. 스승이 태어난 곳에서 제자가 나라를 구하려고 일제와 전쟁을 치르고 마지막으로 숨었다가 피체된 곳이니 애석하기 이를 데 없다. 기삼연 의병장은 피체되어 광주로 이송되어갔다.

> 기삼연 의병장의 피체 소식을 전해들은 선봉장 김태원은 날랜 병사 30여 명을 이끌고 광주 근교의 경양역(景陽驛)까지 추격하여 기삼연의 탈환을 시도했다. 기삼연을 탈환하려는 의병들의 시도에 불안해하던 일제의 헌병대는 그를 곧바로 총살함으로써 사회적 문제를 야기했다.[15]

---

15   홍영기, 『한말 후기의병』(서울: 경인문화사, 2009), 182쪽.

노사기정진탄생유허비 앞에 선 연수단 2014-11-15

　　장성향교에서 1896년 2월 7일 창의했던 기삼연 의병장의 마지막
순간을 12년의 세월이 흐른 뒤인 1908년 2월 2일 설날 아침 순창 복흥
의 조동에서 찾는다.

　　그러나 선생의 순국은 헛되지 않았다. 그것은 선생의 순국이
　　자극제가 되어 호남의병은 더욱 왕성하게 발전했기 때문이다.
　　선생과 같이 호남창의회맹소를 결성했던 수하의 김준, 김용구,
　　전수용, 이석용, 심남일, 박도경 등은 물론, 안규홍, 강무경, 양진
　　여 등 평민 의병장들이 나타나 이후 호남을 의병항쟁의 중심지
　　로 부상시켜 갔던 것이다.[16]

　　하루 일정의 여정으로 달려온 「노사학파(蘆沙學派)를 따라가는 장

16　　네이버캐스트, https://terms.naver.com(검색일: 2020. 1. 4).

성 · 담양 · 순창 일대 항일의병투쟁 기행」의 마지막 답사지 노사 기정 진탄생유허비 앞에서 오늘의 연수를 마무리했다. 오후 5시 30분이 넘은 시간, 돌아가야 할 길이 멀지만 그동안 우리 시야와 가슴에서 멀리 자리했던 의병들의 의로운 항쟁을 비로소 마음 안에 새길 수 있어 뜻깊은 하루였다.

2014-11-15

「노사학파를 따라가는 장성 · 담양 · 순창 일대 항일의병투쟁 기행」 여정로

❶전주 → ❷호남고속도로 → ❸장선향교 → ❹장성공원 ⟩ ❺위정척사기념탑
노사 기정진 묘소 → ❻진원 고산서원 → ❼담양 금성산성 → ❽순창 복흥 구수동
노사기정진탄생유허비 → ❾전주

담양 창평 학봉종택과 포의사褒義祠

「녹천·매천 따라가는 전남·전북 일대의 항일의병전쟁 기행」[17]을 떠난다. 초·중·고 교원 35명이 아침 7시 14분 전주에서 출발하여 갑오년 혁명의 땅 호남평야를 달리며 동진강을 건너고, 고부천을 뒤로 패퇴하던 전봉준 장군이 넘었던 그 노령의 호남터널을 통과하니 전남 장성 땅이다.

영산강 지류인 황룡강을 따라 녹천(鹿川)의 출생지 창평 장흥고씨(長興高氏)의 종택이 있는 유천리 포의사(褒義祠)를 향해 달린 지 1시간 10여 분 만에 도착했다. 담양의 창평에는 의인 고경명(高敬命)·고종후(高從厚)·고인후(高因厚) 삼부자(三父子)가 남긴 고귀한 역사가 있다. 삼부자는 1592년 임진왜란 당시 의병을 일으켜 왜군과 전투하다가 고경명과 고인후는 7월 10일 금산의 눈벌전투에서 순국했으며, 고종후는 1년 뒤 1593년 제2차 진주성 전투에서 순국했다.

담양 금성산성에서 내려오는 호남정맥이 마을 뒤로 지나며 월봉산과 국수봉을 남겨놓았다. 1896년부터 순국할 때까지 의병전쟁사 11년

---

17   2014년도 전라북도교육청 주민제안사업의 일환으로 김제죽산초가 주관하고 전북교과 통합체험학습연구회가 후원한 사업에 북원태학이 기획 진행했다.

담양 창평 학봉종택. 녹천 고광순 의병장의 증손 고영준 이사의 안내를 받고 있는 연수단 2015-01-09

을 함께한 녹천 고광순(高光洵) 의병장은 학봉(鶴峯) 고인후(高因厚)의 12
대손으로 일제에 항거하며 피아골 연곡사에서 1907년 10월 17일[18] 나
이 60에 일본군과 교전을 벌이다가 장렬히 순국한 대한의 의병장이다.
그런 녹천의 본가와 그가 잠들어 있는 곳 포의사에 첫 기행의 여장을
풀었다. 유천리 마을 초입에 학봉의 기념비와 그의 둘째 아들 월봉의
비도 같이 앞뒤로 펼쳐져 있다.

녹천의 종손 고영준[19] 선생이 환대하며 가문의 이야기와 종택을 안
내해주었다. 여느 집과는 사뭇 다르다. 가묘(家廟), 즉 집안에 사당을 가
지고 있는데 불천위 사당이다. 지난 1월 2일에 찾았을 때는 보이지 않
았다. 정성스레 위패를 여는 종손의 모습에서 절로 존경의 마음이 담긴

---

18 네이버캐스트에는 고광순의 순국일자가 10월 16일로 기술하고 있으나 담양 창평 포의사
기념관 안에 걸기된 장흥고씨 족보에는 1907년 9일 11일(음력)로 피어 있나. 양력으노
변환하면 10월 17일이다.

19 제봉 고경명으로부터 15세손이고 녹천 고광순의 증손이다.

학봉 고인후의 묘소 2015-01-09

다. 모두 머리를 숙여 사당 안에 감도는 역사의 숨결과 오랜 세월 동안 있어야 할 자리에서 자리를 지켜준 넋에 묵념을 올렸다. 대한민국의 자랑스러운 한 가문의 모습에 절로 어깨가 으쓱해진다.

사당 바로 뒤에 조성된 학봉 고인후의 묘소에 올랐다. 소나무가 위엄을 말하고 묫자리가 엄숙함을 자아낸다. 전에는 이곳에 녹천의 묘소가 함께 있었다. 종택과 사당 그리고 묘역을 돌아보고 마을 뒤 포의사에 들러 전시물을 살폈다. 기념사업회 회장이 직접 우리를 반기며 안내해준다.

포의사 기념관에 전시된 장흥고씨 족보에서 10세 고경명으로부터 11세인 고종후, 고인후, 고존후, 고순후, 고유후, 고용후 등 5명을 확인할 수 있었다. 족보에는 제봉 고경명은 중종 무오년 문과에 장원했으며 임진왜란 때 적을 토벌하기 위해 창의하여 금산에서 7월 10일 둘째 고인후와 동일 순절했다고 쓰여 있고, 큰아들 고종후는 계사(癸巳)년 진주성에서, 둘째 고인후는 금산에서 순절했다고 기록하고 있다. 이어 22세

포의사 앞에서 녹천 고광순 증손 고영준 이사와 함께 2015-01-09

손인 고광순은 1907년 정미년 9월 11일(음) 같은 문중의 족조(族祖) 고
제량(高濟亮)과 같이 순절했고, 진안 이산사(駬山詞)에서 배향하고 있고
순절비를 구례군민이 세웠으며, 1970년 건국공로훈장을 수여했다는
내용이 기술되어 있다.

　1907년 녹천 고광순이 일본 군대와 전쟁을 치르는 동안 왜경은 의
병 활동에 대한 보복으로 창평에 있는 그의 집을 불태운다. 이때 종가
와 집안의 유물이 모두 불에 타 소실되었다. 그곳에 세워진 것이 포의
사다. 포의사 기념관 전시물에는 녹천의 성장과정을 다음과 같이 소개
하고 있다.

　　녹천은 인근에 있는 상월정에 올라가 10여 년간 학문을 익힌
뒤 과거에 응시했으나 당시 권세를 휘두르던 시험관의 부정으로
인해 낙방했다. 고향으로 돌아온 고광순은 관직 진출을 포기한
채 학문을 연마하던 중 1895년 명성황후 살해사건에 이어 단발

령이 내려지자 과감히 항일의병 투쟁의 길에 나서게 되었다.

1896년 장성향교에서 을미의병에 참여한 녹천 고광순은 절치부심하던 중 11년이 흘러 1907년 창의의 깃발을 올렸다. 그곳이 이곳 창평 유천리 동편 호남정맥의 산줄기 너머에 있는 대덕면 운산리의 저심마을이었다. 녹천고광순의사기념관 포의사에서 녹천의 증손과 단체 사진 촬영을 한 연수단은 9시 55분경 유천리를 떠나 호남정맥의 노가리재를 넘어 대덕면의 운산리로 향했다.

2015-01-09

담양 대덕 저심마을

영산강과 섬진강 유역을 나누는 분수령이 바로 노가리재다. 이곳 담양 창평의 노가리재를 넘어서부터 이 물들이 동복호를 통해 주암호로 흘러든 후 북상하다가 구례의 압록에서 섬진강 본류와 만나니 물의 흐름이 우리의 고정관념을 뚫고 흘러가는 셈이다. 녹천은 이 재를 넘어 대덕면 운산리 저심마을에서 창의의 깃발을 드높였다.

을미사변 이후 의병전쟁에 투신한 후 10년이 지나 1906년 12월 고향 유천을 떠나 호남정맥 노가리재를 넘어 대덕면 운산리 저심마을에서 500여 명의 의병을 결집하여 창의했다. 이곳 저심마을은 운수대통 마을이 되어 불원복 태극기를 게양하고 있다. 녹천이 연곡사에서 마지막 숨을 거두기 전 가슴에 품었던 그 불원복 태극기다.

이곳 운산리를 들어오기 전에 화순의 서유리 공룡 발자국 화석지에 들러 지질시대와 공룡들에 대한 상식을 익히고 퇴적암에 남아 있는 다양한 공룡 발자국 화석지를 돌아보았다. 저심마을의 유래를 살펴본 뒤 녹천이 창의 당시 대장소로 썼던 전주이씨 제각 자리를 찾았다. 무기와 군수물자에서 상대가 되지 못하는 상황에서 죽음을 무릅쓰고 의병전쟁에 가담한 의로운 분들의 함성이 이 저심마을 앞산에 울려 메아리친다. 나라와 가문의 원수인 일제는 녹천에게 그야말로 가국지수(家

담양 대덕면 운산리 저심마을로 들어서는 연수단 2015-01-09

國之讐)였다.

2014년 11월 8일 운산리 저심마을을 처음 찾았을 때 마을 입구 모
정이 있는 곳에서 마을 유래와 함께 녹천 고광순이 의병을 창의했다는

의병전적지 표지판. 담양군과
담양향토문화연구회가 2007년
11월 20일 설치했다.
2014-11-08

기록을 담고 있는 표지판을 발견하고 눈이 환해졌다.

마을 안길로 들어가 콩을 수확하여 수레에 싣고 온 한 아주머니에
게 물었다. "저기 의병 체험장이라고 쓰인 곳이 옛날에 전주이씨 제각
이었나요?" 하지만 아주머니의 대답은 뜻밖에도 아니란다. 바로 이 돌
담 너머가[20] 제각이었다고 했다. 대덕에서 시집온 광산김씨 아주머니는
올해 80인데, 스무 살에 시집을 왔을 때도 무너져 있었고 기왓조각을
쉽지 않게 발견할 수 있다고 했다. 지금은 빈터가 되어 쓸쓸한 모습이
나 117년 전 전주이씨 제각이 있었고, 이곳에 대장기를 세우고 국권을
수복하여 가국지수의 복수를 꿈꾸었던 녹천 선생의 비장한 모습이 눈
앞을 스쳐간다.

---

20 이곳에 가려면 담양군 운산2길 48-37번지를 찾아 은행나무가 있는 공터가 전주이씨 제
각이 있는 자리다. 녹천이 대장소를 설치했던 곳이다.

녹천 고광순의 의병창의지. 대덕 운산리 저심마을, 은행나무 자리다. 2014-11-08

    마을길을 타고 다시 모정으로 나오자 주민 한 분이 쓰레기 분리수거를 하고 있기에 의병 창의에 대해 몇 마디 물었다. 저 산길로 들어가면 잘 아는 분이 있다고 소개를 받아 마을에서 송산으로 들어가는 좁은 길을 타고 잠시 들어가니 옹기가 쌓여 있는 집 앞에서 한 아저씨가 일하고 있었다. 조금 전에 그 아주머니가 소개해준 분이 틀림없었다. 의병 본부였던 그 제각에 대해 물어보니 "6.25 때 그 제각(祭閣)을 국군이 퇴각하면서 불 질렀어요." 이어서 "사실 홍영기 교수도 이곳이 의병창의지(義兵倡義址)인 줄을 몰랐어요" 하는데, 갑자기 옆에서 다른 아저씨의 목소리가 들려왔다. 아저씨는 이곳의 향토사학자라고 했다. 그 아저씨가 우리 둘의 이야기를 듣고 있다가 거든다. 나는 다시 "혹시 동복면에 의병유적지가 있나요?"라고 물었고, 그 향토사학자라는 분은 "그곳은 특별히 있는 것이 없어요"라고 했다. 나는 녹천 선생이 동복을 공격했다가 패하고 후퇴했다는 기록이 생각나서 물었다. 그 이씨 제각에서 놀기도 했고 밟히는 것이 기왓조각이었다고 한다. 나이 50세에 목숨을 건 의병투쟁에 나선 녹천은 이곳 저심마을에서 60세의 나이로 또다시 죽음을 무릅쓰고 일제에 선전포고를 했다. 지금으로부터 108년 전 이 함성을 시작으로 연곡사 마지막 전투까지 10개월 동안 목숨을 내놓고 싸운 고광순 의병장은 남원성 연합공격을 위해 남원 양한규 의병장과 합진을 하고자 했고, 정읍 태인의 무성서원에서 창의한 면암 최익현의 태인의병과 순창에서도 연합했으나 물러설 수밖에 없었다.

> 양한규 의병장과 함께 도모했던 남원성 공략은 양한규 의병장의 남원성 점령과 곧바로 이어진 양 의병장의 순국으로 결국 수포로 돌아갔다. 담양 창평에서 순창을 지나 천황지맥의 비홍재를 넘으면 남원이었다. 그리 멀지 않은 거리였지만 녹천은 양한규 의병진이 남원성을 점령했다가 패하고 물러난 뒤에 도착했던 것이다. 이후 녹천은 능주의 양회일과 장성의 기삼연 등과 힘을 합해 창평, 능주, 동복 등지를 무대로 활동했고 4월 25일에는 화순읍을 점령하여 주민들의 환영을 받았다. 그리고 4월 26일 동복으로 진군한 의진은 광주에서 파견된 관군과 도마치(圖馬峙)[21] 전투에서 패하고 흩어지고 말았다.[22]

11시 40분경 운산리 저심마을을 뒤로한 연수단은 녹천의 의병항쟁지를 따라 화순군 동복면(同福面)으로 향했다. 작년 답사에서 이곳에 있던 의병들의 전투 현장을 수소문했으나 찾지 못했다. 다만 1872년 동

---

21   화순군 사평면 다산리 도마동에서 사평면 유마리 산정마을 사이에 있는 고개.

22   네이버캐스트, https://terms.naver.com

복현의 지방지도에서 녹천 의병진이 공격했던 곳이 대략 어느 지역인지는 짐작할 수 있다. 무기와 군수물자 탈취가 목적이었으므로 동복현의 헌병분견소가 대상이었다. 일제의 헌병분견소는 당시 관아를 이용했을 것이다. 관아는 지금 동복초등학교를 중심으로 배치되었는데, 동편 산쪽으로 동헌이 서쪽 천변으로 객사가 있었다. 이곳 동복에서는 4월 26일 도마치, 9월 15일은 헌병분견소 등 두 차례에 걸쳐 전투를 벌였다. 창평에서 거의한 녹천 고광순 의병장의 행보를 살펴보면 동복에서 남원으로 올라간 뒤 최종적으로는 지리산으로 그 목적지가 향하고 있다. 이러한 전략은 충청지역의 지도자들이 대체로 경술국치를 앞두고 중국으로 망명하는 것과 비교되고 화서학파의 경우도 의병투쟁을 전개하다가 만주로 망명하여 무장항일투쟁으로 지속되는 것과도 다른 것인데, 녹천의 의병진이 지리산으로 향하는 것은 장기항전을 염두에 둔 것이다.

화력과 훈련 면에서 압도적인 일제 군경과 맞서 싸우는 방식을 탈피하고 축예지계(蓄銳之計 혹은 根據之計), 다시 말해 장기항전에 대비하여 일정 기간 예기를 기른 후에 전쟁을 불사한다는 전략을 수립한 것이다.[23] 홍영기는 녹천의 축예지계 전략을 『녹천유고(鹿川遺稿)』의 다음 글에서 확인했다.

> 1907년 (음) 8월 11일 행군하여 구례 연곡사에 이르렀는데 산이 험하고 골짜기가 깊었다. 동쪽으로는 화개동과 통했는데, 그곳에는 산포수가 많았다. 북쪽으로는 문수암과 통했는데 암자는 천연의 요새였다. 연곡사를 중간기지로 삼아 장차 문수암과 화

---

23   홍영기, 앞의 책(2009), 198-199쪽.

개동을 장악하여 의병을 유진시켜 예기를 기르는 계책으로 삼았
다. (고광순은) 대장기를 세우고 깃발에는 불원복(不遠復) 석 자를
썼다.

1907년 9월 15일 새벽 동복의 헌병분견소를 공격했던 녹천의병진
은 이후 남원으로 북상했다가 구례 피아골의 연곡사로 이진하여 장기
항전을 준비했다.

연수단은 이후 보성 문덕의 서재필 생가, 낙안읍성, 광양의 매천
생가를 거쳐 오늘 마지막 일정으로 연곡사에서 녹천 고광순 의병장의
최후 전투와 순국 현장을 만나게 된다.

2015-01-09

보성 문덕 서재필徐載弼 생가

보성은 남쪽의 남해부터 동쪽으로 순천과 고흥군에 닿아 있고, 서쪽으로 장흥과 화순에 이르기까지 길게 이어진 곳이다. 이 긴 구역을 서에서 동으로 달려가는 호남정맥에 의해 보성강은 남에서 북으로 흐르며 주암호를 이루고 구례 압록으로 빠져나오며 섬진강과 합류한다.

보성의 북쪽 끝자락의 문덕면 용암리 가내에 송재(松齋) 서재필의 출생지가 있다. 흔히들 개화파, 독립신문 또는 갑신정변을 떠올리며 기억하는 서재필을 만나기 위해 성주이씨(星州李氏) 외조부 이기대(李箕大)의 가은당(可隱堂)[24]을 찾아 12시 35분경 가내마을에 들어섰다.

변혁기 스물한 살에 열다섯 살 위의 김옥균을 만나 새로운 조선 민족혁명을 꿈꾸었던 그는 이곳 가내 외가에서 어머니의 황룡 태몽의 기운으로 태어났다. 젊은 나이 일본으로 건너가 신식 사관학교 교육을 받고 돌아와 군사학교를 시도했으나 친청파(親淸派)의 방해로 실패하고 있던 차 갑신정변(甲申政變)의 주역으로 참여한다. 그들이 내세운 14개 조항은 오늘날의 보편적 가치에도 바탕이 되는 것들이니 그들이 얼마나 앞서서 민족혁명을 꿈꾸었는지 알 수 있다.

---

24 전남 보성군 문덕면 가내길 18-35번지.

그가 태어난 초당 옆에 바위와 뽕나무가 있었는데, 어느 날 황룡이 그 뽕나무를 타고 올라가는 꿈을 꾼 서재필의 어머니는 그 뽕잎을 전부 따서 갈아 먹고는 출타 중인 서방님을 불러들여 송재를 잉태하게 된다. 그런 아들이 성장하여 새로운 나라를 세우려다가 실패로 끝났으니 역적이 되었다. 아버지, 어머니, 부인은 그런 자식과 남편을 위해 스스로 자결했다. 동생도 자결했고, 형은 참형(斬刑)에 처해졌으며 두 살배기 아들은 굶어 죽고 만다.

송재는 일본을 거쳐 미국으로 망명하여 의사로 살다가 10년 뒤 복권되어 국내로 들어와 독립신문을 만들어 민중을 깨우치는 일에 전념했다. 다시 추방되어 미국에서 3.1운동 후 조국의 독립을 위해 자신의 삶을 희생하다가 83세인 1947년 7월 미군정 최고고문으로 귀국하여 그다음 해 9월 미국으로 돌아갈 때까지 해방 정국의 한반도에서 예민한 정치활동을 전개했지만, 큰 역할을 하기에는 주·객관적으로 역부족이었다. 남한에 이승만 대통령을 수반으로 하는 단독정부가 수립되자 미국으로 돌아갔다.[25]

미국으로 돌아간 송재는 주미대사관과 연락을 유지하며 한국 정부 승인에 도움을 주고자 했다. 그러던 중 김구의 암살 소식을 들었고, 북한의 남침으로 6.25전쟁이 발발하자 고국에 대해 염려하다가 1951년 1월 5일 필라델피아 인근 노리스타운 소재 몽고메리 병원에서 87년간의 삶을 마감했다.[26]

그가 그토록 그리워하던 가내마을 생가에서 대한민국의 근현대사와 함께한 인간 서재필을 만났다. 고종의 즉위년인 1864년 1월 4일 태

25   서재필기념회 편, 『선구자 서재필』(서울: 기파랑, 2011), 194쪽.
26   이황직, 『서재필 평전』(서울: 신서원, 2020), 320-321쪽.

보성군 문덕면 가내리 서재필 생가 2015-01-09

어나서 한국전쟁 중인 1951년 1월 5일 세상을 떠난 그는 87년의 삶을
오롯이 역사 속에 몸을 던져 살면서 혁명으로 부풀었던 가슴은 온 가족
의 참혹한 죽음을 감내해야 하는 피울음의 절규로 멍들었을 것이다.

　　이역만리 망명의 한을 삭혀내며 의사의 길을 가던 송재는 모두를
앗아간 그 조국에 다시 돌아와 시들었던 혁명의 꿈을 되피워내며 또다
시 그 길을 걸어갔다. 그리고 열강에 밀려 조국을 등지고 태평양을 건
너야 했다. 혁명의 강을 건너며 개화된 나라를 꿈꾼 대가는 너무나도
가혹했다.

　　서재필 선생이 1947년 7월 83세의 고령으로 49년 만에 다시 귀국
했을 때는 근대민주주의 국가건설을 위해 헌신했다. 혼란스러운 해방
정국에서 광복 한국이 건강한 민주국가로 자리 잡을 수 있도록 노력했
다. 많은 이들이 자신을 대통령으로 추대할 때도 정치적 안정과 정파
간의 갈등이 생기는 것을 우려해 이를 사양하기도 했다. 서재필은 개화

기 조선에서부터 광복 후 대한민국에 이르기까지 조국의 개혁과 발전을 위해 온몸을 던져 살았던 혁명가이자 선각자였다.[27]

갑신정변의 주역들은 경술국치를 불러온 친일 매국노와는 분명히 다르게 평가를 받아야 한다. 근대사 속의 갑신정변은 비록 삼일천하(三日天下)로 끝났지만, 그 혁명은 이제 주체세력이 민중이 되어 10년 뒤 동학농민혁명으로 활활 타올랐다.

13시 7분경 송재의 생가를 나선 연수단은 순천 송광면과 조정래의 소설 『태백산맥』에 등장하는 외서댁의 배경지인 외서면을 지나 호남정맥 빈계재를 넘고 낙안으로 들어와 늦은 점심을 먹었다. 길을 떠난 선각자들의 여정은 연수단의 배고픔마저 극복해내게 하는 힘이 되어주었으리라.

조선 정궁 경복궁의 축소판이라는 의미로 중앙정부가 개입하여 축성한 낙안읍성의 입지조건과 북쪽의 진산(鎭山) 금전산(金錢山)을 배경으로 하는 경관을 새로운 시각에서 둘러보았다. 병자호란 당시 의주성을 지키고 있던 임경업 장군은 그로부터 10년 전 1626년 이곳 낙안 군수를 역임했다. 그가 이곳에서 선정을 베풀었던 역사를 담고 있는 비석 앞에서 명·청 교체기에 숭명반청의 외길을 가며 김자점에 의해 발탁되었다가 김자점에 의해 장살(杖殺) 당한 그의 불운했던 삶을 돌아보았다. 또 한편 성리학적 한계를 극복하지 못하며 동학농민혁명 앞에 버티고 섰던 돈헌 임병찬이 정읍 산내 종성에서 김개남을 만나기 전 이곳 낙안에서 군수를 역임(歷任)했음도 살펴보았다. 그는 경술국치 이후 대한독립의군부 총사령을 맡아 독립운동을 했다.

---

27   정유진 기자, 「전라도 역사 이야기 83: 독립신문과 보성 서재필기념공원」, 남도일보, 2019. 4. 14.

조선정궁 경복궁의 축소판이라는 의미로 중앙정부가 개입하여 축성한 낙안읍성. 뒤로 진산인 금전산이 보인다. 전북교과통합체험학습연구회 교원연수단 2015-01-09

　　신라 때 분령군(分嶺郡)이 고려 때 낙안(樂安)의 이름을 얻게 된[28] 이 곳은 '민속마을'이라는 이름으로 관광지가 되어 많은 사람이 찾아오고 있다. 낙안은 그 지명에서 풍기듯 사면이 산으로 둘러싸인 편안한 느낌을 주는 고을이다. 북에서 남으로 흘러내리다가 남동 방향으로 흘러가 순천만에 합류하는 벌교천은 낙안 넓은 들의 풍요를 잉태하는 젖줄이다. 소설 『태백산맥』의 주 배경지 벌교로 빠져나온 일행은 영암-순천 간 고속도로를 타고 광양으로 이동하여 매천 황현의 생가로 이동했다.

2015-01-09

28　　민족문화추진회, 『국역 신증동국여지승람』 7권(서울: 민문고, 1989), 229쪽.

광양 매천 황현 생가

100여 년 전 망국의 국치(國恥)를 당하여 스스로 목숨을 끊으며 시를 남기고 세상을 떠난 매천 황현. 그가 남긴 절명시(絶命詩)의 향기를 좇아 광양의 매천 생가를 찾았다.

광양시 봉강면 석사리에 있는 생가의 바깥 문에는 매천 황현 선생 생가 현판이 걸려 있고, 안에 들어서면 정면 다섯 칸의 네모 기둥으로 복원한 초가집에 '매천헌(梅泉軒)'이라는 당호가 보인다. 매천은 이곳에서 1855년 겨울에 태어나 11세에 천사(川社) 왕석보(王錫輔)[29]에게 학문을 익혔고, 20세 이후 서울로 올라가 고환(古懽) 강위(姜瑋), 영재(寧齋) 이건창(李建昌) 및 김창강(金滄江)과 서로 사우(師友)가 되었다.

1883년 특별보거과에 응시하여 합격했으나 궐정(闕庭)의 면시(面試)에서 낙제했다. 1886년 구례군(求禮郡) 만수동(萬壽洞)으로 이거(移居)하여 구안실(苟安室)[30]을 짓고 후진양성 교육을 하다가 16년 뒤인 1902년 구례군 광의면 월곡리로 이사했다. 1905년 창강 김택영의 권유로 중국으로 망명을 시도하던 중 종가의 종질이 죽자 그 자식과 과수가 매천

---

29 1816년(순조 16)~1868년(고종 5) 조선 말기 유학자. 자는 윤국(允國), 호는 천사(川社)다. 본관은 개성(開城)이며, 전라남도 구례군(求禮郡)에서 출생했다.

30 전남 구례군 간전리 수평리 60번지, 매천샘 부근이다.

광양시 봉강면 석사리 매천 생가 2015-01-09

에게 생활을 의지할 수밖에 없는 일이 발생하자 자연적으로 취소하게 되었고,[31] 이후 「오애시(五哀詩)」를 남겼으며 1910년 경술국치를 당하자 절명시 4수를 짓고 음독하여 자결했다.[32]

매천은 40세인 1894년 『매천야록(梅泉野錄)』을 쓰기 시작했고, 동학농민혁명이 진압된 뒤 1년 후인 1895년부터 『오하기문(梧下記聞)』을 기록했다. 그 역시 성리학적 한계를 극복하지 못하고 동학농민혁명군을 '동비(東匪)'라고 칭했다. 을사늑약이 맺어지자 「오애시」를 남겼는데, "을사년 10월에 조상(趙相) 이하 삼공(三公)이 죽었다. 내가 듣고서 감모하여 고인의 시 팔애(八哀)를 모방하여 시를 짓는다. 최면암(崔勉菴)에 대해 범범하게 언급한 것은 그러기를 바라는 것이고, 이영재(李寧齋)를

31   김삼웅, 『매천 황현 평전』(서울: 채륜, 2019), 255쪽.

32   〔한국고전종합DB〕, 『매천집』「권수」, 「매천 황공 묘표(梅泉黃公墓表) – 영해(寧海) 박문호(朴文鎬)」.

언급한 것은 오늘날 인물이 아주 적기에 추억해본 것이다"[33]라고 했다.

「오애시」는 보국(輔國) 민영환(閔泳煥), 판서 홍만식(洪萬植), 정승 조병세(趙秉世), 판서 최익현(崔益鉉), 참판 이건창(李建昌) 등 5명에 대한 시다. 민영환에게는 외척이라 무시할 게 아니고 민씨 성 중에는 이런 분도 있었다고 하면서 자결한 그를 '군계일학(群鷄一鶴)'이라고 칭송하고 있다. 판서 홍만식은 이름난 가문의 자손이고 역적의 형[34]이라고 스스로 자책하여 늙도록 문을 걸고 나서지 않았다고 했으며, 정승 조병세는 세상에서 혁혁한 충익공의 후예로서 저승에서 뵙더라도 부끄럽지 않겠다며 그의 자결을 관솔 향기에 빗대어 천 년을 전할 것이라 노래했다.

매천이 「오애시」를 남긴 1905년 면암 최익현은 생존해 있었고, 영재 이건창은 이미 7년 전에 강화도에서 죽었다. 그런데도 이 두 사람을 「오애시」에 포함한 것은 면암이 앞으로 자결해주기를 바라서였고, 영재는 당시에 인물이 없어서 그를 추억하고자 했다고 했다. 매천의 바람처럼 면암 최익현은 대한제국의 표상이 되어 1906년 6월 태인의병을 이끌고 서울로 진격하려다가 순창에서 체포되어 대마도로 유배 간 뒤에 그곳에서 순국했다.

매천의 사상적 배경이 된 성리학의 조선은 망해가고 있었다. 극에 달한 사회적 모순 속에서 서양과 일본의 침략은 점점 거세지고 있었다. 그 와중에 발생한 동학농민혁명군을 '동비'라고 칭한 데서 알 수 있듯이 그 또한 성리학적 한계를 뛰어넘지 못했다. 동학농민혁명 이후 10년

---

33   [한국고전종합DB], 『매천집 제4권』「시(詩) 을사고(乙巳稿)」.

34   여기서 역적은 홍영식을 말한다. 1884년 아버지 홍순목이 의복제도의 개정을 반대하다가 삭탈관직되자 이때 관직을 사직했다. 같은 해 동생 홍영식이 김옥균(金玉均)·박영효(朴泳孝) 등과 갑신정변을 일으키다가 실패하여 역적으로 몰려 사형당하자, 아버지 홍순목은 자살했고 그도 자살을 기도했으나 실패하고 체포되어 복역했다(한국민족문화대백과).

이 흘러 을사늑약이 맺어지고 조병세 등 3명의 관리가 자결하자「오애시」로 칭송한 것에서 그의 향후 삶의 종착지를 가늠해볼 수 있게 한다. 1907년 8월 1일 대한제국 군대가 해산당하고 전국에서 의병들이 창의의 깃발을 드높일 때 그는 현실에 참여하거나 의병의 길로 나서지 않았다. 그해 10월 구례 피아골 연곡사에서 장렬하게 순절한 녹천 고광순 의병장의 주검 앞에서 지은 시에는 "우리네 시문이야 무슨 보탬이 되랴 / 我曹文字終安用"라고 한 것처럼 '글만 아는 나부랭이 어디다 쓰겠는가'라고 고뇌하는 지식인의 심정이 담겨 있다.

1909년 매천이 세상을 떠나기 1년 전에 남긴 시「55세 내 작은 사진에 대한 자찬(五十五歲小影自贊)」에는 스스로를 비관하는 듯한 분위를 풍기고 있다. 세상과도 어울리지 못하고 우국지사도 못 되었으며, 문단에도 끼지 못하고 중국으로 망명을 시도했지만 실패로 끝났고, 그저 옛사람들만 들먹이고 있는 자신이 못내 마땅치 않았다.

> 曾不和光混塵 일찍이 세상과도 어울리지 못하고
> 亦非悲歌慷慨 비분강개 토하는 지사도 못 되었네
> 嗜讀書而不能齒文苑 책 읽기 즐겼으나 문단에도 못 끼고
> 嗜遠游而不能涉渤海 먼 유람 좋아해도 발해를 못 건넌 채
> 但嘐嘐然古之人古之人 그저 옛사람들만 들먹이고 있나니
> 問汝一生胸中有何壘塊 묻노라, 한평생 무슨 회한 지녔는가[35]

영재 이건창과 창강 김택영, 매천 황현을 '한말삼재'라고 부른다. 그런 그가 경술국치를 당하자 마지막으로 택한 길은 무엇이었을까. 이

---

35 〔한국고전종합DB〕, 『매천집 제7권』「찬(贊)」.

매천 황현이 자결한 매천사 대월헌. 구례군 광의면 월곡리에 있다. 본래 4칸의 건물이었다. 2021-10-13

번에는 비켜가지 않았다. 그의 눈으로 목도한 동학농민혁명, 을미의병, 을사의병, 정미의병, 그리고 녹천 고광순의 순절 뒤 이어진 호남의병들을 바라보며 자신이 그 역사 속에서 살아냈던 삶을 뒤돌아보았다. 그는 그 역사의 흐름 속에서 몇 번이고 죽어야 했다고 자책하고 있다.

亂離滾到白頭年　난리 속에 어느덧 백발의 나이 되었구나
幾合捐生却未然　몇 번이고 죽어야 했지만 그러지 못했네
今日眞成無可奈　오늘 참으로 어찌지 못할 상황 되니
輝輝風燭照蒼天　바람 앞 촛불만 밝게 하늘을 비추네

妖氛晻翳帝星移　요기가 자욱하여 황제의 별 옮겨 가니
九闕沉沉晝漏遲　침침한 궁궐에는 낮이 더디 흐르네
詔勅從今無復有　조칙은 앞으로 더 이상 없으리니
琳琅一紙淚千絲　종이 한 장 채우는 데 천 줄기 눈물이라

鳥獸哀鳴海岳嚬　금수도 슬피 울고 산하도 찡그리니
槿花世界已沉淪　무궁화 세상은 이미 망해 버렸다네
秋燈掩卷懷千古　가을 등불 아래서 책 덮고 회고해 보니
難作人間識字人　인간 세상 식자 노릇 참으로 어렵구나

曾無支厦半椽功　짧은 서까래만큼도 지탱한 공 없었으니
只是成仁不是忠　살신성인 그뿐이지 충성은 아니라네
止竟僅能追尹穀　결국 겨우 윤곡이나 따르고 마는 것을
當時愧不蹋陳東　부끄럽네, 왜 그때 진동처럼 못했던고[36]

　1902년 구례 만수동 구안실에서 월곡리로 이사하여 8년을 보낸 매천 황현이 그곳에서 절명시를 쓰고 죽음을 택할 때 어떤 심정이었을까. 김택영이 쓴 다음의 글에서 그 심정을 확인할 수 있다.

　8월에 황현이 그 소식을 듣고는 몹시 비통해하며 음식을 먹지 못하다가, 어느 날 저녁 「절명시(絶命詩)」 4장(章)을 짓고, 또 자제(子弟)들에게 글을 남겨 "나는 죽어야 할 의리는 없다. 다만 국가에서 선비를 길러온 지 500년이 되었는데, 나라가 망한 날을 당해 한 사람도 국난(國難)에 죽는 자가 없다면 어찌 통탄스러운 일이 아니겠느냐. 내가 위로는 하늘로부터 타고난 양심을 저버리지 않고, 아래로는 평소에 읽은 글을 저버리지 않고 영원히 잠들어 버린다면 참으로 통쾌함을 깨달을 것이니, 너희들은 너무 슬퍼하지 말거라" 했다.[37]

36　〔한국고전종합DB〕, 『매천집 제5권』 「시(詩) 경술고(庚戌稿)」.
37　〔한국고전종합DB〕, 『매천집 권수』 「본전(本傳) 화개(花開) 김택영(金澤榮)」.

매천이 관리가 되어 나라의 녹을 받은 적이 없으니 죽어야 할 의리는 없다고 했다. 하지만 나라가 망했는데 목숨을 끊어 선비로 절의를 보이는 자가 없다면 슬픈 일이 아니겠느냐면서 그 길을 간다고 한 것이다. 그런 절의를 보여준 매천도 따뜻한 인간이었다.

죽음을 앞둔 매천에게 아우 원(瑗)이 급히 달려가 보고는 할 말이 있는지 묻자, "내가 무슨 말을 하겠느냐. 다만 내가 써놓은 글을 보면 알 것이다" 하고 웃으면서 말하기를 "죽는 일이란 쉽지 않은가 보다. 독약을 마실 때 세 번이나 입을 대었다 떼었다 했으니, 내가 이와 같이 어리석었단 말이냐" 했다.[38]

인간 세상 속에서 지식인으로 살아간다는 것이 얼마나 어려운 것인가를 표현한 '난작인간식자인(難作人間識字人)'의 의미는 매천처럼 그 시대를 살았던 지식인들이 공통으로 고뇌했던 부분이다. 일완(一阮) 홍범식 선생은 금산 군수를 맡고 있었는데, 경술국치 당일 금산 조종산에서 목을 매 자결했다. 그리고 일제강점기 이 땅의 지식인들이 보여준 길은 여러 갈래였다. 해방 이후 현재에 이르기까지 수없이 많은 지식인이 시대에 맞게 아름다운 길을 가기도 했지만, 그렇지 않은 길을 간 자들도 셀 수 없이 많았다.

매천 황현이 자결하자 그의 동생 황원(黃瑗)은 행장(行狀)을 가지고 회인(懷仁) 산중의 있는 박문호(朴文鎬)에게 묘문(墓文)을 부탁했다. 박문호는 글을 마무리하며 끝부분에 다음과 같이 자신의 심경을 토로했다.

---

38   〔한국고전종합DB〕, 『매천집 권수』 「본전(本傳) 화개(花開) 김택영(金澤榮)」.

구례 매천사에 모셔져 있는 매천 황현의 영정과 위패 2021-10-09

　　생각건대 나같이 못난 사람은 영재(寧齋)처럼 편안하게 사건이 발생하기 전에 온전히 돌아가지 못했고, 창강(滄江)처럼 고상하게 기미를 보고 멀리 떠나 버리지도 못했으며, 지금에 와서는 매천처럼 용감하게 일을 당하여 스스로 결단하지도 못한 채 구질구질하게 살기를 탐하여 이 세상의 온갖 고통을 스스로 받고 살면서 그 부끄러운 낯으로 이 글을 짓고 있으니, 이것이 어찌 말만 할 줄 아는 앵무새와 다를 것이 있겠는가. 부끄러울 뿐이다.[39]

　　광양시 봉강면 석사리에서 태어난 매천은 구례군 간전면 수평리 구안실에서 『매천야록』과 『오하기문』을 집필하고 북쪽으로 광의면 월곡리로 이사한 뒤 자신의 삶을 내려놓았다. 절명하기 한 해 전 그가 남

39　〔한국고전종합DB〕, 『매천집 권수』 「매천 황공 묘표(梅泉黃公墓表) 영해(寧海) 박문호(朴文鎬)」.

구안실터와 매천샘. 구례군 간전면 수평리 60번지 2019-11-07

매천역사공원의 황현 묘소 앞에서 2015-01-09

긴 「小影自贊」에서 그의 끝은 예견되어 있었다. 절명의 순간 그의 가슴 속에 응축되어 있던 몸부림은 꽃으로 피어났다. 그의 고뇌와 번뇌 그리고 이성 속에서 갈등하며 괴로워한 56년의 삶은 죽음으로써 비로소 순절의 꽃이 되었다. 그 꽃이 절명시 4수에 피어 있다. 당대 지식인으로 선비 된 자로서 가슴을 에는 고통의 삶을 한순간 꽃으로 승화시킨 그의 절명은 110년이 흐른 지금도, 앞으로도 살아있는 자들에게 향기가 되어 멈추지 않을 것이다. 매화의 향을 품어내는 구안실의 매천(梅泉)에서 마르지 않고 솟아나기 때문이다.

오늘을 사는 식자(識者)들이 무엇을 해야 할지, 또 어떻게 살아가야 하는지를 매천 황현 선생의 절명시는 간결하게 말하고 있다. 생가 부근에 조성한 매천기념공원 돌에 새겨놓은 문병란 시인의 「매천송(梅泉頌)」을 다 함께 낭송한 뒤 매천이 잠든 묘 앞에서 그의 순절을 애도하며 우리가 가야 할 길을 잡았다. 매천은 자신 이후의 지식인들에게 자기처럼 살지 말라며 현실을 내려놓고 사후의 길을 갔다.

이곳에서 봉강면을 거쳐 호남정맥을 넘고 구례군 간전면 수평리로 들어가면 매천이 『매천야록』과 『오하기문』을 집필했던 구안실이 있는 만수동이 있다. 일정상 아쉽지만 구안실은 뒤로 미루고 구례 연곡사를 답사하기 위해 녹천과 매천의 사후 만남의 장소 구례군 피아골의 연곡사를 찾아갔다. 피아골은 이미 어둠이 내렸다.

2015-01-09

연곡사에서 녹천을 만난 매천

한국의 어머니 산 지리산 삼도봉 남쪽 피아골에 들어섰다. 온종일 녹천과 매천의 향기를 따라 장성에서 담양으로, 다시 동복에서 낙안읍성을 밟고 광양에서 구례 토지면 연곡사에 당도하니 하루해는 저물고 땅거미가 내려앉았다.

　　백두산으로부터 남으로 내달려 민족의 등줄기가 되어준 백두대간의 용틀임이 끝나는 그 마지막 정수리에 천왕봉이 솟아 있다. 성삼재로곧게 뻗어내린 산줄기가 종석대를 지나 노고단으로부터 동으로 방향을틀어 삼도봉, 촛대봉, 연하봉을 흐르면 제석봉을 지나 천왕봉에 다다른다. 이 동서로 꿈틀대는 백두대간 산줄기의 북쪽 줄기 사이로 작은 하천들은 낙동강이 되고 남쪽으로 곧게 뻗어내린 여러 개의 작은 산줄기사이에는 서에서 동으로 화엄사골, 문수골, 피아골, 빗점골 등이 곡곡마다 심산만학(深山萬壑)을 이루며 섬진강을 더욱 넘실대게 한다.

　　산이 깊을수록 숲은 더욱 풍성하고 많은 물을 내어주어 온갖 생물이 왕성하게 생명 활동을 펼친다. 날짐승은 물론 산짐승들도 제 세상을 만난 듯 이리저리 활보하는데 하물며 사람들이 이 같은 천혜의 공간을 가만두겠는가. 난리가 터지면 숨어들었고, 적이 쳐들어오면 숲을 활용하여 저항했으며, 새 세상을 꿈꾸는 자들은 혁명을 이루기 위한 세력

확보의 공간으로 활용해왔다. 지리산은 바로 그런 산이다. 역사와 함께 당당하게 버티고 있는 거대한 산. 그 지리산 피아골에 가을 단풍이 붉게 물들었고 국화가 지천에 피어났다.

동으로 쌍계사 화개동천과 서로는 문수골, 그리고 북으로 백두대간 치솟은 산줄기 성벽 삼아 축예지계로 장기항전을 꿈꾸던 녹천 고광순 의병장의 전략이 펼쳐졌던 중심지가 이곳 연곡사였다. 이 깊은 계곡 북쪽에서 남으로 흘러 섬진강에 합류하는 내서천의 물소리와 암석들, 그 사이사이에 우뚝 솟은 나무들과 자연의 모든 것이 1907년 가을 그날 의병들과 함께했을 것이다.

연곡사 서편 동백나무가 밀집된 곳에 녹천 고광순 의병장을 포함한 이십오륙 명 순국의 넋이 잠들어 있다. 1907년 10월 17일 피아골 단풍이 새벽 이슬을 받아 더욱더 진하게 빛을 품어내는 시각, 일본 군대의 기습을 받아 부장 고제량과 함께 순국한 녹천 고광순은 가국지수(家國之讐)인 일제와 싸우다 장렬하게 전사했다. 장성향교, 나주, 광주, 담양 창평, 대덕 운산 저심, 화순 동복, 남원, 순창, 구례 연곡사 등지를 넘나들며 기울어가는 나라를 구하고자 동분서주했던 11년의 험난했던 의병의 길. 무기와 군수물자 그리고 전투력에서 압도적인 열세가 분명함에도 녹천 고광순 의병장은 포기하거나 물러서지 않았다. 315년 전 그의 선조 제봉(霽峰) 고경명과 준봉(隼峰) 고종후 그리고 학봉(鶴峯) 고인후가 금산과 진주에서 왜군과 맞서 싸우다가 순국한 것처럼 자랑스러운 가문의 후예로 조국의 독립을 위해 이곳 피아골에서 일제의 군대와 최후의 전투를 벌이며 저항하다가 끝내 숨을 거두었다.

1905년 친일 매국노 박제순(朴齊純, 외부대신), 이지용(李址鎔, 내부대신), 이근택(李根澤, 군부대신), 이완용(李完用, 학부대신), 권중현(權重顯, 농상부대신) 등 을사오적에 의해 을사늑약이 맺어지고 2년 뒤 대한제국 군대가 해산되던 시기로부터 두 달 반이 흐른 1907년 10월 17일 녹천은 곁눈질하지 않고 오직 한길을 걸으며 지리산에서 그의 길을 멈췄다.

피아골 연곡사에는 국보 승탑 두 점과 보물 승탑을 포함하여 여러 승탑이 사찰 뒤로 빙 둘러 분포하고 있다. 통일신라시대부터 조선시대에 이르는 동안 큰스님들이 족적을 남긴 유서 깊은 사찰로 이름난 곳이다. 이곳이 녹천의 마지막 전투지가 되었고, 순국한 그 자리에 의병장 고광순 순절비가 세워져 있다. 비 주변을 오래된 동백나무가 둘러싸고 있다. 동백꽃이 통으로 떨어지는 모습은 항일의병의 길에서 총탄에 맞아 숨을 거두는 녹천의 순간을 떠올리게 한다. 국보급 승탑들이 에워싸고 있는 연곡사에 국보급 순절비가 서 있다.

의향을 피워내는 순절비 앞에 구례 광의면 월곡리에서 찾아온 매천이 눈물을 흘리고 있다. 그는 연곡의 전장에서 의병장 고광순을 조문한다는 시를 남겼는데, 그의 글에는 "녹천이 패하여 죽은 뒤 산중 사람들이 그를 가련하게 여겨 멍석에 싸서 채소밭 가운데에 장사 지냈다(燕

연곡사 의병장고광순순절비 2019-10-26

谷戰場吊高義將光洵 高敗死後 山中人憐之 藁葬菜圃中)"라고 기록하고 있다.

千峯燕谷鬱蒼蒼 천 봉우리 연곡은 푸른빛이 가득한데
小刼虫沙也國殤 작은 전투 충사도 국상인 것이라네
戰馬散從禾隴臥 전마는 흩어져 논둑 따라 누웠고
神烏齊下樹陰翔 까마귀 떼 내려와 나무 그늘에서 나네
我曹文字終安用 우리네 시문이야 무슨 보탬이 되랴
名祖家聲不可當 명문가의 명망에는 댈 수가 없네
獨向西風彈熱淚 홀로 서풍 향해서 뜨거운 눈물 뿌리나니
新墳突兀菊花傍 새 무덤이 국화 곁에 우뚝하게 솟았네[40]

'新墳突兀菊花傍', 즉 새 무덤이 국화 곁에 우뚝 솟았다고 한 것은 다음과 같은 사연이 담겨 있다. 녹천이 순국한 뒤 매천은 고을 사람과 함께 연곡사로 달려왔을 때 아직 불탄 재의 불기가 남아 있었는데, 그 날 밤으로 사람을 모아 산골 사람들이 만든 개미 둑만 한 초분을 새롭게 흙을 높여 다시 만들었기 때문이다. 특히 '우리네 시문이야 무슨 보탬이 되랴 / 我曹文字終安用'라는 부분에서는 매천 스스로 망해가는 나라를 위해 몸을 던지지도, 그렇다고 녹천처럼 의병에도 가담하지 못한 자신을 자책하고 있음을 볼 수 있다. 매천보다 7년 연상인 녹천이 의병장으로 일제와 전투를 벌이다가 순국하는 선비의 길을 갔다면, 3년 뒤 매천은 자정 순국투쟁으로 선비의 길을 갔다. 이곳을 찾아온 매천은 녹천에게 빚을 지고 있었다.

지난 2005년 해방 60주년 특집으로 EBS가 제작한 『도올이 본 한

---

40 〔한국고전종합DB〕, 『매천집 4권』 「시(詩)」.

130

국독립운동사』 10부작 중에 「제1부 피아골의 들국화」 편에서 홍영기 교수와 함께 담양 창평의 고광순 의병장 생가를 찾아 『녹천유고』 '녹천 약전' 속의 기록을 소개하는 장면을 만나본다.

> 녹천이 남원의 양한규 의병장과 연합으로 남원성을 공략하기로 한 일이 실패로 돌아간 뒤에 대덕 저심에서 창의의 깃발을 올렸을 때 사람을 보내어 매천에게 격문을 부탁했는데 매천은 이를 사양하며 격문이 있고 없고가 문제가 아니라 오로지 노력 여하에 달려 있다고 했다. 매천은 「약전(略傳)」 편에 그 사실을 기록하고 있는데 "심부름 온 그 사람은 야속하다며 풀 죽어 돌아갔다. 곰곰이 생각한 후 나는 결국 격문을 하나 썼다. 그리고 공이 나를 찾아오기를 기다렸으나 끝내 공은 오지 않았다. 녹천은 필시 나를 왜적이 두려워 격문도 못 쓰는 놈이 족히 더불어 논의할 인물이 못 된다고 유감스럽게 생각했을 것이다."[41]

서쪽에서 불어오는 바람을 향해 눈물을 흘리고 있는 매천은 녹천 앞에서 한없이 초라하고 보잘것없는 존재가 되어 있었다. 불의가 눈앞에 엄습해왔을 때 그 불의를 제거하기 위해 온몸을 내던져 끝내 순국의 길로 떠난 녹천과 달리 '자신과 같은 글만 아는 사람들은 어디에 쓸데가 있겠는가?'라고 자책하는 모습은 처연하기까지 하다. 2년 전 을사늑약 때 민영환, 홍만식, 조병세 등이 자결했을 때 그들의 절의를 칭송하며 시를 지었던 매천이 아니었던가. 하물며 살아있는 면암에게는 그러기를 바라면서 일부러 「오애시」에 포함하기까지 한 그였다. 그런 그가

---

41 김용옥, 「도올이 본 한국독립운동사」 1부 '피아골의 들국화', EBS TV, 2005. 8. 8.

연곡사 의병장고광순순절비 앞에서, 전라북도교육청 호남권 민주항쟁지 탐방 교원연수 2019-11-16

녹천 앞에서 지식인의 나약함을 스스로에게 통렬하게 벌을 가하고 있는 것이다.

어쩌면 매천은 오늘의 나의 모습이다.

이곳 연곡사 의병항쟁지에서 자신보다 7년 먼저 태어나 3년 먼저 의향을 남기고 떠난 녹천을 만나는 매천을 바라보며 경술국치를 당하여 지식인으로 고뇌의 삶을 살다가 자정순국한 매천을 백오 년이 흐른 뒤에 이제 우리가 지금 그 둘을 함께 기리며 머리를 숙이고 있다.

박은식은 "대체로 말하면 의병의 저항 때문에 일본인의 무력압박이 더하여졌으며 저들의 무력 압제로 인하여 우리나라 사람의 반동은 격렬하여졌다. 그러니 의병이란 것은 독립운동의 도화선이다. 만약 성패로써 논평한다면 식견이 천박한 것이다"[42]라고 표현했는데, 오늘 우

42   박은식(남만성 역), 『한국독립운동지혈사』(고양: 서문당, 2019), 71-72쪽.

리의 이성으로 의병들을 바라보아서는 안 되는 이유가 10여 년을 오직 한 길만 걸은 녹천의 삶이 후손에게 위대한 유산으로, 아름다운 길로 남아 있기 때문이다.

　이제 동학농민혁명으로부터 시작된 항일의병항쟁 16년의 장엄했던 민족 불굴의 정신을 가슴에 담고 압록강과 두만강을 넘어 만주로 향한다. 드넓은 만주 곳곳에 울려 퍼진 대한독립의 함성이 아직도 메아리가 되어 우리를 기다리고 있다. 의병의 길은 독립의 길로 이어졌고, 이제는 통일의 길로 가야 한다. 「아직 끝나지 않은 독립운동」은 지금부터 우리가 나설 차례다. 가자, 통일독립군들이여!

2015-01-09

「녹천·매천 따라가는 항일의병전쟁」기행

❶전주 → ❷담양 창평 고광순 기념관〔포의사(褒義祠)〕 → ❸림앙 내닉 서심 → ❹화순 동복초교 → ❺보성 문덕 서재필 생가 → ❻낙안읍성 → ❼광양 매천 생가 → ❽구례 연곡사 녹천 순절비

쌍봉마을 양회일 의병장과 쌍산 항일의병 유적

2016년 12월 17일 광주 · 전남지역 항일의병과 독립지사들을 찾아가는 근대역사 대장정을 출발한 연수단은 화순에서 숙박을 하고 아침 8시 23분경 능주의 정암 조광조 선생 적려유허비를 찾아 나섰다. 정암의 개혁사상과 기묘사화의 전개 과정을 살핀 뒤 약 50분을 달려 화순군 이양면 쌍봉마을에 있는 양회일 의병장의 기념비를 찾아갔다. 마을 초입 풍영정(風詠亭)이 자리하고 있는 숲의 광장 남쪽에 양회일 선생 순의비[43]가 세워져 있다. 널따란 공간에 조성된 기념비의 태극기가 나라를 위해 목숨을 바친 의로운 넋이 깃들어 있음을 느끼게 해준다.

양회일(梁會一) 의병장은 학포(學圃) 양팽손(梁彭孫)의 후손인데, 양팽손은 기묘사화 때 조광조와 김정 등을 위해 소두(疏頭)로 항소했다가 그로 인해 고향 능주로 낙향하여 쌍봉리에 작은 집을 짓고 '학포당'이라 이름하고 선비로서 살다간 학자였다. 양회일 의병장은 그러한 선대의 절의정신을 물려받은 구한말의 선비였다.

시문(詩文)에 능하여 사우(士友)들의 추앙을 받아 오던 양회일

---

43   전라남도 화순군 이양면 쌍봉길 16-1.

쌍봉마을 학포당을 찾은 대한민국자연생태체험연구회 교원들 2022-06-11

은 1907년 군대해산의 충격과 이로 말미암은 통분함을 금치 못하고 양열묵(梁烈默)·이동화(李東華) 등과 더불어 항일 투쟁을 전개할 것을 결의하고 거의했다. 이들은 의병 100여 명을 인솔하고 능주(綾州)읍을 공격했다. 여기에서 군아(郡衙)와 주재소(駐在所)를 습격하여 총 5정을 빼앗았다. 그 여세를 몰아 광주(光州)를 치고자 계획했다. 먼저 화순(和順)까지 진격하여 군아와 분파소(分派所)를 습격한 후 동복(同福) 방면으로 진격하다가 날이 저물었다. 이곳 화순과 동복의 경계인 흑토치(黑土峙)에서 적에게 포위를 당했다. 포위망을 탈출할 수 없게 되자 그는 선등대호(先登大呼)하여 "의병 대장 양회일이 여기에 있으니 맞서서 싸우자"하고 외치면서 힘을 다해 싸우다가 적에게 체포되었다. 그 후 나주(羅州) 지도(智島)에 유배되었다. 1908년에 재차 의거하여 강진(康津) 등지에서 활약하다가 다시 왜병에게 체포되어 광주옥에 수감되었다가 장흥(長興)으로 옮겨졌다고 전한다. 이곳에서 단식투쟁을 전개하여 단식 7일 만에 마침내 순국했다. 정부에서는 고인의 공훈을 기리어 1990년에 건국훈장 애국장(1977년 건국포장)을 추서했다.[44]

숲의 광장에 조성된 의병장 행사양선생회일순의기념비(義兵將 杏史梁先生會一殉義紀念碑)는 조선대학교 박물관장 이종범이 글을 짓고 이양면 이장단 일동이 2002년에 세웠다.

바로 근처에 쌍봉리 충신각(雙峰里 忠臣閣)이 자리하고 있는데, 임진왜란 때 진주성 싸움에서 전사한 김인갑(金仁甲)과 그의 아우 김의갑(金義甲) 그리고 김인갑의 아들로 병자호란 때 참전한 김시엽(金時燁) 등의 충의정신을 기리기 위해 건립한 것이다. 쌍봉마을은 임진왜란, 병자호란 그리고 구한말 일제침략에 맞선 항일의병 등 나라가 위기에 처했을 때 목숨을 내놓고 싸운 충의가 깃든 마을이었다.

마을 안길을 걸어서 나지막한 언덕 위에 세워진 학포당을 둘러보고 쌍산의로를 타고 멀지 않은 곳에 위치한 쌍봉사에 들러서 국보인 철감선사 승탑을 감상했다. 돌을 마치 나무 조각하듯 정교하게 표현한 승탑은 가히 국보다운 아름다움을 간직하고 있다. 쌍봉사에서 동편으로 계당산과 증리 사이에 쌍산의소 본부와 군기제조소지 그리고 의병성지(義兵城址) 및 막사터 등 우리 의병사에서 귀중한 의병유적이 있다. 한 달 전 사전답사를 왔을 때 좁은 비포장 산길을 타고 한참을 올라가 의병성지를 찾을 수 있었다.

2022년 6월 11일 내가 속해있는 대한민국자연생태체험연구회 교원들이 화순군 이양면에 있는 쌍산 항일의병유적을 찾았다. 쌍봉사 남

---

44 〔공훈전자사료관〕,『독립유공자 공훈록』1권(1986).

화순쌍산의소 의병성지(義兵城址) 2016-11-25

쪽에 있는 서원동길을 타고 동으로 얼마간 올라가면 증동길을 만날 수
있는데 이 길을 타고 올라가면 증동마을이 나타난다. 번성했을 때는 40
호가 넘게 있었다는데 지금은 네 집이 살고 있단다. 원래는 왕피동이었
다고 한다. 이 마을은 앞에서 만났던 양회일 의병장이 1906년 12월경
에 의병을 창의하기 위하여 최초로 결의하였던 곳[45]이다. 증동마을 의
병유적의 안내판에 소개된 내용에 의하면 이곳 일대를 쌍산 또는 쌍봉,
쌍치라 부르고 있는데, 1907년 음력 3월 9일 양회일, 임창모, 안찬재,
이백래, 임노복, 임상영 등이 주축이 되어 거병한 이후 의병진들의 활동
거점이 되었다고 하였다. 의병들은 이곳 산속 증동마을 계당산 기슭에
의병성을 쌓고 막사를 지어 의병촌을 구축하는 한편 총 등 무기를 직접
제작한 뒤 능주, 화순, 동복으로 출병하여 왜경과 전투를 벌이는 등 항
일 투쟁에 앞장섰다.

---

45   전남 화순군 이양면 증동길 99.

쌍산의소의 의병유적이 남아 있는 증동마을. 좌측 기와집이 의병사이고 우측 맨 위의 기와집이 양회일의병장이 최초로 의병을 결의했던 임노복의 집이다. 2022-06-11

증동마을 의병유적의 안내판에 소개된 내용과 달리 쌍산의소의 의병들은 1906년 음력 10월부터 1907년 4월까지 활동한 것으로 보고 있다. 의병장 양회일은 광주 공격에 실패한 뒤 체포되어 1907년 7월에 지도로 유배되었다가 12월에 순종의 특사로 석방되었다. 1908년 음력 5월 의병 재기의 혐의로 강진헌병대에 체포되었다가 풀려나고 다시 음력 6월에 장흥헌병대에 체포된 뒤 7일간의 옥중단식 끝에 1908년 음력 6월 24일 순절하였다.[46] 양회일 의병진이 일본군과 전투에서 패한 뒤 와해되고 체포되는 과정을 전남일보에 기사를 통해 자세히 만나본다.

양회일이 이끈 쌍산의소의 의병들은 4월 22일 능주의 관아와 주재소를 점령하는 전과를 올린다. 이어 화순을 점령한다. 다음

46   홍영기, 『대한제국기 호남의병 연구』(서울: 일조각, 2005), 213-214쪽.

목표는 전라남도의 도청소재지 광주였다. 광주로 진격하기 위해서는 너릿재를 넘어야 했다. 일군과 총격전이 벌어졌지만, 날이 어두워지면서 후퇴할 수밖에 없었다. 의병들은 화순과 동복 사이의 도마치 고개 아래 민가에서 숙박 중에 일군의 공격을 받는다. 모두 죽기를 각오하고 싸웠지만, 신식 무기로 무장한 일군을 당해낼 수 없었다. 양회일은 선봉장 이광선에게 "샛길로 빠져나가 후일을 기약하라"라고 명령한 후 일군에게 외친다. "나를 죽여라, 내가 맹주다. 다른 사람은 죽이지 말라." 일군은 양회일을 사로잡기 위해 총성을 멈추었고, 중군장 임창모를 비롯한 5명의 부장들이 양회일을 에워쌌다. 이 전투에서 화순 출신의 정세현이 운명했고, 양회일을 비롯한 임창모, 안찬재, 유태경, 선태환, 이백래(이명 이윤선), 김대현 등은 체포된다. 이 중 김대현은 고문을 이기지 못하고 또 옥중에서 순국한다.[47]

증동마을 맨 앞쪽에 자리한 쌍산의병사(雙山義兵祠) 사당으로 들어가 47명 의사들의 위패 앞에 경건하게 섰다.

맹주 양회일 총무 양열묵 참모 임상영 박중일 양수묵 서기 이병화
도총장 이정언 부총장 노현재 선봉장 박창모 부장 신재의
중군장 안기환 후군장 최기표 호군장 임노복 안찬재 포군장 유병순
의사 정세현 차재문 김대현 노인수 이윤선 양창묵 정순우 전신묵 양상길
양태묵 정순학 양동묵 배봉규 양재동 서필환 남갑종 정을현 양재석
박맹종 임노성 양동진 김병규 구승우 이중현 김성백 김태선 조내성
김영빈 전용묵 김곤용 윤행원[48]

---

47 전남일보, 「노성태의 남도역사 이야기: 화순 출신 의병장 양회일과 쌍산의소」, 2021. 7. 7.
48 쌍산의소에 참여하였던 의병들의 명단은 쌍봉마을 앞에 세워진 양회일순의기념비에서

너릿재. 광주 동구 선교동과 화순군 화순읍 이십곡리 사이에 있는 고개로 양회일의 쌍산의소 의병진이 왜경과 전투를 벌인 곳이다. 동학농민혁명 때 수많은 혁명군이 처형당했고, 1946년 8월 15일에는 화순 탄광 노동자들이 미군에 의해 학살당하기도 했다. 1980년 5.18 민중항쟁 때에는 화순과 광주를 오가던 시민군들이 공수부대의 총격으로 사망하기도 했던 곳이다. 2022-06-11

　　한말 의병들의 고귀함은 말로써 표현할 수 없다. 한 분 한 분이 순절의 꽃이 되었던 의로운 분들이었다. 일본군에게 질 것을 알았지만 그래도 끝까지 싸우며 최후를 맞이했던 의병들의 불굴의 항일투쟁을 잊지 말자고 했다. 모두들 머리를 숙이고 가슴으로 의병들의 넋을 위로하고 그들의 숭고한 정신을 통일 혁명으로 이어가자고 다짐했다. 의병사 사당에 모셔진 47명 중 서필환 의사는 우리 연수단의 회장을 맡고 있는 서신종 선생의 증조부여서 더욱 의미가 남달랐다. 어렸을 때부터 의병 막사 유적지 부근에 있는 증조부의 묘소를 다니면서 아버지로부터 증조부의 의병활동을 전해 들을 수 있었다고 했다. 서신종 선생의 부친인 서재풍 독립유공자의 다음 증언을 만나본다.

　　옮겨 적은 것이다.

쌍산의병사 47명의 의사들을 기리며 참배하고 있는 대한민국자연생태체험연구회 교원들 2022-06-11

　　어렸을 때 조부님이 내 손을 꼭 잡고 쌍산의소로 데리고 다니셨는데 꼬박 하래가 걸렸어. 다른 의병활동 한사람들은 돌아가셔서 잘 모르고 할아버지한테 구한말 때 독립군들이 총·칼·화약 만들던 얘기며, 싸웠던 이야기를 알게 됐지. 독립유공자 서재풍(74·화순군 이양면 구례리 매화동) 씨는 한말 마지막 항일의병의 전남 서남부 거점인 화순군 이양면 증리 '쌍산의소(雙山義所)'에서 활동했던 독립군 서필환(작고)씨의 손자이다. (중략) "총기 제작실이 있었어. 쇠를 녹여서 총 틀에 주루룩 부서. 총구는 가운데에 철사를 넣고 은박지 같은 것이 없응께 기름종이로 세 겹 네 겹 싸서 넣으믄 그것이 총구여. 화약 만드는 화약실도 있었어. 화약 만들 때는 세 가지가 필요해. 솜 태운 것하고 유황가리하고 소매 버끔하고. 솜 태운 것은 미영 타서 물레로 잣는 고추가 있는디. 그 고추를 동우에 넣어서 불을 때. 동우에서 김이 안나가게 떡시루 밀가루로 막대끼 꽉 막제. 그러문 화약원료인 솜 태운 것이 나와.

오줌태는 항아리에 소매(소변)를 보믄 항아리 가상에 소금 버끔이 하얗게 끼어. 그 놈을 긁어서 양철에 놔두고 볶아. 그 분말이 화약재료여. 솜 태운 것은 불이 잘 붙고 유황가리는 불을 세게 하고 소매버끔은 팍 튀게 하는 폭발력이 있어. 이 세 가지를 합하믄 화약이여."[49]

증동마을의 의병사를 나온 연수단은 마을 동남쪽에 있는 의병들의 군기제작소를 찾아갔다. 현재 우리나라에 의병들의 유적지가 많지 않은 상황을 고려해보면 이곳 증동마을에 분포하고 있는 의병 유적은 의병사 연구는 물론 이렇게 의병 관련 현장답사하는 데 있어 그 의미가 상당하다. 군기제작소 가는 길 좌측에는 지난 2006년 화순군에서 복원한 쌍산의병 최초 결의 장소였던 임노복의 집이 있다. 무기제작소로 넘어가는 고개에는 마을의 당산나무 역할을 했을 오래된 느티나무가 서 있다. 무기제작소는 움푹 패인 골짜기 형태의 지형에 자리 잡고 있다. 무기제작소는 유황굴과 함께 2014년 9월부터 11월까지 전남문화예술재단 전남문화재연구소에 의해 발굴조사가 이루어졌다.

이곳 대장간 터 유적에는 철 소재나 반제품을 가열 후 두드려서 철제품을 제작하는 공정에서 사용되는 화로인 단야로, 철광석의 원료를 녹여서 금속을 분리 추출하기 위한 철기 제작 재료인 철괴를 만드는 화로인 제련로, 제철과정의 지휘 감독을 위해 만든 건물이 있던 자리인 건물지, 철광석 원료로부터 철을 추출하는 과정에서 화로 밖으로 흘러 나온 철의 불순물, 일명 쇠똥이라 불리는 찌꺼기를 폐기하는 슬러그 폐기장 등이 있다. 이곳 유적지 안내문에 의하면 대장간 터에서 17세기

49   경남도민일보, [전라도 엿보기] 「화순 쌍산의소 복원 나선 서재풍 씨」, 2004. 10. 23.

증동마을 남동쪽에 자리 잡은 무기제작소 의병유적 2022-06-11

중반~19세기에 해당하는 백자발·병 등의 생활자기류와 옹기류, 관정·철제집게 등의 철기류가 출토되는 것으로 보아 한말 항일의병 활동 시기 이전부터 사용되어 온 것으로 보고 있다.

　증동 의병유적지를 내려온 연수단은 서원동길에서 남쪽으로 약 700m 떨어진 증리마을로 올라갔다. 이곳은 기묘사화 때 능주에 유배 와서 사약을 받고 세상을 떠난 정암 조광조의 시신을 묻은 초장지가 있는 마을이다. 증리에서 멀지 않은 쌍봉마을에서 학포당을 짓고 후학을 길렀던 양팽손이 정암의 시신을 거두어 이곳에 매장한 것이다. 마을 초입 버스 종착점 바로 옆에 화순군에서 세운 '조광조 선생 초장지'라고 쓰인 표지석이 서 있다. 그 옆에는 양회일 의병장의 쌍산의소에 참여했던 구승우 애국지사의 충헌비가 있다. 이 비문은 쌍산의소 서필환 의사의 손자인 서재풍 쌍산의병소 복권추진위원장이 2014년 11월 5일 썼는데, 비문의 내용은 다음과 같다.

화순군 이양면 증리 마을 초입에 세워진 구승우 애국지사충헌비. 비 우측에 조광조선생초장지
표지석이 있다. 2022-06-11

구승우 애국지사는 1906년부터 1909년까지 쌍산의병소에서
250명의 의병들과 생사고락을 함께 하면서 1907년 음력 3월 13
일 새벽, 능주와 화순 동복현을 공격 정복하고 광주로 진격하다
판치에서 일본군 정규군과 치열한 전투를 했지만 인력과 장비부
족으로 순국하시다

실질적으로 의병활동을 한 기간은 짧았지만 쌍산의소 의병진은 해
산된 뒤에도 호남에서 계속된 항일의병항쟁에 커다란 족적을 남겼다.
호남의병을 연구한 홍영기는 다음과 같이 쌍산의소 해산 뒤의 의의를
부여하였다.

쌍산의소의 해산 후에 체포를 모면한 일부 세력들은 더욱 적
극적으로 의병활동을 전개하였다. 이들은 1907년 후반부터 호
남지방의 의병 확산에 크게 기여하였다. 쌍산의소 선봉장이었

화순군 이양면 쌍봉마을 양회일의병장을 찾은 대한민국자연생태체험연구회 교원들 2022-06-11

던 이광선은 독자적으로 의병활동을 전개하였으며, 중군장 임창
모는 안규홍 의병부대에서 활동하였다. 도포장 유화국은 기삼연
이 이끄는 호남창의회맹소의 군량관으로, 호군장 안찬재는 심남
일 의진의 중군장으로 활동하였다. 그리고 1908~1909년에 전남
중동부지방에서 활약한 가장 대표적인 의병장 안규홍이 창의하
는 데에도 커다란 영향을 주었다. 한편 쌍산의소의 의병활동이
실패로 돌아가자 일부 낙심한 인물들은 다시 입산하여 은거하는
경향을 보였다. 신재의·임노복·이병화·양수묵 등이 그에 해당
한다. 이 점은 이들이 그만큼 비타협적인 사상의 소유자였음을
확인시켜준다.[50]

쌍산의소 의병장 양회일은 쌍봉마을에 살았던 선비 양팽손의 후손

---

50   홍영기, 앞의 책, 220쪽.

이다. 쌍산의병사에 모셔져 있는 47인 중에 양팽손의 후손인 제주 양씨
가 무려 10명이나 될 정도로 차지하는 비중이 크다. 구한말을 지나 일
제강점기 3.1독립만세투쟁에 참여했던 민족대표 33인 중의 한 사람인
양한묵 독립지사 역시 양팽손의 후손이다. 한 집안에 면면히 흘러 내려
온 선비정신이 가풍이 되어 고귀하게 이어져온 결과이다.

2022-06-11

보성 득량 백범 김구 선생 은거지

10시 47분경 쌍봉사를 출발하여 약 1시간을 달려 보성군 득량면 쇠실 백범 김구 선생 은거지[51]에 도착했다. 백범 김구 선생이 이곳 보성의 쇠실에 은거하게 된 배경은 무엇이었을까. 먼저 그의 탄생부터 이곳에 오기까지의 여정을 간단하게 살펴본다.

1876년 음력 7월 11일 황해도 해주의 텃골에서 태어난 김구는 아명이 창암이다. 18세가 되던 1893년 동학에 입문했고, 이때 이름을 김창수로 개명했다. 1894년 11월 팔봉의 접주로 해주성 공격의 선봉에 나서지만 실패했다. 20세가 되던 1895년 11월에는 김이언 의병에 참가하지만 실패하고 만다. 1896년 안악군 치하포에서 일본인 쓰치다(土田讓亮)을 죽이고 6월 해주옥에 투옥되었다가 인천으로 이송되어 세 차례의 심문을 받았다.

치하포 나루터 주인집에 머물던 김구는 세 칸 여관방에서 단발을 하고 한복을 입은 일본인을 발견하고 국모를 시해한 미우라가 아닐까 생각을 했다. 미우라가 아니라도 그놈과 공범인 것

---

51 전라남도 보성군 득량면 쇠실길 22-45(득량면 삼정리 582).

백범 김구 선생 은거 기념관 2016-12-18

같다고 여기고 저 한 놈을 죽여서라도 국가의 치욕을 씻어보리
라 결심했다. 왜놈은 별로 주의하는 빛도 없이 식사를 마치고 중
문 밖에 서서 총각 아이가 밥값 계산하는 것을 지켜보고 있었다.
나는 천천히 일어나서 크게 호령하며 그 왜놈을 발길로 차서 거
의 한길이나 되는 계단 밑으로 떨어뜨렸다. 그러고는 바로 쫓아
내려가서 놈의 목을 힘껏 밟았다. 세 칸 방의 문들이 일제히 열리
면서 사람 머리들이 다투어 나왔다. 다른 사람들을 향하여 소리
쳤다. "누구든지 이 왜놈을 위해 내게 덤벼드는 자는 모두 죽이
리라!" 말이 채 끝나기도 전에 방금 내 발에 밟혔던 왜놈이 칼날
을 번쩍이며 달려들었다. 얼굴로 떨어지는 칼을 피하면서 발길
로 그놈의 옆구리를 차서 거꾸러뜨리고 손목을 힘껏 밟으니 칼
이 땅바닥에 떨어졌다. 나는 그 칼로 왜놈을 머리부터 발끝까지
점점이 난도질했다. 피가 샘솟듯 마당에 흘러넘쳤다. 나는 손으
로 그놈의 피를 움켜 마시고 그 피를 얼굴에 바르고 피가 떨어지

는 칼을 들고 방 안으로 들어가 호통을 쳤다. "아까 저 왜놈을 위해 내게 달려들려던 놈이 누구냐?"[52]

동학농민혁명군과 의병활동으로 단련되어 있던 김구는 치하포에서 칼로 무장한 일본인을 처단할 수 있었다. 김구는 해주에서 인천감옥으로 이송되어 수감생활을 하던 중 23세가 되던 1898년 3월 탈옥하여 도피 생활을 하게 되는데, 그가 이곳 보성군 득량면 삼정리 쇠실에 들어온 것은 음력 5월이었다. 김구 선생 은거의 집에 부착되어 있는 소개자료를 인용하면 다음과 같다.

1898년 5월 김두호라는 건장한 청년이 이 집에서 달포쯤 기거했는데 그 청년이 나중에 온 겨레가 민족의 지도자로 숭앙하는 백범 김구 선생이었다. 백범 선생은 일제의 민비 시해를 응징코자 일본군 장교를 살해하고 옥고를 치르다가 1898년 3월 9일 인천감옥에서 탈옥하여 피신의 은거처를 찾던 중 그해 5월 이곳 쇠실마을을 찾아든 것이다. 백범 선생은 이 집(종친 김광언의 집)에 머물면서 종친 광언, 덕언, 사중과 더불어 학문과 시대를 논하고 중국 역사가 아닌 우리 역사를 공부하며 민족정기를 일깨웠다. 떠날 때 그간 보살펴준 은덕에 감사하며 이 집의 종친 김광언에게 한국 역사책을 남겼는데 이 책의 속표지에는 이별을 아쉬워하는 한시(漢詩) 한 수와 '김두호(金斗昊)'라는 서명이 있다.

이별하기 어렵구나 이별하기 어렵구나

---

52 김구(도진순 편역), 『쉽게 읽는 백범일지』(파주: 돌베개, 2013), 70쪽.

백범 김구 선생이 은거했던 쇠실마을 집. 보성군 득량면 쇠실길 22-62번지 2016-12-18

헤어지는 곳에서 일가의 정이 솟는다.

꽃 한 가지를 반씩 나누어

한 가지는 종가에 남겨두고 떠나네

이 세상 살아 언제 만날 것인고

이 강산을 떠나기 또한 어렵구나

넷이 함께 놀기 한 달이 넘었는데

일이 어긋나 아쉽게 헤어지며 떠나는구나.

해방 후 상해에서 귀국하자 김구 선생은 김기옥(金奇玉, 김광언의 손자)에게 안부를 묻고 한번 방문하겠다는 편지를 보낸다. 그리고 이 마을을 떠난 지 48년이 지난 1946년 9월 백범 김구 선생은 김두호가 아니라 민족의 지도자가 되어 이 쇠실마을을 다시 찾았다. 김구 선생은 당시 쇠실마을을 다시 찾은 소감을 "감격에 넘치었다"고 『백범일지』에 적고 있다. 김구 선생이 이 마을에 피

보성 득량면 쇠실 김구 선생 은거지 2016-12-18

신을 왔을 당시는 22세의 청년이었다. 이런 젊은이를 이 집의 할
아버지를 비롯해 마을 사람들이 융숭한 대접을 했다. 이는 당시
김구 선생이 비록 떠돌이 신분이었지만 누가 보아도 범상한 사
람이 아니었음을 추측케 한다. 김구 선생이 이 집에 머문 기간은
45일 정도다. 선생의 파란만장한 인생을 생각하면 매우 짧은 기
간이다. 그럼에도 불구하고 해방 후 짧은 인연을 잊지 않고 편지
를 보내고 또 직접 마을을 방문해 마을 사람들과 정담을 나누는
시간을 갖는다. 요즘의 사회적 풍조에서 보면 이처럼 짧은 인연
을 소중하게 생각하고 작은 은혜에 진심으로 감사는 김구 선생
의 모습이 너무나 고귀하게 느껴진다.[53]

김구 선생이 은거한 집 바로 옆에 은거 기념관이 세워졌는데, 1990

---

53 글쓴이 김태권(나주공업고 교사, 김기옥의 아들) · 김태기(전남대학교 경제학부 교수).

년 주민의 열화같은 호응과 보성군의 도움으로 은거비를 세웠으나 내용이 빈약했던바 2006년에야 주민의 숙원사업으로 은거기념관을 지을 것을 건의하여 전라남도의 후원 및 서울 백범선생기념사업회의 도움으로 본 기념관의 준공을 보게 되었다.

1949년 김구는 안타깝게 세상을 떠났다. 1894년 당대 많은 지식인이 동학을 거부하는 입장이었으나 김구 선생은 동학에 입도하여 혁명에 참가했다. 또한 그 뒤로 이어진 의병 활동에도 가담하여 의병으로서의 길도 터벅터벅 걸었다. 그런 그가 일본인을 처단하고 감옥에서 탈출하여 이곳 보성의 쇠실에 흔적을 남겼다. 1919년 중국으로 망명한 이후 우리 독립운동사에 한 획을 그은 백범 김구 선생의 은거지에서 동학으로부터 의병, 다시 독립운동과 해방 그리고 대한민국 정부 수립 이후 서거 전까지 그가 걸었던 근현대사 속의 의로운 길을 함께 돌아보고 우리 곁에 남겨진 그의 향을 따뜻하게 품었으면 한다.

2016-12-18

담사리 안규홍 의병장과 파청승첩비

보성군 득량면 삼정리의 쇠실마을에서 출발한 연수단은 예당사거리 옆에 있는 예당한우명가에서 점심을 먹고 안규홍(安圭洪) 의병장의 의사 안공파청승첩비[54]를 찾았다. 이곳 예

당리 서쪽으로 오봉리와 송곡리가 있고 동쪽으로는 동촌리와 덕산리가 자리한다. 남쪽으로는 조성면 일대에 간석평야가 자리하고, 북쪽으로는 서에서 동으로 지나가는 호남정맥이 버티고 서 있다. 파청마을과 서쪽의 박실 뒤로는 호남정맥상에 파청치와 오도치가 있으며 그 고개들을 북으로 넘으면 겸백면과 미력면이 자리하는데, 겸백면에는 초암산이 미력면에는 석호산이 각각 보성강을 사이에 두고 동서로 마주 보고

의사안공파청승첩비 2016-11-25

---

54   전남 보성군 득량면 예당리 산 112번지.

있다.

1907년을 전후로 전남지역에 의병을 일으킨 의병장 대부분은 노사 기정진의 사상에 영향을 받은 유림 출신인데, 안규홍 의병장은 평민 출신이었다. 안규홍 의병장은 일반인들에게 널리 알려지지 않았지만, 일제가 남긴 『전남 폭도사』에 이른바 수괴·거괴로 가장 많이 등장하는 의병장이다. 다음 기록을 통해 이를 확인할 수 있다.

> 전남 폭도사에 무려 23곳(각종 자료 종합하면 37곳)이나 등장하고 있으며 전해산이 20곳, 심남일이 15곳, 김태원 14곳, 기삼연 13곳으로 나타나 있다. 한국독립운동사 자료에는 양상기·전해산 의병장 각각 40여 곳, 심남일·안규홍 의병장이 30여 곳 나타나 있다.[55]

안규홍 의병장은 '안담사리'로 불렸는데, '담사리'를 사전에서 찾아보면 "12~17세의 소년으로 주인집에서 땔나무를 장만하거나 수(收)를 돌보거나 물을 긷거나 하는 종을 말하며 주인집에서 옷과 숙식을 제공하며 한 해에 쌀 한 가마니 정도를 준다. 나이가 차면 온전한 일꾼으로 인정받는 의식인 진새를 치른다"[56]라고 되어 있다. 한편 '담살이'는 머슴살이나 머슴의 방언으로 나와 있다. 안규홍은 머슴 출신의 의병장이었다.

안규홍은 전남 보성읍 택촌의 가난한 집안의 서얼로 태어났

---

55 이태룡, 『한국근대사와 의병투쟁』 4 답사편(서울: 중명출판사, 2007), 290쪽.

56 고려대학교민족문화연구원, 『고려대 한국어대사전』(고려대학교민족문화연구원, 2009).

안규홍 의병장의 파청승첩비 2016-12-18

다. 그가 어렸을 때 아버지마저 세상을 떠나자 이들은 호구를 해결하기 위하여 먼 친척 박제현의 집으로 옮겼다. 그는 극빈한 가정 사정으로 인하여 어려서부터 머슴살이를 했다. 이로 말미암아 그는 사람들에 의하여 '안담사리'라 불리어졌다.[57]

머슴 출신으로 의병을 모집하고 의병장으로 활동하기에는 당시 현실로서는 쉽지 않았을 것이다. 의병모집에는 재력도 있어야 하지만 그 지역 내에서 신망도 두텁지 않으면 안 되는 일이다. 유생 출신의 의병장도 쉽지 않은 의병진 조직을 머슴 출신이 시도하고 나섰으니 주위의 시선이 어땠을지 짐작할 수 있다. 그의 신분은 초기에 그가 의병장으로 자리 잡는 데 어려움으로 작용했을 것이다.

---

57   홍영기, 앞의 책(2009), 222쪽.

의병을 가장한 도적들의 등쌀 또한 적지 않았다. 이에 민간에서는 도적을 예방하기 위한 방도(防盜)조직을 운영했는데, 그러한 것이 선생이 살던 법화마을에도 있었다. 선생은 이 조직을 모체로 의병을 일으키려 했다. 그러나 선생을 따르는 자가 대부분 머슴이나 가난한 농민들로서 무기라곤 낫이나 곡괭이, 나무작대기가 고작이었다. 이에 선생은 거사 계획을 양반 유생들에게 알려 경제적 도움을 청했지만, 그들은 선생과 함께 거의하는 것을 수치로 생각하여 거절했다. 그러자 선생은 가난한 농민들과 머슴들을 데리고 관동 출신 의병장 강용언(姜龍彦)[58] 의병부대에 투신하여 부장(副將)이 되었다. 강용언은 강원도에서 활동을 하다가 일본군의 탄압을 피해 1907년 말쯤 전라도 순천으로 옮겨 와 의병투쟁을 계속하고 있었다. 강용언이 선생을 부장에 임명한 것은 지리에 어두운 그들 의병부대의 약점을 선생을 비롯한 토착 의병들이 보완해주고, 또 활동 지역 농민들과 관계 유지에도 큰 도움이 되리라고 생각했기 때문이다. 그런데 강용언 의병부대는 선생이 듣던 바와는 달리 주민들에게 피해를 입히고 있었다. 이에 선생은 1908년 4월 강용언이 주민들의 재물을 탈취한 것을 계기로 토착 의병들과 함께 그를 제거하고 의병장이 되었다.[59]

안규홍 의병진은 가렴주구의 관리와 탐학한 토호 제거, 일진회 같은 친일 세력의 처단과 제거, 그리고 1908년 4월부터 1909년 9월까지 반일투쟁을 선도했다. 국가보훈처의 공훈전자사료관에 등록된 안규홍

---

58   홍영기의 『한말 후기의병』 225쪽에서는 강용언이 강성인의 또 다른 이름이라고 했다.
59   네이버캐스트, 독립운동가.

의병장의 기록을 만나본다.

안규홍은 평소 초로지리(樵路地理)에 밝은지라 일군에 대한 기습 작전을 계획하고 있었다. 1908년 2월 적이 정시(定時)에 출동하여 수색하고 있음을 간파하고 미리 보성 동쪽 8킬로미터 떨어진 파청(巴靑)의 험한 지점에 복병을 마련해 두었다. 마침 일대에서 최강을 자랑하는 미도(永戶)·히라이(平井)의 두 부대가 골짜기로 들어왔을 때 복병들이 총탄을 퍼부었다. 적병 부대장들이 쓰러지고, 전군이 궤멸하여 의병 부대는 많은 전리품을 노획한 후 다시 대원산(大院山)으로 들어갔다. 이것이 파청대첩(巴靑大捷)이다. 이후 일군은 안규홍의 부대를 의병 부대 중 최강의 부대로 지목하게 되었다. 파청대첩 후 적의 신예 부대(新銳部隊)는 보복전을 펼쳐 대원산 사찰을 포위하고 필사적으로 공격해 들어왔다. 그러나 의병은 사찰 문루와 장벽에 의지하여 분전한 끝에 여유 있게 적을 격퇴할 수 있었다. 그러나 동복(同福)을 탈환하기 위해 운월치(雲月峙)로 진군하다가 누봉산(樓鳳山)에서 적과 부딪쳐 많은 희생자를 내었고, 특히 참모 나창운(羅昌運)이 전사하는 등의 손실을 보았다. 이에 장경선(張京善)을 참모로 임명하고 병력을 증강한 후 1908년 8월 24일 진산(眞山)에서 일군 수비대 및 기병과 격전을 벌여 일군 5명을 중상시키는 등 대첩을 거두었다. 이 전투가 진산대첩(眞山大捷)이다. 그 후 안규홍의 의병 부대는 화약과 군량을 준비하여 공격 태세를 갖추어 1909년 3월 25일 원봉(圓峰)의 적병을 기습하여 크게 승리했다. 이때 규홍은 소병력을 한산한 곳으로 보내어 약탈을 가장하는 등 적의 눈을 속이고 정예 부대를 거느리고 원봉 기병 주둔소를 야습하는 작전을 썼다. 일군 대장 도변(渡邊)은 말을 타고 도주하고 말았다. 이 전투에서 다량의 무기와 화약·군량을 획득했으므로 의병 부대를 재편하는데 크게 도움이 되었다. 다시 순천(順天)으로 가서 일군 대부대를 습격했다. 처음에는 큰 전과를 거두었으나, 안택환(安宅煥)·임정현(任淨鉉) 등이 전사했다. 이어 송기휴(宋基休)를 유격장으로 임명하고 전투를 계속했으나 일병 증원 부대가 도착하여 포위 당했다. 안규홍은 의병을 상인·농민 등으로 가장시켜서 포위망을 탈출하여 바닷가에 집결시켰다. 다시 밤에 배를 타고 고흥(高興)으로 빠져 나올 수 있었다. 그러나 의병의 수는 줄고 무기도 빈약하여져서 정면충돌을 감행할 수 없는 형편이 되었다. 이에 작전을 바꿔 유격·기습 작전으로 성과를 거두며 전전하다가 송기휴가 전사하게 되었다. 이에 거점을 장흥 백사(白沙)로 옮긴 안규홍은 전세가 불리하게 된 연유를 규명하게 된다. 모든 것이 일진회(一進會)의 밀고 때문인 것으로 밝혀지자 그들을 색출하여 시장에서 공개 총살시켰다. 그리고 일인 첩보대장 탄시(灘市)를 사살하고 8월에는 270명의 의병을 총동원시켜 순천군 낙서면 상우리(洛西面 上右里) 소재 일진회를 습격하여 친일 주구들을 처단하고 9월 25일 3백여 명의 의병을 거느리고 광양(光陽)의 백운산(白雲山)으로 들어가 근거지로 삼았다.[60]

호남의병이 전라도 전역에서 들불처럼 번져나가자 일제는 '남한폭도대토벌작전'이라는 이름으로 호남의병 학살에 혈안이 되어 있었다. 이 작전은 1909년 9월부터 10월까지 두 달 동안 전개했는데, 이때 대부

---

60 〔공훈전자사료관〕,『독립유공자 공훈록』1권(1986).

분 호남의병이 진압되었다.

> 안규홍의병진은 일제의 기습을 받아 큰 피해를 입기도 했고 한때 남해의 섬으로 일시나마 몸을 피하기도 했다. 1908년 음력 7월에 석호산에서 흩어진 의병을 모아 재기했는데 이때 주민들과 심남일 의병부대의 도움이 그의 재기에 큰 힘이 되었다. 1909년 9월 중순 일본군의 거미줄 같은 포위망이 압축되고 지도부를 포함한 60여 명의 부하들이 투항하게 되자 안규홍 의병장은 후일을 기약하며 해산을 했다.[61]

안규홍은 의병을 해산시키고 고향으로 돌아가던 중 9월 25일 보성군 봉덕면 법화촌(鳳德面法化村)에서 부하 염재보·정기찬과 함께 부석의 부대와 광주경찰서 일경에게 체포되었다. 곧 광주에서 대구감옥으로 이감되었으며, 1911년 5월 5일 교수형을 당하고 순국했다.

『담산실기』에 의하면 안규홍 의병부대의 구성원 가운데 일부는 끝까지 싸우다 죽기도 하고 해산을 전후하여 체포되거나 투항한 자들도 있었으며, 혹은 포위망을 뚫고 만주로 탈출하여 독립군에 가담한 경우도 없지 않았다[62]고 한다.

이곳 득량면 예당리 산112번지에는 안규홍 의병장의 파청승첩비 말고도 두 개의 비석이 더 있다. 설봉(雪峰) 김도규(金道珪) 의병장 기적비와 의사 최북실(崔北實) 기적비가 그것이다. 이곳에 설치된 기적비에

---

61 홍영기, 앞의 책(2009), 228-229쪽.
62 위의 책, 229-230쪽.

는 다음과 같이 김도규 의병장의 행장을 기록하고 있다.

설봉 김도규는 1885년 보성군에서 태어났으며 1908년 분연히 의병에 궐기하여 안규홍 의병부대의 부장이 되어 파청, 진산, 병치, 원봉산전에서 대첩했으며 1909년에는 김도규 의병부대를 편성하여 득량면 박곡에서 적의 척후대를 유인, 기습하여 대장 등 2명을 사살하고 졸개 수십 명에게 부상을 입혔다. 이 승전을 목격하고 전해들은 고을 사람들은 '기군대장(起軍大將)'이라 부르며 환호했다. 또한 화순군 동복면 운월치 고개에서 위장 잠복하고 있다가 적군 수색대에 총통을 명중시켜 대장을 즉사케 하고 수십 명의 적군에게 중상을 입히는 전과를 거두었다. 정부에서는 그의 공을 기리어 1990년 건국훈장 애국장을 추서했다.

한편 국가보훈처 공훈전자사료관의 『독립유공자 공훈록』에는 김도규 의병장의 공훈을 다음과 같이 기술하고 있다.

1907년 군대해산이 강행되자 고향 보성에서 담산 안규홍(澹山安圭洪)이 거의했다는 소문을 듣고 칼을 집고 쫓아가서 모든 시설과 방략에 대하여 조언했다. 호곡(毫谷)싸움에서 먼저 왜적의 괴수를 목 베고 안규홍의 부장(副將)이 되었다. 군대를 거느리고 적을 공격하며 노획할 때에 분대별로 정비하기를 법도가 있게 하며 험한 곳에 웅거하여 기이한 진을 벌였기 때문에 적을 목 베고 포로로 잡은 수가 매우 많았다.

운월(雲月)싸움에서는 먼저 대포를 쏘아 왜적의 장수를 죽이고 큰 승리를 거두었다. 병치(並峙)와 진산(眞山)싸움에서도 한 번도 의기를 꺾이지 않고 성공한 일이 많았으나 자기가 잘해서 공을 세웠다는 말을 하지 않고 항상 공로를 윗사람에게 돌렸다. 또 김도규는 부하들과 함께 달고 쓴 것을 같이 겪어 술 한 잔이나 고기 한 조각이라도 반드시 골고루 나누어 먹었다. 안규홍이 체포되고 의병이 해산되자, 김도규는 이름을 숨기고 은신했다. 항상 안규홍이 죽은 것을 애석히 여기고 그와 함께 죽지 못한 것을 한탄하면서 죽은 듯이 살았다. 비록 가정환경이 불우하여 글을 배우지는 못했지만 역량이 크고, 정직하고, 경우가 분명하며 충성과 의리를 중히 여겼다.[63]

의사최공북실기적비는 대한독립운동총사 편집위원장인 김계업이 짓고 여산(礪山) 송태경이 썼는데, 비 뒷면에 쓰여 있는 최북실의 행장은 다음과 같다.

의사 최북실은 해부최씨 문헌공충의 후예로 1889년 12월 2일 보성군 득량면 송곡리 호곡의 가난한 농가에서 아버지 성달의 둘째 아들로 태어났다. 천성이 바르고 착한 공은 구한말에 갖은 만행으로 조국을 침략해온 왜적이 1905년 고종 42년 11월 17일에 강제로 을사오조약을 맺어 우리 국권을 빼앗자 분함을 이기지 못했다. 1908년 2월 문덕에서 일어선 안규홍 의병의 막하로 달려가 의병이 되었다. 공은 힘이 세고 몸이 날랜 장사로 항상 천보대(千步臺)를 메고 앞장서서 싸웠으므로 최천보 또는 최포라 불렀고 파청의 호곡 싸움을 비롯 보성, 화성, 순천, 고흥 각지에서

---

63 〔공훈전자사료관〕, 『독립유공자 공훈록』 1권(1986).

의병장설봉김도규기적비 2016-11-25　　　의사최공북실기적비 2016-11-25

많은 왜적을 무찔렀다. 그러다가 1909년 8월 순종의 의군 해산 유지에 눈물을 멈추고 파군 귀가한 후 36년 동안 왜적의 눈을 피해 살다가 광복 후 1947년 5월 10일 59세로 타계했다. 한편 당시의 군사자금 조달과정에서 무리가 많았던 사정과는 달리 공은 자기 집 전 재산인 3두락의 논을 팔아 헌납했을 뿐 아니라 향인들의 생명과 재산보호에 최선을 다했기에 덕이 있는 의병으로 가는 곳마다 칭송이 자자했다. 공이 파군 후 향리에서 천수를 마칠 수 있었던 것도 공의 뜨거운 조국애와 향토애에 감동한 향로(鄕老)들이 적극 감싸준 힘이 컸으니 이는 바로 이은보은(以恩報恩)이었다.

　보성군 득량면 예당리 뒤편으로 남향을 하고 자리한 박실, 하파청과 상파청 그리고 호동마을은 이 지역을 기반으로 활동한 안규홍 의병장, 김도규 의병장 그리고 최북실 의병이 활동한 주무대였다. 열악한 무기임에도 머슴살이 담사리 의병장을 중심으로 나라를 구하겠다며 목숨을 내걸고 항일구국 항쟁을 벌인 평민 의병들의 숭고한 의병정신은 그 어떤 의병부대보다 거룩하고 위대한 것이었다.

단기 4319년 11월 의사 최북실기적비 건립추진위원회가 세운 기적비에 새겨진 의병의 노래는 이곳을 찾은 모든 사람이 함께 낭송하며 의병들의 고귀한 순국에 마음으로 감사함을 담아 넋을 위로하고 함께 묵념해보기를 바란다.

> 간악한 왜적들이 조국을 빼앗던 날
> 섬 오랑캐 몰아내고 세계로 뻗는 조국
> 한 목숨 내던지고 앞장서 싸우시던
> 깃대봉에 서린 한을 이제는 다 잊으시고
> 그 눈빛 그 함성들이 다시 들려옵니다.
> 옥통소 높이 불면서 춤도 덩실 추소서.

2016-12-18

독립운동의 꽃 대종교와 홍암나철기념관

예당리 파청승첩비에서 출발한 연수단은 동으로 고흥지맥을 넘어서 벌
교읍으로 향했다. 30여 분을 달려 오후 2시 40분경 2016년 11월 2일 개
관한 홍암나철기념관[64]에 도착했다. 홍암 나철 선생은 대종교를 창시한
독립운동가다. 그동안 나 역시 우리 독립운동사에서 대종교가 차지한
비중을 제대로 알지 못했다. 대종교 삼종사인 홍암 나철, 무헌 김교헌,
백포 서일 총재 등을 2014년 연변조선족자치주의 화룡시 청파호 언덕
에서 만난 뒤부터 대종교에 대한 깊은 애정을 갖게 되었다.

대종교大倧教를 만나며

흑룡강성 해림시 산시진(山市鎭)에 있는 김좌진 장군의 자택 서쪽에는
팔로회의실이 있다. 이 방안의 벽에는 단군의 영정이 걸려 있다. 우리
가 익히 알고 있는 김좌진 장군은 대종교인이었다. 청산리대첩의 또 다
른 주인공 서일 총재도 대종교인이었으며, 환인의 동창학교 설립자 윤

---

64   전라남도 보성군 벌교읍 녹색로 5163(벌교읍 칠동리 138번지).

중국 해림시 산시진의 김좌진 장군 자택 팔로회실. 단군 영정이 벽에 걸려있다. 김좌진 장군이 1927년 7월 903명의 독립군과 1천여 명의 군인 및 가족들을 거느리고 산시에 진주한 후 1928년 9월부터 1930년 1월 24일 순국 전까지 이곳에 거주했다. 2014-03-28

세복도 그러하다. 우리 독립운동사에서 대종교가 차지하는 비중은 실로 엄청난 것이었다. 우리의 개천절 역시 홍암 나철 선생이 자리 잡게 했다. 하지만 대종교에 대한 관심이나 시선은 미약한 것이 현실이다. 독립운동사에서 대종교가 차지한 크나큰 역할을 만나보고 그들의 헌신과 희생에 감사하는 마음을 가지는 사람들이 많아졌으면 하는 바람을 가져본다.

임시정부에서 각원급 이상의 요직에서 활약하던 인사들만 꼽아보아도 박은식, 신규식, 이동령, 이시영, 조성환, 조완구, 윤세용, 현천묵, 박찬익, 황학수 등을 들 수 있으며, 이 외에도 유명·무명의 숱한 애국지사들이 대종교를 통하여 자신의 민족의식을

심화시키고 광복투쟁의 일선에서 싸웠다.[65]

한편 만주지역에서 무장독립운동을 이끌었던 지도자들 중에는 대종교인들이 아주 많았다. 다음 소개되는 인물들을 통해서 대종교의 위상을 가늠해볼 수 있다.

만주 무장독립운동에서는 이동녕, 현천묵, 계화, 윤정혁, 황학수, 김승학, 홍범도, 김혁, 김좌진, 윤복영, 이범석, 여준, 이홍래, 정신, 이동하, 한기옥 등 헤아릴 수 없을 정도로 많은 대종교인들이 무장독립운동의 지도자급으로 활동했다.[66]

또한 대종교를 중심으로 한 독립운동단체의 면면을 보아도 그 무게감을 쉽게 느낄 수 있다. 우리에게 익숙한 중광단, 대한정의단, 대한군정서, 흥업단 등이 바로 그것들이다. 대종교는 중국 내륙지역의 서도본사는 신규식을 중심으로, 러시아 일대의 북도본사는 이상설, 왕청현 일대의 동도본사는 서일이 책임을 맡고 있었다. 특히 왕청현에서는 서일이 중광단을 조직하고 독립정신 함양과 군사교육에 진력했다.

---

65   정영훈, 「대종교와 단군민족주의」, 『고조선 단군학』 10, 2004, 296쪽.

66   김광식 외 4인, 『종교계의 민족운동』(서울: 경인문화사, 2008), 141쪽.

화룡 청파호 언덕에 잠든 삼종사

대종교의 창시자 홍암(弘巖) 나철과 뒤를 이어간 김교헌 그리고 독립운동에 헌신하며 대종사를 맡을 수 없었던 서일 등 세 분의 묘가 연변조선족자치주의 화룡시 청파호 언덕에 있다. 이 세 분을 연변의 화룡시에서 만나본다.

2014년 3월 26일 이른 아침 청산리대첩의 현장인 청산리를 다녀와서 곧바로 화룡시 청호촌 남쪽 언덕에 자리한 반일지사 묘역으로 향했다. 이곳 진입로에는 아래와 같은 유적지 안내가 있다.

> 반일지사 라철, 서일, 김교헌은 20세기 전반기에 동북지구에서 한때 화룡시 청파호를 기지로 반일계몽운동과 반일교육활동을 진행했다. 그들은 민중의 반일의식을 높이고 인민의 반일사상 각오를 높이기 위하여 많은 일들을 했으며, 반일무장투쟁을 준비하고 전개함에 있어서 중요한 역할을 했다. 서일이 령도한 '북로군정서' 소속의 반일무장대와 '국민회' 소속의 반일무장부대가 1920년 10월 화룡지구에서 협동작전을 펼친 '청산리 전투'는 일본 침략군에 심대한 타격을 주었으며 반일운동이 깊이 있게 전개되도록 힘 있게 추동했다.

위 안내문은 1991년 9월 1일 화룡시 인민정부가 공고한 내용으로 화룡시문화유물보호단위로 지정되어 있다. 묘역 입구 안내문에는 '대한민국 (사)나철선생(항일지사)선양사업회'라는 단체의 표지판을 하단부에 부착했다. 전라남도 보성군 벌교읍 금곡의 지명까지 덧붙였다. 이후 이곳을 네 차례 답사를 진행했는데, 2014년 세워져 있던 표지판은

중국 화룡 반일지사 묘역 안내문 2014-03-26

중국 화룡 반일지사 무덤 2014-03-26

그 뒤로 다시 볼 수 없었다.

　반일지사 무덤의 좌측 끝에는 이 무덤을 알리는 묘비가 있는데, '반일지사 무덤〔反日志士墓葬〕'이라고 쓰여 있다. 한글로는 '무덤'이라

대종교 삼종사가 묻힌
반일지사무덤비
2014-03-26

고 했으며 한자표기는 '묘장(墓葬)'이다. 이 비는 화룡시 인민정부에서 1991년 세운 것이다. 그런데 이 묘비석의 뒷면에 특이한 이름이 새겨져 있다. 그것은 '서고성(西古城)'을 알리는 표지석으로 길림성문물보호단 위로 지정되었고, 길림성인민정부가 1981년 4월 20일 공고한 것으로 되어 있다. 이곳에서 멀지 않은 곳에 발해의 서고성 유적지가 있는데, 그곳에 있던 서고성의 표지석을 가져다가 반일지사묘역의 묘비로 사용한 것임을 알 수 있다.

화룡시 청파호에 잠든 대종교 창시자 홍암 나철

홍암 나철 선생을 만주의 화룡시 청파호에서 만난 뒤 2016년 12월, 그가 태어난 전남 보성군 벌교읍을 찾았다. '나인영과 오기호 등의 을사오적 암살단'이라는 용어에 등장하는 나인영이 바로 나철이다.

대종교의 창시자인 나철은 1863년 전라남도 보성에서 태어났다. 그는 29세에 과거 시험에서 장원 급제한 뒤 승정원을 거쳐 33세에 징세

연변조선족자치주 화룡시 청파호 대종교삼종사 묘역을 참배 중인 대한교직원독립연수단 2015-07-30

서장이라는 벼슬을 받았다. 하지만 관직에서 물러나 구국운동에 뛰어들었고, 일본에 머물며 활동하던 중에 을사늑약이 체결되었다는 소식을 듣게 되었다. 조선으로 돌아온 나철은 조약 체결에 협조한 매국노들을 살해하려다가 실패하고 유배되었다.

얼마 후 석방된 나철은 다시 구국운동을 시작했지만 별다른 성과를 얻지 못했다. 그는 점차 민족종교운동에 관심을 갖게 되었고, 1909년 1월 15일에는 단군 대황조 신위를 모시고 제천 의식을 올린 뒤 단군교를 선포했다. 교주로 추대된 나철은 교리를 정비하고 교세를 넓혀 1910년 2만 1,539명의 교인을 확보했으며, 1910년 대종교로 이름을 바꾸었다.

나철이 창시한 대종교는 한얼님을 믿는 신앙 체계를 갖고 있다. 이런 신앙 체계는 다른 민족들의 원시 신앙에서도 찾아볼 수 있지만, 대종교는 특히 우리 민족의 기원 신화(단군 신화)에서 비롯되었다. 백두산을 중심으로 인류와 문화가 발생했다는 것을 기본 교리로 삼고 있으며, 삼신일체설을 믿는다. 여기서 '삼신'이란 환인, 환웅, 환검을 뜻한다. 환인은 우주와 인간 만물을 다스리는 조화신이고, 환웅은 인간 세상을 널리 구제하기 위해 백두산에 내려온 교화신이며, 환검은 임금이 되어 처음 나라를 세운 치화신이다. 즉 대종교는 한민족이 하느님의 자손이고, 환인은 우리 조상의 천부(天父)라는 사상을 가지고 있다.[67]

홍암이 세운 대종교는 일제의 탄압을 피해 1914년 길림성 화룡현의 청파호로 대종교 총본사를 이전한 후 활발한 포교 활동을 전개한다. 이후 나철은 서울로 돌아와 남도 교구에서 교단조직과 포교 활동을 했다. 1915년 조선총독부가 종교통제안(宗敎統制案)을 공포하고 대종교를 종교가 아닌 항일 독립운동단체로 규정하고 남도 본사를 강제로 해산시키자 서울에 있는 남도본사 천진전을 떠나 1916년 8월 5일 구월산 삼성사 참배길에 오른다. 8월 15일 그는 자신이 죽음을 택한 이유를 밝힌 유서를 남기고 폐기법(閉氣法)으로 숨을 거두었다. 홍암 나철 선생은 황해도 구월산에서 순명했으나 그의 무덤이 연변조선족자

나철과 동료들이 대일외교항쟁의 결의를 다지고자 일본 동경의 한 사진관에서 기념으로 남긴 사진. 좌측부터 이기, 나철, 홍필주, 오기호 순이다. 자료: 홍암나철기념관, 2016-12-18

치주 화룡시 청파호 언덕에 있는 것은 그의 유언에 따른 것이다.

　나철은 '을사오적(乙巳五賊)'을 처단하기 위해 1907년 서울에서 암살계획을 세우고 그 의지를 「동맹서」에 담았는데, 을사오적 처단에 나서는 나철의 심중을 읽을 수 있다.

> 이번 거사는 사람이 사람을 죽이는 것이 아니라 하늘이 사람을 죽이는 것이요, 2천만 민족의 원한을 갚는 것이다.
>
> － 나철 「동맹서」 중에서

　홍암나철기념관에서는 대종교의 역사와 대종교인들이 행한 위대한 독립전쟁의 장엄한 기록들을 만날 수 있다. 홍암 선생이 남긴 1915년의 유언시를 만나보자.

鳥鷄七七 日落東天　을유년 8월 15일에 일본이 망하고
黑狼紅猿 分邦南北　소련과 미국이 나라를 남북으로 분단하도다
狼道猿敎 滅土破國　공산주의와 외래종교가 민족과 국가를 망치고
赤靑兩陽 焚蕩世界　공산·자유의 극한 대립이 세계를 파멸할지나
天山白陽 旭日昇天　마침내 백두산의 밝달도가 하늘 높이 떠올라
食飮赤靑 弘益理化　공산·자유의 대립 파멸을 막고 홍익인간
　　　　　　　　　　　이화세계를 이루리라[68]

　2016년 12월 18일 항일의병·독립지사를 찾아가는 근대역사 대장정 프로젝트를 기획하여 전라남도 보성군 벌교읍에 있는 홍암나철기

68　보성군, 『홍암나철기념관』(서울: 선인, 2016), 34쪽.

벌교 홍암나철기념관에 모셔져
있는 홍암 나철 선생 영정과 신위
2016-12-18

홍암나철기념관 앞에서. 항일의병 독립지사를 찾아가는 근대역사 대장정 2016-12-18

념관을 찾았다. 만주지역에서 대종교의 독립운동을 접하려면 그 첫 출발은 홍암이 태어난 벌교의 홍암나철기념관이 되어야 한다. 우리가 몰랐던 대종교, 우리가 멀리한 대종교 삼종사를 포함한 독립운동사의 꽃이요 향기였던 대종교 출신 독립군들을 이제는 제대로 만나야 하고 그들을 가슴으로 안아 넣을 위로해야 하기 때문이다. 일제의 대종교 탄압에 맞서 순국으로 항거한 홍암 나철 선생은 죽음 앞에 신음하는 동포들을 대신하여 천하를 위해 목숨을 내놓았다.

내가 이제 많은 동포가 괴로움에 떨어지는 죄를 대신 받아 천하를 위하여 죽노라.

2016-12-18

광주·전남지역 항일의병·독립지사를 찾아가는 근대역사 대장정

①남원 → ②장성향교 → ③담양 창평 녹천 고광순 생가 → ④광주공원 심남일순국비 → ⑤화순(숙박) → ⑥능주 정암조광조유허비 → ⑦이양면 쌍봉마을 양회일 의병장 → ⑧쌍봉사 → ⑨보성 쇠실 김구 선생 은거지 → ⑩득량 예당 안규홍 의병장 파청승첩비 → ⑪벌교 홍암나철기념관 → ⑫보성 문덕 송재 서재필 생가 → ⑬구례 광의면 매천사 → ⑭남원

순천만 갯벌습지와 순천왜성

육지의 숲이 산이라면 바다의 숲은 단연 갯벌이다.
순천은 하늘의 순리를 내포하고 있다.

세계 5대 연안습지에 들어가는 순천만 습지에 갈대가 피어나기 전이다. 남해안은 물론 서해안 여러 곳에도 습지는 있지만, 그중에서 제일 정겨운 아니 생명력이 넘쳐나는 곳을 뽑으라면 순천만 습지일 것이다. 전북교육연수원이 주관한 생태와 역사 연수에 40여 명의 공무원이 참여했다.

순천에는 이곳 습지를 관광 장소로만이 아니라 생명과 환경으로 연결되는 생태주의 공간으로, 우리에게 실심과 정성의 참 공간으로 바라볼 수 있게 해준 생태지기들이 있다. '전남동부지역사회연구회', 약칭 '동사연'이 그들이다. 10여 년 넘게 개발과 눈요기 관광을 막아내며 지구를 보존해나가야 할 공간으로 인식케 하고 이토록 가슴 벅찬 선물을 남겨준 동사연과 순천지자체에 감사드린다.

드넓게 펼쳐진 갈대밭은 갯벌습지 생태계의 수직분포에서 가장 높은 위치에 해당한다. 수 m에서 20m 깊이까지 갯벌이 쌓여 있다니 경이롭다. 이사천과 동천이 만나 하구 습지로 들어오는 동천의 물속에 갯

가을의 순천만 갈대밭 2020-10-22

벌의 원료 점토가 들어 있다. 서편의 고흥지맥과 동편의 여수지맥이 조계산에서 광양 백운산으로 이어지는 호남정맥에서 갈라져 나와 순천만 갯벌 습지를 형성하는 데 역할을 담당한다. 이 두 지맥이 순천만 남쪽 먼바다를 가로막아주고, 그사이에 낭도, 사도 등의 아름다운 섬들이 방패막이를 해준 덕에 조류의 흐름이 완화되면서 순천만의 갯벌은 그렇게 깊고 넓은 습지를 형성한 것이다.

물과 점토를 내어주는 근처의 산들과 그 산에서 바다로 나아가는 소통로 강이 눈에 잡히는 곳. 한때 갯벌의 공간을 간척하여 질펀한 황금벌판이 펼쳐지고 그 안쪽으로 촌락이 옹기종기 산세와 어울려 조화를 이루는 곳. 이 모든 생명의 공간이 드넓은 바다와 한 시야에 잡히는 곳. 바로 그 옆에 바다의 생명들을 잉태하고 품어내며 생물의 다양성을 꿈틀대게 하는 공간인 순천만 습지는 그야말로 자연의 순리를 그대로 보여주는 아름답고 소중한 자연의 보고다.

용두봉에서 바라본 순천만과 동천 2020-10-22

　동강을 건너 갯벌습지에 가득 찬 갈대들의 넘실대는 물결 속으로 빨려 들어간다. 그리고 갈대의 꽃을 타고 줄기를 내려와 펄에 닿아 있는 쪽으로 눈을 돌리면 탄성이 절로 나온다. 체험학습 나온 유치원 아이들이 난간에 엎드려 펄에 돌아다니는 게들을 보며 환호성을 지르는 모습이 자연과 참으로 닮아 있어서 저절로 미소가 지어진다.

　펄의 구멍을 뚫고 들락날락해대는 농게의 수컷과 암컷, 두 집게다리가 붉은빛을 띠는 도둑게, 칠게 등이 곳곳에서 눈에 띈다. 유치원 아이들의 환호성이 커질수록 펄에서 움직이는 생명체들의 소란스러움도 점점 커진다. 순수하고 귀여운 생명체들의 향연이다.

　썰물 때 드러나는 갯골을 따라 짱뚱어들이 활개 치는 모습은 또 하나의 장관이다. 오늘은 밀물 때라 갯골이 모두 채워져 아쉽지만, 오리들

순천만 갈대숲의 동심의 유치원생들 2020-10-22

과 어쩌다가 귀한 자태를 뽐내는 왜가리 몇 마리가 눈에 들어왔다. 순천만의 깃대종식물은 단연코 갈대이지만 용산에서 만날 수 있는 붉은 빛의 칠면초 또한 빼놓을 수 없다. 갈대밭을 지나 습지 동남 편에 있는 용산전망대에서 원형 갯벌에 자란 갈대와 붉게 물든 칠면초를 조망하며 자연과 고운 사람들이 조성해 가꾸어준 순천만 습지를 한없이 기쁘게 담고 또 담았다.

점심 식사를 마치고 습지 동편 여수지맥을 넘어 해룡면에 있는 순천왜성으로 향했다. 자기 땅도 아닌 타국의 땅에 왜성을 쌓아 올린 이유는 무엇이었을까. 조·명연합육군과 연합수군이 바다와 육지에서 협공을 벌였지만 끝내 함락시키지 못했다. 그만큼 성의 지리적·지형적 조건이 최고의 자리였기 때문이다. 순천왜성은 철옹성이었다. 명나라 종군화가가 그린 당시 순천왜성의 모습을 보면 이 성이 왜 철옹성이었는지를 알 수 있다. 다음 페이지 그림의 좌측 산 정상에 있는 것이 천수탑이다. 좌측 바다와 우측 육지를 연결한 일본식 축성법으로 건설된 왜

순천왜성 정왜기공도 현지 안내도, 2020-10-22

성은 빙 둘러 바다가 천연 해자가 되어준다. 천수탑 정상에서 광양만 묘도와 장도, 육지 쪽의 검단산성, 동편 저 멀리 광양만 너머의 노량해협과 관음포를 살피고 천수탑 계단 아래에 모여 앉아 임진년·정유년의 7년 전쟁사를 만났다.

　이순신 장군은 순국 하루 전인 1598년 11월 18일 저녁, 400여 척을 이끌고 이곳 왜교성 앞바다를 떠나 묘도를 지난 다음 늦은 밤에 노량으로 나아갔다. 순천 왜교성의 고니시 부대를 구출하러 오는 시마즈의 500척 왜 선단을 선제공격하기 위해서였다. 18일 자정이 지나고 11월 19일 이지러진 달이 동남방에 떠올라 바다를 비추는 새벽 삼경과 사경의 시간 노량해협에서 대접전이 벌어졌다. 왜선 200여 척을 쳐부순 이순신 장군은 해협으로 알고 관음포 깊숙한 지형으로 도망치던 왜군을 공격하다가 총탄에 맞아 순국했다.[69] 『난중일기』는 이순신 장군이 11월

69　류성룡(오세진·신재훈·박희정 역해), 『징비록(懲毖錄)』(서울: 홍익출판사, 2017), 279-281쪽.

순천왜성에서 바라본 광양만과 묘도. 광양만 저편에 노량 앞바다가 있다. 순천왜성 바로 앞은
바다였던 곳이 매립되어 있다. 2020-10-22

임진왜란 중에 왜군이 쌓은 순천왜성 2020-10-22

18일 노량으로 이동하는 날부터 기록이 없다. 『난중일기』의 11월 17일
마지막 부분을 읽으면 가슴이 먹먹해온다. 그다음 날 이어질 『난중일

순천왜성에서 정유재란사를 안내하고 있다. 2020-10-22

기』는 장군의 순국이었다. 더 이상 일기를 쓸 수 없었다. 그렇게 이순신
은 바다에서 삶을 내려놓았다.

　　1598년 11월 18일 저녁부터 19일 새벽에 있었던 노량해전의 전투
가 벌어지기 전의 상황을 『난중일기』를 통해 만날 수 있다. 1598년 10
월 초 조·명 연합육군과 연합수군이 순천왜교성을 바다와 육지 양면
에서 공격하다가 실패하고 먼저 육군이 철수하자 10월 9일 이순신의
수군도 철수하여 10일에 좌수영에 이르렀고 12일에는 나로도에 이르
렀다. 이후 11월 8일 이순신은 명나라 도독부에 가서 종일 술을 마시고
돌아왔는데 명나라 도독이 순천왜교의 적들이 10일 사이에 철수하여
도망한다는 기별을 육지로부터 전해 받고는 급히 진군하여 돌아가는
길을 끊어 막자고 제안하자, 11월 9일 도독과 함께 군대를 움직여 백서
량(白嶼梁, 여수 남면 횡간도)으로 이동하여 진을 친 뒤 다시 10일에 좌수영
앞바다에 진을 친다. 그리고 11일 광양만 안의 묘도(猫島)에 진을 쳤는
데, 묘도 북서쪽과 순천왜성 사이에 있는 장도(獐島)에 왜선 10여 척이

모습을 드러내자 이순신 장군은 도독과 약속하고 수군을 거느리고 쫓아가자 왜선은 물러나 움츠리고 온종일 나오지 않았다. 그러자 이순신 장군은 도독과 함께 장도로 돌아와 진을 치게 된다.

그리고 14일부터 16일까지는 왜군이 명나라 도독에게 연락관을 보내 뇌물을 바치고 퇴로를 열어달라 요청하며 도망갈 수 있도록 줄기차게 노력하는 상황이 전개된다. 분위기를 눈치챈 이순신 장군은 15일 이른 아침에 도독 진린에게 가서 이야기를 하고 돌아온다. 일기에는 이야기의 내용이 기술되어 있지 않았지만 아마도 이순신은 도독이 왜군에게 퇴로를 열어 주는 것에 대한 반대의견을 피력했을 것으로 여겨진다. 실제로 11월 16일 『난중일기』에는 도독은 진문동(陳文同)을 왜군의 진영에 들여보냈는데 얼마 뒤 왜선 3척이 말 한 필과 창, 칼 등의 물품을 가져와 도독에게 바쳤다고 기록하고 있다.[70] 그리고 11월 17일 이순신의 마지막 『난중일기』는 다음과 같이 기록되고 끝이 난다.

> 11월 17일 어제 복병장(伏兵將) 발포만호 소계남(蘇季男)과 당진포 만호 조효열(趙孝悅) 등이 왜의 중간배(中船) 1척이 군량을 가득 싣고 남해에서 바다를 건너 올 때 한산도 앞 바다로 쫓아갔다. 왜적은 언덕을 따라 육지로 올라가 달아났고 포획한 왜선과 군량은 명나라 군사에게 빼앗기고 빈손으로 와서 보고했다.[71]

이어 연수단은 한국전쟁 당시 중국 군대의 북한군 지원 등을 임진왜란 당시 명나라의 조선 원병과 비교하여 역사를 돌아보고 현재 주한

---

70   이순신(노승석 역), 『난중일기』(서울: 여해, 2019), 514-518쪽.
71   위의 책, 518-519쪽.

구봉산전망대에서 바라본 이순신대교와 묘도 2019-09-30

미군의 한국 주둔의 역사까지 연결하여 살펴보았다.

그리고 동학과 의병을 넘어 독립군까지 이어지는 일본과의 관계를 돌아보며 순천 왜교성 천수단 앞에서 자주통일을 힘차게 외쳤다.

순천왜성 천수단에서 북쪽을 바라보면 마을 뒤의 동산 위에 자리한 사당이 들어온다. 이 사당은 이순신 장군과 부하 장수 송희립, 정운 장군을 모신 충무사다. 연수단은 왜성을 내려와 충무사로 향했다. 잘 가꾸어진 충무사 사당은 고즈넉하면서도 세월의 무게가 고풍스러움을 더하여 품격이 있어 보였다. 사당 안에 있는 위패함을 열고 향을 피웠다. 그리고 40여 명의 연수단이 마음과 가슴으로 순절하신 장군을 포함해 바다에서 숨겨간 조선 수군들, 그리고 이후 일본과 구국 및 독립투쟁으로 돌아가신 동학농민혁명군, 항일의병, 독립군들의 넋을 위무하고 추모했다. 연수단 위로 감도는 향내는 깊었다.

이순신 장군과 송희립 그리고 정운 장군을 모신 충무사에서 바라본 왜성 2020-10-22

2020-10-22

제3부

호남권 – 전북

곤지산 동학농민군 전주입성비

곤(坤) 방향에 와서 멈추는 곤지산(坤止山)은 온전하고 완전한 고을 전주의 완산에 위치한다. '완산칠봉'이라 불리기도 하는 이 산은 완산 외칠봉과 완산 내칠봉이 있다. 이 산의 중턱에 기념비적인 비가 서 있다. 이름하여 동학농민군 전주입성비다. 이 비를 중심에 두고 전북교육연수원 주관으로 동학 관련 연수를 진행했다.

이번 연수에서는 왕도(王都)로서의 지위와 조선왕조 본향으로서의 전주를 이해하기 위해 풍패지관, 조경묘, 조경단, 경기전, 오목대와 이목대, 자만동 벽화마을의 의의를 풍수비보적 관점과 통합하여 살펴보았다. 또, 전라감영의 중심지 전주의 위치와 조선왕조 시기의 전주의 위상을 좌청룡 우기린의 전주 형상, 그리고 동고사 · 북고사 · 서고사 · 남고사의 사대 사찰과 사면석불의 미륵불 배치 등을 종합하여 접근한 뒤 왜 전주가 온전한 고을인지 그 가치를 만날 수 있었다.

동학농민혁명군이 전주에 무혈입성하다시피 한 것은 혁명군의 쾌거였다. 이를 기념하기 위해 세운 비가 동학농민군전주입성비다. 연수단에게 전주 입성 과정과 그 의의를 살피고 이를 계승하기 위한 오늘의 과제가 무엇인지를 함께 고민해보는 시간을 갖는 것은 각자 도민의 한

동학농민군전주입성비로 향하고 있는 전북교육연수원 연수단 2020-05-28

동학농민혁명군 집강소의 총본부 대도소가 설치되었던 전라감영 선화당 2021-02-12

사람으로서도 의미가 있을 것이다.

　　연수단은 완산칠봉을 오르기 위해 곤지산과 투구봉을 좌측에 두고 곤지중학교 정문 앞에서 출발했다. 오전 9시 반에서 11시 반까지 첫

모둠이, 그리고 오후 2시부터 4시까지 두 번째 모둠이 교대로 진행되었다. 완산칠봉을 오르면서 처음으로 만나는 인물은 애국지사 김영호 선생이다. 갑오년 동학둥이로 태어나 1919년 3.1독립만세운동 시 천도교인으로 전주에서 주도적 역할을 하고, 이어 대한국민회 활동으로 옥고를 치르다가 출옥하여 북만주로 망명했다. 그러고 나서 상해와 연결하여 독립운동을 지속하고 만주에서 땅을 구입하여 유랑하는 조선인을 정착하게 한 선생은 해방되기 전 세상을 떠났고 이후 독립훈장 애족장을 받았다. 동학에서 훗날 천도교로 명칭이 바뀌어 이어져 갔으니 완산동학농민군전주입성비와 그 궤를 같이한다고 할 수 있다.

조금 더 오르면 구한말 대표적인 지식인 해학 이기 선생의 비를 만날 수 있다. 동학 지도자들을 제외하고 당대 지식인 중에서 동학에 찬동하여 뜻을 함께한 지식인은 눈을 씻고 봐도 찾을 수 없다. 면암 최익현, 의암 유인석, 송사 기우만 등과 당대 재야 지식인 매천 황현도 동학을 거부했으니 성리학적 사상의 한계를 뛰어넘지 못했던 시대의 영향이었으리라. 그러나 해학 이기 선생은 달랐다. 그는 실학사상으로 무장되어 있었다. 그래서 전봉준 장군을 찾아가 동학군을 이끌고 서울로 진격하여 탐학한 관리들을 척결하자고 했다. 이 얼마나 놀라운 자기혁신인가. 한성사범학교 교관을 하며 후학들을 기르던 해학 이기 선생은 1909년 세상을 떠났다. 나는 해학 이기 선생을 단재 신채호 선생에 버금가는 인물로 보고 있다. 그에 대한 평가를 다음과 같이 확인할 수 있다.

> 이건창(李建昌)은 "백증〔해학〕의 문장은 비단결 같다"고 했고, 황현은 "웅매초려(雄邁抄儷)한 기질에 혼기변박(魂奇辯博)한 문장 실력을 가졌다"고 높이 평가했으며, 이정직은 해학의 문장을 가리켜 "허자한구(虛字閒句)가 마치 꽃부리와 같고 정백미(精白米)의

곡식 같으며 온윤전아(溫潤典雅)하다. 이기는 남쪽 지방의 큰 문장가인 황현에 버금가는 인물로 본다"고 평가했다.[1]

연수단은 드디어 오늘의 주 목적지 동학농민군전주입성비 앞에 섰다. 동진강 유역의 수리시설 배치도를 배경으로 1894년 1월 9일부터 4월 27일 전주 입성까지의 과정을 지도상에서 설명하고 입성비 계단에서 오늘 동학농민혁명의 계승정신인 자주통일을 힘차게 외쳤다. 검두봉을 내려와 투구봉을 향해 진행하다가 저 멀리 보이는 남고산성을 조망하고 1894년 5월 1일부터 3일까지 진행된 혁명군과 중앙에서 내려온 관군과의 치열했던 전투 과정을 현지 지세를 바라보며 설명했다.

투구봉에 자리한 전주 동학농민혁명 녹두관을 앞에 두고 1894년 일본군에게 목이 잘리고 1906년 일본인에 의해 그 머리뼈가 일본 북해도대학으로 반출되었던 무명 농민군 지도자의 1996년 해골 봉환과정과 2019년 6월 1일 성대하면서도 진중하게 진행된 장례식을 가슴 아리게 들을 수 있었다. 126년 만에 고국에서 평안하게 영면할 수 있게 된 무명 농민군 지도자. 이제 한 많은 삶과 떠돌이 영혼을 내려놓고 마음 편히 영면하시기를 빌며 우리가 임의 뒤를 이어 반외세 자주의 정신을 드높이 받들어 오늘의 분단을 극복하고 통일을 향한 혁명의 길을 열어나가겠다고 다짐하며 가슴 뭉클한 묵념을 올렸다.

자연의 강을 막아 만석보를 설치했던 조병갑이 수세를 착취하여 결국에는 동학농민혁명의 불길을 댕겼던 역사에서, 태평양전쟁 중에 미국과 소련에 의해 그어진 38도선이 해방 이후 고착화되면서 한국전쟁 이후 군사분계선이 되어 우리 민족의 혈맥을 차단해버린 새로운 군

---

1   한국향토문화전자대전, '마지막 실학 실천가, 해학 이기'(검색일: 2021. 3. 2).

동학농민군전주입성비앞에서 자주와 통일을 외치는 연수단 2020-05-28

전주 동학농민혁명 녹두관 내부를 둘러보는 연수단 2020-05-28

사분계선의 보를 인식하자고 했다. 그러면서 작금 미군 주둔 방위비를 5조 원에서 6조 원을 요구하는 미국의 파렴치한 요구를 바라보면서 만석보의 조병갑과 38도선을 그은 미국과 소련을 비교해보았다. 이 땅의

전주 동학농민혁명 녹두관 2020-05-28

분단을 가져온 원흉 일본과 38도선을 설치한 오늘의 미국과 러시아는 한반도 분단의 책임을 외면하고 있으며, 오히려 한술 더 떠 미국은 방위비 분담금을 천문학적인 액수로 요구하고 있다. 이제 자주통일혁명을 이룩할 때가 왔다. 만석보에서 동학농민혁명의 불길이 타올랐던 것처럼 말이다. 동학농민군전주입성비에서 우리는 전봉준 장군이 당당하게 반봉건 · 척양척왜의 깃발을 들고 서 있는 전라감영의 선화당을 내려다보았다.

2020-05-28

승치리 되재성당

아름답고 또 아름다운 참 고운 시절
그림처럼 평화로운 깊고 깊은 산골
뒷동산과 북편 산자락에 걸치고 쉬고 있는 구름도
새싹을 숨겨놓고 더 포근한 봄날을 기다리는 감나무도
모두가 한 가족인 승치마을

내 생명을 내놓고서라도
가슴 깊이 자라고 있는
내 영혼의 삶의 참 기쁨과 평화를 위해 지켜주고 싶었던 그것

박해와 핍박쯤이야
하물며 앗아가는 목숨조차 내어 놓고 떠났던 순교자들
미련 없이 내려놓고
정처 없이 떠돌다 인적 없는 산골에
아니, 사람이 살 수도 없는 척박한 땅에 숨어들어 평생 일군 터전

풀뿌리로 연명하고

나뭇가지로 덮어내며 간직하고 지켜주고 싶었던 가슴속 그것
내 앞에서 죽어 나간 피붙이들
거대한 산맥처럼 버티고 선 사회지배 이념과 통치체제에
알몸으로 부딪치며 부서지고 뜯겨 나간 육신들

누구나 똑같은 사람이어서는 안 되고
누구의 삶도 소중해선 안 되는
그들만의 세상이어야 하는 성리학적 위계질서 속의 세상

더 많은 것을 독점하고
나와 다른 또 다른 삶을 짓밟아댔던
그 권력과 특권의 기울어진 세상에서

오직 하늘만을 바라보고
지켜주고 간직하고자
고이고이 뜨거운 심장으로 쿵덕쿵덕 살아있도록 감싸 안아내며

육신의 살점 쯤이야
떨어져 나가는 몸의 일부 쯤이야
저 하늘을 우러르며
활짝 핀 해바라기 되어 사라져간 무수히 많은
순교자들

그리고 되재성당을 세우고 교우촌을 이루며
오늘에 이르게 한 그들의 삶은 선각자였고 선구자였으며

194

완주군 화산면 승치리 되재성당 2019-03-13

자유와 평등 그리고
소중한 인권을 가져다준 오늘의 깊고 깊은 토양이었다.

참으로 아름다운 시절
되재성당 뒤 조그마한 언덕에 할미꽃이 피어나고
봄 나비 날아들면
그들의 아름답고 고귀했던
순교의 피가 그렇게 환생하는 것일 테지.

2019-03-13

만경철교 비비정 카페

해원의 강 그 만경강 한복판 위에 떠 있다.
올해 5월 초순 옛 만경철교 위에 폐열차를 개조해 카페를 열었다.
우측 상류 쪽 강 북편에 비비정이 꽃단장을 하고 이발까지 하여 옛 정
취를 그대로 품어내고 좌측 창 너머 부시도록 빛을 내는 강물이 넘실
댄다.

기울어가는 햇빛으로 강물 전체가 보석이다.
비비낙안의 명소 비비정을 강의 한복판 위에서 감상할 수 있는 경이로
움에 감사하다.

비비정 언덕 뒤로는 역사 속의 독주항(犢走項)이 지나간다.
전주에서 서해를 거쳐 중국으로 향하는 무역선들이 이곳 삼례를 지나
목천포로 이어 신창진을 타고 서해로 나가는 후백제의 사신 행렬이 그
려진다.

만경귀범이라 명(名)할까
지금 이 강물 위엔 쪽배 하나도 보이지 않는다.

옛 만경철교에 위에 세워진 비비정 열차카페 2019-05-28

우암 송시열이 써준 기문이 걸려있는 비비정
비비낙안의 강 위엔 새로 난 고속철로가 지나고
백로로 보이는 몇몇의 새들이 완산팔경 그 명성을 대신하고 있다.

두 주갑(周甲)하고도 삼 년이 더 지난 지금 동학농민혁명군이 서울로 진
격하기 위해 호남에서 물자를 운반해와 저 비비정 근처에서 강을 건너
는 장면 또한 상상으로 펼쳐본다.

해원의 강 만경강을 화암사에서 출발하여 이곳에 이르러 일제강점기
수탈의 현장들을 밟으며 아버지 세대의 삶을 돌아보고 있다. 그 만경철
교는 군산에서 익산을 거쳐 전주로 이어지는 소통로이자 수탈의 핵심
시설이었다.

비비정의 원경과 일제강점기에 축조된 비비정수도 2019-05-28

소설 『1938 춘포』에서 주인공 조선인 소작인 아들 해준이 끝내 목숨을 던지고 만 철로[2]가 지금 내가 앉아 있는 바로 이곳이다. 이 만경 철교 좌측 멀지 않은 곳에 위치한 목천포 다리는 소설 『기억 속의 들꽃』에서 한국전쟁 중에 폭격으로 부서지고 폐허가 된 모습으로 그려진다. 부서진 다리 난간에서 주인공인 소녀가 쥐바라숭꽃을 남기며 다리 아래로 사라진[3] 공간이다.

오늘 2017년 6월 22일
비비정 예술 열차가 철길 위에서 과거를 가져오고 있다.

카페로 변신하여 만경강을 위아래로 바라보며 사람들의 꽃향기로

---

2   박이선, 『1938년 춘포』(인천: 보민출판사, 2012), 297쪽.
3   윤흥길, 『기억 속의 들꽃』(서울: 다림, 2018), 49쪽.

사람들의 추억 속의 꽃으로 피어나고 있는 만경철교의 열차 안에는
지워지지도 지울 수도 없는 일제강점기 잔인하고 폭압적이고 악랄했던
일제의 독이 배어 있다.

『1938 춘포』의 만경철교도 『기억 속의 들꽃』의 쥐바라숭꽃도 모두 잊
은 채 일제강점기와 한국전쟁 속의 지난했던 삶들을 철길 뒤로 밀어내
고 새로운 미래로 향하는 열차가 되어 향기를 퍼뜨리며 앞으로 달려보
기를 소망해본다.

2017-06-22

해원解寃의 강 만경강에 울려 퍼지는
망해모종望海暮鐘

4월 9일 봄비 덕에 계곡물이 정겹게 흐른다. 복수초 전설의 화암사를 오르는 초입, 얼레지가 지천인데 신비로운 꽃잎을 다 내려놓은 뒤다. 간혹 현호색이 우리를 반긴다. 화암사 우화루 앞 은행나무 주변에서 반가운 얼레지 꽃잎을 만났다. 유혹적인 고운 자태에 발길이 떨어지지 않는다. 그 아래에서 넋 나간 듯 춤이라도 추면 어떨까. 진묵대사의 취한 춤사위 옷자락에 곤륜산 다칠까 염려하는 호탕함이 그려진다.

화암사 극락전에서 아미타불을 만나고 연수단은 서방정토를 향해 기나긴 하루의 여정을 달린다. 『아미타경』에 따르면 극락은 인도에서 서방으로 기천만 기십만 국토를 지나야 갈 수 있다고 했다. 우리나라에서는 다행히도 그보다 짧은 거리에 있어서 십만 팔천 국토를 지나야 한다. 우리는 과연 얼마나 많은 국토를 지나야 정토의 땅에 도착할까.

이른 아침 해를 맞이하며 시작한 후 미래세계인 극락정토를 향하듯 온종일 서쪽을 향해서 이백 리를 강행군한다. 숲과 물 그들은 한 몸이다. 숲의 물이 만경강을 따라가는 우리를 따라온다. 아니 우리가 물을 따라 세상으로 나아간다. 그리고 마침내 바다에서 하나 된 우리는 각자의 길로 돌아온다.

화암사 초입에 선 익산지원중 교직원연수단 2016-04-06

　　고산천 상류에 1937년 축조된 경천저수지와 사봉천을 내려와 세
개의 하천이 합쳐지며 만경강 본류가 되는 상류에 1922년 세운 대야저
수지가 Y자로 만나는 곳에 자리한 삼기정에 올라 돌〔石〕, 물〔水〕, 소나무
〔松〕 삼기를 감상하고 잠시 순두부에 막걸리 한 잔씩 돌리며 선비들의
정자문화를 맛보았다.

　　봉림사 터를 멀리서 조망하고 어우보 근처에 있는 연궁정에서 점
심을 먹었다. 어릴 적 손수 잡아 냄비에 고추장 풀고 끓여 먹던 추억의
그 잡고기 매운탕이 한나절의 여정을 얼큰하게 풀어준다. 어우보 취입
수문, 율소리 복지만류 수문, 봉동 신봉리 성혈고인돌, 삼례 동학농민
혁명 2차 봉기광장, 비비정, 일제의 중심촌락 춘포, 기억 속의 들꽃이
피었던 목천포 다리, 새창이 다리, 광활 간척지를 거쳐 망해사(望海寺)
에 이르렀다.

망해사에서 바라보는 만경강 하구 2016-04-09

「해원(解冤)의 강 만경강에 울려 퍼지는 망해모종(望海暮鐘)」[4]이라
는 제목에서 보여지듯 땅거미 앉은 망해사에서 저 서해를 바라보며 해
원의 종소리를 울려보았으면 한다.

진봉산 언덕 위에 올라서니 오늘 아침 불명산 화암사를 넌지시 비
추던 그 해가 이제 여기 진봉산 망해사를 비추며 일과를 마치려 한다.
해는 새만금의 미래 대한민국의 번영을 기약하듯 서해를 붉게 비추고
있다. 동쪽 끝 불명산 화암사 극락전에서 하루를 열고 서쪽 끝 바다 망
해사 극락전에서 하루를 닫으며 사방으로 울려 퍼지는 저녁 종소리를
듣는다. 황혼의 바다 위로 얇게 깔리며 은은하게 멀리 퍼져나가는 망해
모종의 울림은 산과 바다 두 극락전의 아미타불의 미소를 닮아 있었다.

이백 리 만경강 길에 쌓인 맺힌 한과 설움 그리고 고난의 세월로

---

4   완산팔경(完山八景)에 나오는 남고모종(南固暮鐘)에서 착안하여 망해사에서 저녁에 종
     소리를 울려 서해를 건너 북녘땅으로 통일의 울림이 되기를 바라는 마음으로 지은 용어.

전북교과통합체험학습연구회와 북원태학이 공동 진행한 2016년 전라북도교육청 주민참여제안사업 교직원 분야 '강 따라 떠나는 인문학 기행'에 참여한 교직원 연수단, 만경강 하구 망해사 2016-06-18

이어진 일제강점기 35년의 원통함, 동학혁명군과 항일의병들의 피맺힌 울음 속에 살다간 모든 영혼을 위로하는 망해모종 기도 소리는 서방정 토에서 극락왕생할 영혼에게까지 닿고도 남겠다.

아침부터 부지런한 발걸음을 놀리던 해도 지쳤는지 그만 함지로 숨어버렸다. 내일 더 맑은 얼굴로 부상할 해를 기다리는 나그네의 마음 엔 여명처럼 감도는 망해모종 풍경이 가득하여 먹먹하다. 산과 바다를 이은 물방울의 힘으로 분단의 벽을 허물고 한반도 전역에 퍼져나가는 사랑과 평화의 종소리가 가득하기를 염원한다.

2016-04-06

●화암사 → ❷경천저수지 → ❸대아저수지 → ❹삼기정 → ❺어우보 →
❻율소리 복지만류 수문 → ❼봉동 신봉리 고인돌 → ❽삼례 동학농민혁명 2차 봉기광장 →
❾비비정 → ❿춘포 → ⓫목천포 다리 → ⓬새창이 다리 → ⓭진봉산 망해사

완주·익산·군산·김제 의병과 독립지사의 길

비가 내리는 토요일 완주군 경천면에 있는 완주군독립기념관[5]을 찾았다. 항일의병과 독립지사들을 찾아 떠나는 근대역사 대장정 제1편 「완주 · 익산 · 군산 · 김제」 지역을 돌며 아름다운 우리의 산하와 그 속에서 의롭게 살다간 의병들을 찾아가는 기행이다. 남원지역 학부모와 지역 인사 그리고 남원여고가 중심학교가 되어 행사를 주관하고 지역 내의 고교생들과 학부모를 대상으로 역사 바르게 알기 연수를 진행했다.

독립운동 기념탑, 베트남 참전 기념탑, 6.25 참전 기념탑 등 세 기념탑이 비에 젖은 날. 이와 같은 기념비를 더 세우지 않기 위해 우리가 깨어 있어야 한다. 그런데 지금의 상황은 소탐대실(小貪大失)로 주변국의 압력과 더불어 우리 스스로 우리를 선택의 막다른 골목으로 내몰고 있다. 완주에 이르는 동안 달리는 버스에서 의병에 대한 정의부터 동학에서 의병에 이르기까지 근현대사와 함께 그 긴 실타래를 풀어냈다.

28명 항일 애국지사의 성함을 모두 불러드리는 것부터 시작했다. 빗소리에 그분들의 의로움이 젖어간다. 유지명, 김형민, 박태련, 이유종, 양경삼, 장병구, 김형진, 송쾌철, 이연득, 유준석, 김성찬, 박윤하, 정

---

5   전북 완주군 경천면 용복리 278번지.

완주군독립기념관의 독립운동기념탑 앞에서 2016-07-16

원국, 이준철, 유연봉, 유연풍, 유치복, 전창녀, 유태석, 정회일, 유연청, 유창옥, 정기동, 윤건중, 유영석, 유명석, 유현석, 정대원 등 의병활동, 국내 항일운동, 3.1운동, 광복군 활동 등 네 가지 영역에서 훈장을 받은 분들이다.

　호남지역으로 가는 역참의 중심지였던 삼례역참으로 이동하여 동학농민혁명 2차 봉기 과정을 교조신원운동부터 혁명의 전체 과정을 돌아보며 이제 우리가 혁명군이 되어 우리 민족에게 절실한 자주독립과 자주통일을 이끌어내는 통일독립군들이 되자고 힘차게 외쳤다. 1번 국도를 타고 삼례에서 금마로 향하며 고대 시기 금마와 주변의 산경도를 접하며 익산 쌍릉 입구 쪽 팔봉에 조성된 이규홍 의병장 묘역[6]으로 향했다.

6　익산시 석왕동 산 74-11번지.

익산 팔봉 오하이규홍의병장묘역 2020-11-12

　　경술국치 이전 팔봉 석암에서 박이환, 문형모와 함께 의병 257명
으로 창의하여 완주 고산, 진안 용담, 충남 남이 등지에서 왜병 127명을
사살한 전북 동북지역에 빛나는 의병 전투사를 남겼던 분이 오하(梧下)
이규홍(李圭弘) 의병장이다. 이규홍 의병장은 정읍 태인의 무성서원에
서 거병한 면암 최익현과 임병찬의 의진에도 참여한 바 있다. 의병진이
해산된 후 중국으로 망명하여 김규식과 김좌진 등에게 군자금을 지원
하고 국내로 들어왔다가 일제에 체포되어 혹독한 고문으로 생애를 마
쳤다. 그분이 남긴 시를 모두 한 소절씩 낭송했다. 묘소 앞에 서서 각자
묵념하고 비 앞에서 자주독립을 힘차게 외쳤다.

　　칼을 던지고 공산(空山)에 앉아 있으니
　　흐르는 눈물이 전의(戰衣)를 적신다.
　　저 두견(杜鵑)새만이 나의 뜻을 알아서

이렇게 조성된 공간이 후손들이 찾지 않아 방치되는 것은 우리의 교육과 정신이 잘못 가고 있으며, 역사를 단절시키고 잊어버리는 것이다. 만경강은 일제강점기 역사 속에서 전북의 강이 아닌 대한민국의 강이었고 수탈의 상징이었으며 그리고 이제 통일 한민족의 강이 되어야 한다.

비가 내리는 만경강을 바라보며 그 수탈현장 속을 지나 군산의 옥구 향교 부근의 돈헌 임병찬 생가터[8]로 달렸다. 너른 평야지대의 벼들이 풍요롭고 넉넉하게 시야에 들어온다. 이 넓은 들녘의 평화로움과 넉넉함이 우리의 것이 아닌 적이 있었다. 옥구에서 군산으로 이어지는 녹슨 철길 옆 바로 산 아래 돈헌의 생가터가 비석 하나로 대신한다. 집터 중앙을 지나는 철길이 가슴을 뚫고 지나가는 듯하다. 대한독립의군부 총사령을 맡아 복벽주의를 실현하려 했던 임병찬은 데라우치 총독에게 국권반환요구서를 보냈으며, 한국의 독립만이 동양평화를 유지하는 유일한 방법임을 역설했다. 일제에 의해 체포되자 자결을 시도했고 거제도 유배지에서 1916년 66세로 생애를 마감했다.

회현면 소재지 자매식당에서 점심을 먹으며 오전의 통일독립군 기행 일정을 마무리했다. 만경강을 새창이 다리 위로 걸어서 넘고 오후 일정은 김제로 옮겨 해학 이기 선생의 생가[9]를 찾았다. 해학 이기 선생

---

7 1908년 4월 20일 장군이 대전 식장산 장군바위에서 해산할 때 쓴 시(출처: 오하이규홍의 병장묘역 비석글, 2020. 11. 12).

8 군산시 옥구읍 이곡리 720-4번지. 원래 생가터는 상평마을 상평불한증막 부근 쪽에 위치한다. 군산시 옥구읍 상평로 210-22(상평리 760번지).

9 김제시 성덕면 대석2길 18(대석리 340번지).

김제 성덕 해학 이기 선생 생가 2016-07-16

은 전북 김제 만경에서 태어난 분이다.

> 어려서부터 한학을 수학하여 학문의 조예가 깊었던 그는 실사
> 구시(實事求是)와 경세치용(經世致用), 그리고 이용후생(利用厚生)으
> 로 요약되는 실학(實學)을 연구했으며, 특히 반계 유형원(磻溪 柳
> 馨遠)과 다산 정약용(茶山 丁若鏞)에 관심을 기울여 전제(田制)를 연
> 구하는 데 힘을 쏟았다.[10]

내가 해학 선생을 만난 것은 10여 년 전 고대사 연구를 시작했을
때 만난 계연수 선생의 『한단고기』에서다. 운초 계연수 선생이 『한단
고기』를 편찬할 때 총 다섯 권의 역사서를 확보하여 하나의 책으로 엮
었는데, 그중 한 권이 『태백일사』다. 『태백일사』는 일십당 주인인 이맥

---

10 〔공훈전자사료관〕, 『독립유공자 공훈록』 8권(1990, 검색일: 2020. 1. 25).

(李陌)[11]이 엮은 것인데, 이 책을 해학 이기 선생이 가지고 있었고 이것을 운초가 얻어 세상에 나올 수 있게 되었다. 계연수 또한 해학 선생의 문인이다. 전주 곤지산을 오르다 보면 우측에 세워진 해학 이기 선생의 추념비를 만날 수 있다. 그분의 행적과 더불어 세상에 잘 알려져 있지 않은 『태백일사』에도 관심을 가졌으면 한다.

그는 동학농민혁명이 일어나자 전봉준을 찾아가 동학군을 이끌고 서울로 진격하다가 돌아왔다. 일본에 건너가 일본 왕과 정계 요인들에게 일본의 침략을 규탄하는 서면항의를 하다가 을사늑약 체결 후 귀국하여 한성사범학교에서 교편을 잡았다. 한편 민중계몽과 항일운동에 진력하여 나인영 등 동지들과 을사오적신의 암살을 결행했으나 실패하고, 7년의 유배형을 받고 진도에 유배되었다가 돌아와 다시 민중계몽운동에 종사했다.

당대 성리학을 사상적 배경으로 살아간 지식인 중에서 동학농민혁명을 스스로 받아들인 경우는 드물다. 그런데 해학은 스스로 전봉준 장군을 찾아가 함께하고자 했다.

성리학(性理學)을 공부했으나 용감하게 보수적인 사상을 털어버리고 근대적 개혁 사상을 받아들여 봉건적인 제도의 개혁과 신문물의 도입을 역설했고, 온 나라 백성들이 정신적으로 빨리 깨우쳐 외세가 함부로 침범하지 못하도록 막아야 한다고 외쳤다. 실천적 실학자이자 새로운 시대를 추구한 선각자로서 계몽

11   호는 일십당. 행촌 이암의 현손으로 연산군 때 문과에 급제하여 돈령부사가 되었다. 중종 15년에 찬수관이 되어 내각에 있는 많은 비장서를 볼 수 있었다. 세조, 예종, 성종 때 금서라고 하여 거둬들인 것들로 짐작된다. 이맥은 자신만이 접할 수 있던 내각의 여러 사료를 근거로 『태백일사』를 지었다(고동영).

운동을 벌이는 데 온 힘을 다했고, 막강한 힘으로 이 민족을 압박해 오는 일제로부터 국가와 민족을 구원하고자 노력했던 위대한 애국자였다.[12]

금산면 원평에 도착하여 이곳 원평 지역의 동학을 연구해온 최고원 선생으로부터 1894년 11월 25일 동학농민혁명군이 일본군과 관군 연합부대와 전투를 벌인 구미란 전투와 전라우도 원평집강소[13]에 대해 설명을 들을 수 있었다. 원평집강소는 1882년 건축되어 백정(白丁) 동록개가 소유하고 있었는데, 동학농민혁명 과정에서 동록개가 당시 동학의 대접주였던 김덕명에게 헌납하여 집강소로 이용되었던 곳이다.

동학농민혁명 구미란 전투지 부근에는 의열단 이종희 장군 생가가

복원된 원평집강소 2016-07-16

---

12   한국향토문화전자대전, http://www.grandculture.net/(검색일: 2021. 1. 25).

13   김제시 금산면 원평리 184-3.

원평 동학농민혁명 구미란 전투지 2016-07-16

있다. 이종희 장군은 1890년 4월 19일 김제시 금산면 용호리 663번지에서 태어났다. 3.1운동이 일어난 1919년 항일독립을 위한 결연한 각오로 만주로 망명했다.

일찍이 만주를 거쳐 광동(廣東)에서 의열단(義烈團)에 가입하여 활동하다가, 중국의 황포군관학교(黃軍官學校) 제4기로, 졸업하고 상해(上海)·남경(南京)에서 항일활동을 전개했다. 1932년에는 중국군 부대 상위연장(上尉連長)으로 복무하면서 남경(南京)에서 의열단 간부를 양성하기 위해 교관을 맡기도 했다. 1936년 2월에는 민족혁명당(民族革命黨)에 입당하여 군사국 특무부의 책임자로 있으면서 일제요인 암살 등을 지휘했다. 1938년 10월에는 김약산(金若山)·박효삼(朴孝三)·이익성(李益星)·김세일(金世日) 등과 함께 조선의용대(朝鮮義勇隊)를 조직하여 조선혁명청년들에게 정확한 전투적 정치 노선을 제시했다.

1942년 4월 조선의용대가 광복군에 편입됨에 따라 광복군 제1지대의 소교(少校)로 임명되어 총무조장으로 복무했다. 그는 초대 지대장인 김약산(金若山)의 뒤를 이어 제2대 제1지대장을 역임했다. 한편 1942년 10월에는 중경(重慶)에 있는 임시정부의 의정원 전라도 의원선거회장으로 임명되었으며, 임시의정원 의원을 역임하기도 했다. 그는 광복 시까지 임시정부 의정원 의원과 광복군 고급참모로서 항일투쟁을 계속했으며, 귀국 도중 선중(船中)에서 별세했다. 정부에서는 고인의 공훈을 기리기 위하여 1977년에 건국훈장 독립장을 추서했다.[14]

긴 세월을 조국의 독립을 위해 한길을 걸었던 이종희 장군은 해방된 후 1946년 3월 귀국길에 오르던 중 배 안에서 발병하여 56세를 일기

이종희 장군 생가터 2022-04-02

14　〔공훈전자사료관〕,『독립유공자 공훈록』 5권(1988, 검색일: 2020. 1. 25).

로 세상을 떠나고 말았다. 구미란 입구 돌출된 산 아래 덩그러니 자리
잡은 장군의 생가터가 쓸쓸하게 다가서는 것은 왜일까. 주변에 가옥이
없이 홀로 한 채만 서 있는 생가터[15]의 모습이 독립을 향한 외로운 그의
길과 겹쳐 보였다.

경술국치에 단식으로 순국하신 장태수(張泰秀) 순국지사의 묘비와
그분의 위패를 모신 서강사를 찾았다. 대한제국이 망해가던 1910년 경
술년을 전후하여 많은 선비가 스스로 목숨을 끊으며 일제에 항거하는
자정순국투쟁을 전개했는데, 김제 금구에서도 이러한 순국투쟁을 벌인
애국지사가 있다. 바로 장태수 선생이다. 선생은 이곳 금구면 상신리 서
둔마을[16]에서 1841년 12월 24일 태어났다. 본관은 인동(仁同)이며 호는
일유재(一逌齋)이고 아버지는 내부협판을 지낸 장한두(張漢斗)다.

1861년 식년문과(式年文科)에 병과(丙科)로 급제하여 전적(典
籍) 예조정랑(禮曹正郞) 지평(持平) 정언(正言) 장령(掌令)을 역임했
다. 1867년 양산군수(梁山郡守)로 임명되자 5천 냥의 공금으로 양
병(養兵)을 했고, 1872년에는 고종을 수행하여 송도(松都)에 다녀
왔다. 병조참의 돈령부도정(敦寧府都正) 동부승지(同副承旨) 경연참
찬관(經筵參贊官)을 지내고, 1895년 단발령이 내리자 이를 반대하
여 사직했다. 그 후 중추원 의관을 거쳐 시종원 부경(侍從院副卿)
에 올랐다. 1910년 8월 일제가 한국을 병탄하여 나라가 망한 후
일본 헌병이 그를 회유하기 위하여 은사금(恩賜金)을 전달하자 이
를 거절했다. 일본헌병대가 세 아들을 잡아 가고 그도 체포하려

---

15   원래 위치는 김제시 금산면 용호리 663번지(용호1길 60-20)이다.

16   김제시 금구면 서도길 56-8(상신리 65-1번지).

하자 단식을 결행하여 선조의 묘에 죽음을 고하고 24일 만에 절명 순국했다. 정부에서는 고인의 충절을 기리어 1962년에 건국 훈장 독립장을 추서했다.[17]

특히 일본 헌병이 은사금을 받으라고 온갖 회유와 협박을 하며 통지서를 내놓았으나 일유재 공은 "비록 나라는 망했으나 대한의 고위직 신하로 어찌 더러운 돈을 받느냐"며 일본 헌병을 꾸짖으며 호통쳤다. 일본 관헌이 돌아가자 "이때가 바로 죽을 때다" 하며 "일제에 나라를 빼앗긴 허물이 오적(五賊)에게만 있지 않다. 나라가 망했으나 그 원수를 치지 못한 불충과 자신의 이름이 원수들의 문적(文籍)에 실려 더럽혀짐으로써 조상을 욕되게 한 불효의 죄를 죽음으로 씻는다"라는 내용의 자죄문을 쓰고 단식을 단행, 1910년 11월 27일 순절했다.

일유재 장태수 선생의 탄생지이자 순국지 남강정사 2017-08-25

---

17 〔공훈전자사료관〕, 『독립유공자 공훈록』 1권(1986, 검색일: 2020. 1. 26).

장태수 선생의 위패를 모신 서강사 2016-07-16

서강사 옆에 세워진 애국지사 송재(松齋) 장현식(張鉉植)선생기적비. 장현식은 장태수 선생의
종증손자로 일제강점기에 노블레스 오블리주 정신을 실천한 애국지사이다. 2019년 5월에 비가
세워졌다. 2021-10-14

　　장태수 선생의 탄생지이자 순국지인 상신리의 남강정사(南崗精舍)
는 정면 4칸 초가지붕으로 복원했고, 생가 좌측에는 일유재장태수선생

독립운동가 장현식(張鉉植) 고택. 전주향교 옆 전주전통문화연수원 안에 있다. 민족의 지도자이자
사회사업가이며 정치가인 일송(一松) 장현식(1896-1950) 선생이 1932년 고향인 김제시 금구면에
건축한 한옥을 2007년에 옮겨왔다. 일송 선생은 1950년 납북되어 묘소가 평양인사릉에 있으며
1990년 우리 정부로부터 건국애국훈장을 받아 남북한 양측 정부로부터 독립운동가로 인정받았다.
2020-05-04

사적비가 세워져 있다. 서도리 생가에서 동편으로 큰 도로인 양시로 변
에는 선생의 위패를 모신 서강사(西岡祠)[18]가 자리한다. 서강사는 일유
재 장태수의 항일정신과 자주정신을 기리기 위해 1935년 인동장씨(仁
同張氏)가 주축이 되어 세운 재실이다. 서강사 정문을 들어서면 눈앞에
제일 먼저 들어오는 것이 사당 앞에 걸린 '백세청풍(百世淸風)' 현판이
다. 경내에는 장태수의 영정을 모신 사우 서강사와 내·외삼문, 유림의
모임 장소로 쓰이던 존경재(存敬齋), 객사로 쓰이던 방선재(放善齋) 등의
건물이 남아 있다. 경술국치를 당해 일제에 항거하며 순국한 장태수 선
생을 모신 사당을 일제강점기에 세웠으니 당시 일제의 간섭이 어땠을
지 짐작이 가고도 남음이다. 친일파가 득세하던 시기에 절의(節義)정신

18   김제시 금구면 양시로 125-27(서도리 50번지).

을 보여주며 선비의 길을 간 일유재 선생의 맑은 향은 백세토록 전해져 갈 것이다.

2016-07-16

김제 성산城山

무악(毋岳)이 모악(母岳)으로 변한 모악산
김제 만경 금만평야의 젖줄
그 모악산을 담고자

금구의 시골 마을 언덕을 오르고
김제의 성산을 오르며
모악을 생명의 출발로 받아들였을
이 땅 위의 사람들을 보았다.

해 뜨는 새벽, 동으로
장엄하게 버티고 선 그 산
김제는 그렇게 모악으로 태어난 땅이다.

성산을 다시 찾아
사방으로 깔린 평야를 굽어보니
대체 성산이 이렇게나 높은 산인가.

김제 성산에서 동편으로 바라본 모악산 2019-02-11

500년 먹은 느티나무들이
역사를 품어내는 동편 기슭에
1945년 7월 해방 한 달 전
감옥에서 순국한 이상운 학생 순의비가 외롭다.

금구 광산의 폭약을 탈취해 일본경찰서를 습격하고
만경철교를 폭파하려 시도하다가
동지들과 체포당해 가혹한 고문으로 옥사한
당시 이리 농림고 고등학생이었던 이상운 의사의 꽃다운 삶

3.1절을 맞이하여 기리고 함께 추모하는 작은 행렬이
성산처럼 일어나길 소망한다.

2019-02-11

220

운암강의 의로운 물결 삼혁당三革堂 김영원과 혁암革菴 한영태

– 임실읍, 운암, 정읍 산내, 임실 강진

만물이 생동한다는 4월, 태미원(太微垣) 마당의 하얀 목련이 올해는 온전히 그의 시간을 다하고 떨어지고 있다. 봄이다 싶어 하얀 함박눈처럼 꽃을 피웠다가 갑작스레 찾아드는 영하의 시샘에 어김없이 핀 채로 죽어가던 꽃잎이었는데, 사랑으로 바라본 마음을 읽었는지 마지막까지 그 자태를 지켜내며 다음 생으로 이어가고 있다.

데미샘에서 백운, 마령, 성수를 지나 임실 관촌과 신평으로 이어지는 섬진강을 함께해오면서 늘 이곳 신평을 건너뛰고 운암의 옥정호로 달리곤 했는데, 오늘은 한 번도 가본 적 없는 신비를 간직한 그 단절된 구간의 섬진강을 만나기 위해 봄기운이 완연한 날 길을 나섰다.

바람 소리, 새소리, 시냇물 소리. 겨울을 이겨낸 봄의 소리는 소살소살 가슴을 간질인다. 만물의 생동 그 말의 의미를 이제는 제대로 알 듯하다. 모두가 살아서 움직이고 그 움직임이 저마다의 소리로 변해간다. 나무의 새순이 껍질을 뚫고 나오는 소리마저 들릴 지경이다. 이쯤 되면 소리를 볼 수 있을까. 관음(觀音)의 경지는 어디쯤일까.

임실 읍내 중간에 위치한 임실초등학교에서 북서 방향으로 745번

선거교에서 바라본 섬진강 2017-04-13

임운로를 타고 산을 넘어 학암리로 내려갔다. 저끝 평지에서 섬진강은 어떤 모습을 보여줄까. 초록의 봄날 강변의 싱그러움과 소설 같은, 아니 시 같은 풍경이 기다리고 있을 것 같아 먼저 두근대는 가슴을 다독이며 봄날을 여유롭게 즐긴다. 현곡리 연화교를 지나 광석마을을 통과하니 강의 기운이 느껴진다. 이제 섬진강이다. 신평면 용암리 진구사지에서 내려오는 물줄기가 이곳 학암리에서 빙 돌아 북서쪽으로 방향을 급선회한다. 우리나라의 큰 강 중 가장 생태적으로 건강하다고 할 수 있는 강이 바로 섬진강이다.

　　지나는 사람이 없어 혼자 독차지하는 행운까지 얻었으나 혼자 보고 있으려니 벗이 그립다. 옆에서 탄성을 질러줄 누군가와 함께해야 할 아름다움이다. 한 번도 밟아보지 않은 길은 도로조차 새것이다. 다리를 건너 학암리 마을을 우측으로 두고 강변으로 계속 향했다. 다음 다리는 선거교다. 그러고는 돌아 나와야 한다. 내가 가고자 하는 용암리 진구사의 석등을 보기 위해서나 추령천으로 이어지는 정읍 산내로 향하기 위해서는 이 길을 돌아나와야 한다.

선거교에 다다르자 우측의 기암절벽과 그 절벽으로 달려드는 섬진강의 물줄기가 강변 버드나무의 여리디여린 연초록 몸들과 어우러져 수십 폭의 병풍 그림을 그려놓았다.

아! 섬진강변에 이렇게 멋진 절경이 또 있을까. 다리 위에서 혼자 춤을 춘다. 도로를 낸 지 얼마 되지 않아 보였는데, 차라곤 내 차 한 대뿐 그 누구도 지나가지 않는다. 데미샘에서 광양 하구까지 이어지는 섬진강의 212km 구간에 언젠가는 섬진 8경을 만들어보리라.

선거리에서 꼭 만나고 가야 할 사람이 있다. 삼혁당(三革堂) 김영원(金榮遠) 선생이다. 학암리에서 선거교를 넘고 선거마을 회관을 지나 남쪽으로 청웅으로 가다가 시목동 버스정류장에서 우측으로 올라가면 선거제 저수지 부근에 삼요정[19]이 있다.

> 김영원 선생은 선거리 감나무골에서 태어나 태인의 무성서원을 출입하면서 학문을 익혔고 과거에 응시하기도 했다. 고향에 삼요정(三樂亭)을 짓고 후학을 양성했으며 이후 동학에 입도하여 동학농민혁명에 가담했으며 혁명이 실패로 끝나자 회문산에 은거했다. 이후 운암 출신 최승우의 재정 지원을 받아 1906년 전주에 창동학교와 임실 청웅면에 삼화학교를 세웠다. 1919년 민족대표 33인을 선발하는 과정에서 삼요정 문하생 박준승과 양한묵을 민족대표 33인으로 추천했고 임실에 내려와 만세운동을 주도하다가 체포되어 옥중에서 고문을 받고 사경에 이르자 병보석으

---

19   전북 임실군 운암면 청운로 409-33(운암면 선거리 713).

삼요정을 찾은 남원교과통합체험학습연구회 교원들 2017-08-20

로 출옥했다가 7월 재수감되었다.[20]

김영원 선생은 성리학을 익힌 선비였으며, 과거시험에 나갔다가 부패상을 목도하고 낙향하여 후학 양성에 힘을 쓴다. 그런 그가 동학을 받아들이면서 스스로 혁신의 길을 갔다. 그래서 자호가 삼혁당(三革堂)이다.

첫 번째 갑오년(1894) 동학농민혁명에 가담했고, 두 번째 갑진년(1904)에 머리를 깎고 자신을 두 번째 혁명하고, 세 번째 1919년 3.1독립운동에 참여했기 때문이다.[21]

감옥에 재수감된 김영원 선생은 옥중에서도 자정이 되면 대한독

20   임실군지편찬위원회, 『임실군지 6: 임실의 인물』(전주: 신아출판사, 2020), 86쪽.
21   최성미 편저, 『임실독립운동사』(전주: 신아출판사, 2005), 333-335쪽.

삼혁당 김영원 선생의 증손자 김창식 민족대표와 함께 2017-04-23

립만세를 부르는 걸 멈추지 않자 더욱 가혹한 고문이 가해졌고, 끝내 1919년 8월 26일 67세로 옥중 순국했다. 자기혁신을 거듭하며 시대가 요구하는 선비의 모습으로 항거한 삼혁당은 이 시대를 살아가는 지식인들에게 삼혁의 자기혁신을 이루라 호소하고 있다. 우리는 무엇으로 삼혁 할 것인가. 삼요정에서 증손자 김창식 선생을 만나서 삼혁당 선생의 삼요정 이야기를 전해 들을 수 있었다. 증손자의 명함에는 '김창식 민족대표'라고 쓰여 있었다.

　뒤돌아 학암리로 돌아나와 신평면 용암리로 향했다. 진구사에는 우리나라에서 두 번째로 큰 석등이 있는데, 임실군의 유일한 보물이다. 예전에 '중기사지'라고 했는지 지도에는 '중기사지'로 기록되어 있다. 햇살이 사찰 터에 포근하게 내리는 시간에 석등의 규모를 측정하고 관심사인 폐탑 옥계석의 층급받침을 정밀하게 측정했다.

　이제 삼산동에서 대치와 작은 대치를 넘고 기바위를 지나 운암면 소재지로 들어섰다. 북서쪽 호남정맥의 등줄기에서 흘러온 물이 이곳 운암면 서편을 지나 남으로 내려가 섬진강 본류에 합해지는 구간이다.

임실의 3대운동기념비와 열사한영태선생묘비, 운암면 운암초등학교 앞 2017-04-23

운암면 소재지의 운암초등학교 정문 앞에는 3대 기념비가 세워져 있는데 좌로부터 3.1운동기념비, 갑오동학혁명기념비, 무인멸왜운동기념비가 그것이다. 최근에 운암면 지천리에 있던 한영태 선생의 묘비가 이곳 3대 기념비 옆으로 옮겨왔다.

독립운동가 한영태(韓榮泰) 선생에 대한 기록은 『임실군지』에서 찾아볼 수 있다. 한영태 선생의 경우도 삼혁당 김영원 선생처럼 동학농민혁명으로부터 일제강점기 독립운동까지 연결되는 경우이다.

본관은 청주이며 호는 혁암(革菴)이다. 오수면 한암리에서 출생하여 17살 때 운암면 구암리로 이사하였다. 최승우, 김영원의 권유로 동학에 입교를 하였으며 동학농민혁명 때에 동학군에 가담하였다. 1917년 임실천도교구장으로 취임하여 포교에 힘썼다. 1919년 3.1만세운동이 일어나자 전주교구실로부터 독립선언서를 전해받고 강계대에게 9매를 주어 읍내의 장터와 학교, 경찰서, 면사무소 게시판에 게시하고 한준석·김영원은 운암면 내의 입석리, 선거리, 학암리 일대에, 박판덕 등은 자기가 거주하는 면에 독립선언서를 게시판에 게시하게 하여 임실 지역에서 독립 만세 시위가 확산되는 데 결정적 계기를 마련하였다.[22]

독립선언서를 배포하는데 앞장섰던 임실 천도교구장 한영태는 일제의 검속에 체포되었다. 공훈전자사료관 기록에는 "체포된 뒤에 전주(全州)형무소에서 옥고를 치르던 중, 혀를 깨물어 옥중에서 순국하였다."[23]라고 되어 있다. 한영태 선생의 순국에 관한 좀 더 자세한 내용은 『임실독립운동사』에서 만나볼 수 있다.

체포된 후 3월 5일에 전주로 압송되어 3일간의 가혹한 고문을 당하였는데 혹시라도 헛소리로 동지들의 이름을 누설할까 봐 염려되어 혀를 깨물어 절단하고 미리 찢어 놓은 옷으로 새끼를 꼬아 전주형무소에서 목매어 3월 9일 옥중에서 순국[24]하였다.[25]

정부에서는 독립운동가 한영태 선생에게 1991년 건국훈장 애국장을 추서하였지만 후손이 없어서 아직도 훈장을 전수하지 못하고 있다. 참으로 안타까운 일이 아닐 수 없다.

붕어섬과 국사봉으로 유명한 입석리에 접어들며 저 멀리 이곳 운

---

22   임실군지편찬위원회, 앞의 책, 392-393쪽.

23   공훈전자사료관, https://e-gonghun.mpva.go.kr(검색일: 2021. 2. 1).

24   한영태는 『임실군지』나 『임실독립운동사』에 의하면 1854년 출생해 1919년 3월 9일 순국한 것으로 되어 있는데, 공훈전자사료관의 기록에는 1878년 3월 10일 출생해 1919년 3월 5일 순국한 것으로 기록하고 있다.

25   최성미 편저, 앞의 책, 325쪽.

섬진강 임실 운암면 붕어섬과 외얏날 2017-04-12

암강 사람들의 애환이 담긴 망향탑을 바라보았다. 1929년 운암제 건설로 그리고 다시 1965년 섬진강 다목적댐 건설로 수몰 지역이 늘어나며 터전을 잃고 떠나야 했던 실향민의 아픔과 한숨이 우뚝 솟아있다. 그들은 지금 동진강 하구의 계화도 간척지에 정착하여 산촌 삶을 뒤로하고 간석지를 간척지로 바꾼 대역사를 이룬 주인공들이 되어 살아가고 있다.

    작년과 재작년의 계속된 가뭄으로 붕어섬의 붕어가 물 위에서 죽어가고 있었는데 올봄은 어떨까 궁금했다. 다행히 섬진강의 물이 많이 차서 붕어섬의 붕어는 풍성한 모습으로 살아있었다. 곡류 하천의 결정을 이루는 외얏날이 물에 잠겨 급행길로 물이 넘어가고 있다.

    임진년 · 정유년의 왜란 때 이곳 운암강 주변에서 왜군을 맞이하여 승리를 거둔 양대박 장군의 승첩기념비가 국사봉 지나 바로 좌측 변에 위치한다. 전주에서 순창으로 넘어가는 27번 도로의 옛 운암대교가 있었던 자리 부근에는 만경강의 삼천천, 동진강, 섬진강의 세 강의 분수가

운암방수구, 섬진강 유역의 물을 동진강 유역으로 보내는 수도(隧道) 2022-03-25

되는 곳이 있다. 이곳에서 잠시 숨을 멈춘다. 북으로 흘러가는 만경강의 삼천천, 서쪽 국내 최대 평야로 가다가 서해로 드는 동진강, 그리고 남서 방향의 호남정맥 아래로 그 위용을 뽐내며 풍성함을 보이는 옥정호, 그 한가운데로 섬진강인 운암강이 흐른다.

　마암초 앞에 풍성하게 차 있는 섬진강의 물을 보니 이곳에서 멀지 않은 운암 취수공에서 동진강으로 유역을 바꾸어 물을 나누어주는 어머니의 자비를 품은 섬진강의 모습이 그려진다. 일제강점기 호남평야의 쌀 수탈을 위해 일제가 뚫은 운암 취수공. 오늘도 콸콸콸 물을 넘겨주는 현장에서 한 해의 풍년을 기원하며 태인의 낙양리 취수공에서 실시될 백파제 통수식을 떠올렸다.

　임실 운암 마암리에서 정읍 산내의 두월리 너디마을을 향했다. 너디마을은 동학농민혁명의 김개남 장군이 청주에서 패하고 후일을 도모하기 위해 몸을 숨긴 곳이다. 너디마을로 가기 위해 산외 종산리를 거쳐 외목과 내목마을을 지나 사교에서 좌회전하여 자연동으로 들어섰다. 이곳 자연동은 순창 쌍치의 추령 고개에서 발원하는 추령천이 복흥을 지나 쌍치 피노리를 거쳐 이곳으로 흘러나와 섬진강 본류에 합해지는 곳이다.

추령천이 지금은 옥정호 속에 묻혀 구분이 잘되지 않지만, 이곳 자연동에서 성황당이 있는 섬처럼 생긴 산을 바라보면 그 마지막 끝부분을 볼 수 있다. 이곳에서는 청동기시대 사람들이 강이 바라보이는 언덕에 화산재가 굳어서 된 응회암을 떼어다가 고인돌로 만든 흔적을 볼 수 있다. 이곳의 고인돌은 오랜 옛날부터 섬진강 주변이 사람들이 살기에 좋은 터전이었음을 대변해준다.

너디마을에서 김개남 장군의 흔적을 만나고 정읍 산내 능교 앞에서 산내교를 건너 섬진강 다목적댐을 향해 내려간다. 이곳에는 1929년 일제에 의해 세워진 운암제가 있는데, 지금은 그 역사적인 구조물이 물속에 수장되어 있다. 가뭄이 극심할 때는 그 전모를 볼 수 있다. 물이 꽉 찬 오늘은 어떤 모습일지 궁금하여 현장을 찾았다. 다행히 기념비 꼭대기가 수면과 수평을 이루며 사각형의 콘크리트 구조물의 평면을 확인할 수 있었다. 이런 모습을 볼 수 있다니 감격스럽다. 그리고 남으로 2km를 내려가면 섬진강 다목적댐이 그 웅장함을 뽐내며 일제의 흔적을 집어삼키게 한 원인을 한눈에 느끼게 해준다.

운암제의 옛 모습이 있는 언덕 위의 회문산 북편 종성리는 김개남 장군, 임병찬 낙안 군수, 면암 최익현 등 세 사람의 사상을 만날 수 있는 곳이다. 추령천 앞 너디마을에 몸을 숨긴 김개남 장군을 꾀어내어 종성리로 오게 하고 그를 밀고해 체포하게 한 돈헌 임병찬이 살던 마을이 있다. 그리고 12년 뒤 1906년 면암 최익현과 함께 조선 중기 의병의 핵심인 태인의병을 일으킨 배경지가 되었다. 종성리 입구에는 의병유적지임을 알리는 표지판과 표지석이 4개나 세워져 그 무게감을 자랑한다.

섬진강 댐 남쪽의 자연하천. 원래 설보가 있었던 부근이다. 2017-04-12

보릿고개를 해결해준 계화도 간척지, 그 땅의 물을 대주고 있는 이 댐이 얼마나 고마운 일인가. 댐 위에서 조망하고 우측 바로 옆의 용두봉을 끼고 산자락으로 나 있는 도로를 타고 임실 강진과 순창 구림의 경계를 이루는 지역으로 접어들었다. 댐을 빠져나온 물이 흐르는 원래 섬진강의 자연하천으로 내려갔다. 이곳은 훗날 섬진팔경을 지정할 때 꼽고 싶은 곳 중의 하나다. 바위와 버드나무 그리고 쥐똥나무들이 어우러져 천상의 세계를 재현해놓은 듯 몽환적인 분위기를 자아내는 공간이 바로 이곳 화여터와 백운마을 입구의 섬진강 구역이다.

조금만 더 내려가면 백이 세월교가 그 아름다움을 최고조로 형성한 구간이 나오는데, 오늘은 시간이 없어 마음을 비우고 가리점 백운마을로 약 3km를 올라갔다. 이곳 회문산 북동편의 깊은 계곡에는 1866년 병인박해 시 천주교인들이 난을 피해 거주하며 마을을 이루었던 공간이 있다. 백운마을이 끝나는 곳에서 1.2km 산속 계곡길을 타고 올라가면 김대건 신부의 동생 프란치스코 김난식과 그들의 7촌 조카 김현채

운암강에 떠오른 보름달 2017-04-12, 20:30

토마스 묘가 있다. 이곳은 장군봉이 코앞에 보이는 깊고 높은 지역으로, 사람 발길이 닿기 어려운 곳이다. 봉건타파와 성리학적 한계를 극복하며 우리 역사에 근대적 가치를 선물해준 천주교인들에게 머리를 숙인다.

　　오늘 섬진강을 따라 봄의 소리를 느껴보고 관음의 깨달음이 있는 자연을 담으며 봄의 선물을 가슴 안에 새겼다. 옥정호를 끼고 다시 돌아나와 운암의 청호정에서 저녁을 먹고 국사봉으로 돌아오는 길. 운암강에 보름달이 내려앉아 있다. 이 봄날 운암강에 찾아온 보름달을 영상에 담아보려 했으나 기계의 한계는 자연의 소리를 그리고 이 환상적인 광경을, 또한 가슴 안에서 뛰는 감동의 소리를 담아내지 못했다. 그러나 섬진강은 오늘 내게 평생 잊지 못할 그림을 가슴속에 그려주고 떠났으니 섬진강은 어머니 품처럼 참 따뜻하기도 하다.

2017-04-12

운학雲壑 조평趙平과 설보雪洑

이른 아침 군산교육지원청을 출발하여 황금 들녘으로 변해가는 보물의 땅 호남평야의 넉넉함을 호흡하며 달린다. 수탈의 역사에 신음하며 가슴 앓던 군산의 개정 그리고 대야평야의 일제 잔재를 털어내며 상큼하게 달린다. 오늘 우리의 목적지는 순창과 임실의 경계 지역인 임실군 덕치면 회문리다.

군산교육지원청이 추진하는 전북 근대역사 대장정 4부작 중 제1편은 이곳 회문산 동편 기슭의 회문리에서 출발한다. 회문산은 종교와 사상 그리고 전봉준과 김개남 등 동학농민혁명군의 지도자가 피체된 곳으로 혁명의 미완을 품은 산이다. 산줄기와 물줄기 그 도도한 흐름 속에 자리한 질곡의 역사를 거스르며 곧게 펴보고자 당찬 발걸음을 내디딘다.

저 멀리 전주 동편으로 아스라이 금산과 공주를 거쳐 활처럼 휘어져 부여의 부소산으로 향하는 금남정맥의 산줄기를 바라보며 이 땅의 보배로운 선물 만경평야를 크게 그리고 더 크게 흡입한다. 국내 최초 신작로인 전군도로의 교차점을 지나 이곳 호남평야의 시계추 모양 우뚝 솟은 보악산을 우측에 두고 모악지맥을 역으로 달려나간다.

남부군의 활동 중심지 중의 하나인 회문산이 우리에게 다가서는

설보의 혜택으로 풍요의 땅이 된 회문리 앞 들녘 2020-09-26

임실군 덕치면 회문리 면소재지에 도착하여 굽이도는 섬진강의 제방에 서서 우리 산하의 곱디고운 자연의 냄새를 맡았다. 회문리 앞 돌아가는 물길 안쪽에 자리한 수만 평의 평야는 깊고 깊은 산중에 자연이 선사한 풍요의 땅이다.

수만 평의 젖줄 설보의 현장을 찾아 이십 리를 북으로 올라 강진 면의 설보 앞에 섰다. 소위 군자와 소인을 구분할 때 사익을 추구하느 냐 공익을 추구하느냐에 기준을 두고 평가할 때가 있다. 이 땅 코앞에 흘러가는 섬진강이 아무리 풍부해도 그건 그림의 떡일 뿐 그저 흘려보 내야 하는 한탄의 물이기도 했다. 운학(雲壑) 조평(趙平) 선생은 물이 부 족하여 생기는 악조건의 환경을 5년여간의 각고 끝에 극복하여 수만 평의 황무지를 옥토로 바꾸어놓았다. 이른바 설보를 설치하고 이십 리

물길의 수로를 개척하여 이 땅의 민초들을 굶주림에서 해방시켰으니 그는 군자요, 그 설보와 수로도 군자임에 틀림없다. 1634년 시작하여 1639년 공사를 마무리하며 새로운 옥토를 꽃피워 가난한 삶들을 살려낸 운학 조평. 그는 공사 중에 병자호란이 발병하자 의병을 이끌고 여산까지 가 군량미를 제공하기도 했다.

그의 선조는 생육신의 한 분인 조려이고, 그의 후손은 구한말에서 일제강점기를 살아내며 이 고을에 선비로 모범이 되었던 청경 조병용 선생이다. 또, 그의 아들은 독립지사 조희제다. 군자의 명분을 지킨 설보 그리고 보를 세운 조평, 그는 자연의 겸손을 실천한 유방백세의 길을 간 스승이다. 그리고 이어진 송사 기우만의 1879년 설보비 설립과 조희제의 순국투쟁은 아름다운 향기를 품으며 이어졌다. 생육신의 절의와 의리 그리고 그 후손의 목숨을 내놓고 저항한 독립지사의 향기가 강물처럼 흐른다.

만석보와 조병갑 그리고 영세불망비 조규순
설보와 조평 그리고 유방백세 설보비
1639년과 1892년 두 보와 두 비의 253년의 세월만큼이나
두 삶의 자세는 너무나 간극이 크다.

설보의 구조와 보의 기능 그리고 조선 사회를 바꾼 농법인 이앙법과 보의 역할을 공부하고 1965년 건설된 국내 최초의 다목적댐인 섬진강 다목적댐에 올랐다. 물, 물, 물, 그 한 방울의 물들이 모이고 모여 보를 채우고 운암제를 채우고 섬진강 다목적댐을 가득가득 담아 동진강 유역의 호남평야를 적신다. 1929년 11월에 준공된 운암제의 수장된 곳을 찾아 해발 190m 댐 수위 수면을 발로 밟아보며 일제 수탈의 첫 단계

임실군 덕치면 회문리 설보비 2020-09-26

설보. 우측으로 회문리 들녘으로 내려가는 수로가 보인다. 2020-09-26

인 섬진강을 가로지르는 현장 앞에 섰다. 깊은 물속에 잠겨 있는 운암
제. 극심한 가뭄에서야 그 실체를 드러내며 또다시 침략의 야욕을 떠올

리게 하는 운암제. 저승에서 이승을 노리는 마왕처럼 언제든 물속에서 나오려고 꿈틀대는 검은 야욕이다.

2020-09-26

새창이 다리

추분날에 남원교육지원청 지원, 남원학부모기자단 주관으로 '만경강 따라가는 군산 근대역사 기행'을 진행했다. 일제강점기 수탈의 현장을 중심으로 산 따라 물 따라 하루를 쉼 없이 달렸다. 남원에서 출발하여 군산 방향으로 달리다가 대야에서 남쪽으로 내려와 김제 청하 만경대교에서 첫 배움을 시작한다.

1933년 '국내 최초의 시멘트 다리'라는 훈장을 달고 있는 새창이 다리[26]가 수탈의 굴레를 품은 채 지금은 관광 상품이 되어 기행단을 품어준다. 세월의 무게를 견뎌낸 상처가 곳곳에 피를 흘리고 있는 듯하다. 새창이 다리에서 강태공이 숭어와 잉어를 낚고 있다. 수십 년 전 일제의 미끼에 낚여 신음하던 조선의 백성도 저렇게 목에 줄을 매단 채 잉어의 몸으로 살았다.

새창이 다리는 일제강점기 전북 지역 수탈의 전체 그림을 그릴 수 있는 곳이다. 군산내항에 산더미처럼 쌓였던 쌀들은 주로 호남평야에서 생산된 것이었다. 그 쌀들의 이동 경로에서 새창이 다리는 중요한

---

26 새창이 다리는 국내 최초의 시멘트 다리는 아니다. 여기보다 상류에 있는 목천포 다리는 1928년 세워졌다.

1933년 건설된 새창이 다리. 일제강점기 수탈의 상징이다. 전북교육연수원 한국사 직무연수
「일제수탈의 역사와 인문학」 교원연수단 2022-09-03

역할을 담당하였다. 이 다리가 만경강 위에 설치되어 있지만 사실 호남평야와 관련된 섬진강, 동진강 등의 전북지역 주요 하천들이 연결되어 있다. 호남정맥 너머에 있는 섬진강 수자원이 유역변경되어 동진강으로 넘어온 뒤 김제간선수로를 타고 김제 광활면 간척지로 관개된다. 이곳에서 쌀이 생산되면 그 쌀들은 철로가 아닌 육로를 타고 군산으로 옮겨가야 했는데 이곳 새창이 다리를 통과해야만 했다. 새창이 다리는 쌀만 넘겨주는 것이 아니라 섬진강과 동진강의 물도 함께 넘겨준 셈이다. 역사가 강물이 되어 흘러가듯 일제강점기는 역사 속으로 사라졌다. 섬진강에서 동진강을 지나 금강으로 수탈의 전달자 역할을 담당했던 그 다리는 이제 세월의 무게에 삭아서 사람만의 통과를 허락한다.

연수단은 수탈의 상징인 새창이 다리를 지나 군산내항 장미동으로 향했다. 그 다리는 이제 생명을 다하고 우리에게 아련함으로 돌아왔다. 언젠가는 부서져 내리고 흔적조차 없이 사라지겠지만, 새창이 다리는 우리의 가슴속에 역사의 교훈으로 살아있을 것이다.

인간의 역사는 유한한 것이다. 따라서 그 어떤 침략자들도 이 땅의 자연을 영원토록 소유할 수는 없다. 일본제국주의는 이곳 호남평야에서 땅 한 줌도 물 한 방울도 일본으로 가져갈 수 없었다. 본래 자연에게 그대로 되돌려주고 빈손으로 떠나야 했다. '자연의 주인은 오직 자연일 뿐이다.'

다리 건너편에서 기다리고 있는 버스에 올라 회현과 옥산을 지나 옥구향교에 들렀다가 상평리 돈헌 임병찬 생가터를 찾았다. 대한독립의군부 총사령이던 그의 삶을 돌아본다. 성리학적 한계를 넘지 못해 김개남을 밀고했지만, 돈헌은 을사늑약 이후 태인 무성서원의 면암 최익현 부대의 군책임자였다. 대마도 유배 후 돌아와 대한독립의군부 총사령이 되어 1914년 일제에 체포, 거문도에서 순국했다. 그의 삶을 돌아

김제 청하에서 군산 대야로 새창이 다리를 건너며 2015-09-23

1923년 축조된 군산 옥구저수지와 옥구평야, 군산역사생태교원동아리 연수단 2021-10-02

보며 인간에게 사상이란 무엇일까 생각에 잠긴다.

만경강 대아저수지의 물이 최종적으로 도달하는 곳인 옥구저수지에 올랐다. 탱크형 저수지로 1923년 완성된 저수지는 옥구 간척지를 적시는 생명수다. 이곳의 양수 전력은 동진강 상류 운암발전소에서 끌어온 것이다. 그 아래 1934년 건설된 군산비행장도 찾았다. 중·일전쟁 시 공군전투기 비행사를 양성하기 위해 세워진 것인데, 지금은 미 태평양공군사령부 8전투단이 운영하며 우리 공군도 활용한다. 민간 군산공항이 들어있어 체험 연수 사상 처음으로 공항 화장실을 이용하는 경험도 했다.

이제 만경강 수탈의 집결지 군산내항으로 방향을 돌린다. 정성스레 준비한 도시락으로 가을과 옥구저수지를 옆에 두고 꿀맛을 느껴보았다. 그 역사의 현장을 돌아보며 이 땅의 어머니로, 내 아이들에게 선생님으로 서보자 다짐해본다.

2015-09-23

군산내항을 돌아보며

노랗게 익어가는 들녘의 풍성한 나락들은 보기만 해도 든든하고 넉넉한 가을의 맛이다. 이 들녘 만경강을 따라 군산 남으로 해서 만경지맥을 넘어 군산내항으로 들어갔다.

쌀을 저장하는 곳 장미동에 와서 먼저 금강을 바라본다. 장수 수분재 부근 뜬봉샘에서 출발한 물줄기가 돌고 돌아 이곳 군산 북쪽에서 동에서 서로 빠져나간다. 금강하구와 관련 있는 전투가 있다. 국사학계에서는 676년 신라군이 당나라 설인귀의 해군을 격퇴시킨 기벌포 전투의 현장을 금강하구로 비정하고 있다. 또한 1380년 최무선 부대의 화포 공격으로 500여 척의 왜구를 섬멸한 진포대첩의 현장이기도 하다.

끊임없는 일본의 군산 침략은 일제강점기에 정점을 찍었다. 군산은 일제를 용서할 수 없다. 저들의 침략주의 근성은 과거에만 머물러 있지 않고 지금도 호시탐탐 진행형이다.

일본으로 쌀을 실어가기 위한 목적으로 세운 뜬다리(부잔교) 위에서 저 멀리 금강하구둑과 오성산을 바라보았다. 썰물이라 펄이 풍요롭다. 수탈의 철로 군산선의 쇠줄이 아직 선명하다. 이곳 장미동에 즐비하게 들어찼던 쌀 창고가 있던 자리는 근대문화유산을 찾아오는 관광객들을 위한 주차장으로 변해가고 있다. 쌀의 군산이던 장미동에 쌀이 아

군산내항 뜬다리에서 일제강점기 수탈의 현장을 돌아보며 2015-09-23

닌 자동차들이 몰려들고 있다. 세월과 역사의 흐름의 변화다. 그 수탈의 쌀 창고 하나쯤은 복원했으면 좋겠는데 모두 신식으로 보수한 외형이 그럴싸한 것들만 즐비하다. 구 일본제18은행, 조선은행 군산지점 등이 그것이다. 자칫 이곳을 찾는 사람들에게 일제강점기 일제의 수탈과 관련된 시설들이 미화될 소지가 다분하다.

채만식의 소설 『탁류』의 주인공들을 형상화한 공간에서 『탁류』와 조정래의 『아리랑』 등 소설의 사회 참여에 대한 의미를 새겨보았다. 우리 것을 앗아간 일제의 조선은행 군산지점은 당시 군산부의 가장 높은 건물이었다. 지금은 '근대건축관'이라는 이름으로 전시관으로 쓰고 있다. 이 조선은행의 금고를 채우기 위해 우리 백성이 흘렸을 피눈물을 생각하자는 내용이 턱 숨을 막는다. 중국의 물망국치(勿忘國恥) 교육을 우리도 하자고 했다.

"나라를 잃었던 자들아, 그날을 기억하자."

국내 최초 신작로인 전군도로 26번을 타고 장미동을 나와 군산 간호대학교를 찾았다. 해방 후 군산개정병원이던 이곳은 구마모토 리혜이 일본인 대지주 농장과 별장이 있던 곳이다. 많았을 때는 3,500여 정보를 소유했던 구마모토는 식민지 조선 농촌의 지배자였고 통치 방편이었다.

　　평안남도 용강군에서 태어나 세브란스를 졸업한 이영춘 박사가 1935년부터 구마모토 보건진료소장을 맡게 되면서 이곳 건물과 인연을 맺는다. 이영춘 박사는 조선인의 보건과 의료 그리고 사회사업에 전념한다. 가히 한국의 슈바이처라 칭할 만하다. 그를 기억하며 모두 예를 갖추었다.

　　오늘 여정의 마지막 장소는 발산초교 시마타니 농장 터다. 시마타니의 삶과 그의 불교 문화재 반출, 봉림사, 그의 미제(美製) 금고도 둘러보고 봉림사와 그의 연관성을 추측해보기도 했다. 후백제 사찰로 발굴되고 있는 봉림사도 새롭게 살펴보며 오늘 우리가 군산을 어떻게 바라보아야 하는지도 역설했다. 역사의식은 부모가 자녀에게 물려주어야 한다는 말을 끝으로 군산 답사를 마친다.

2015-09-23

만경강 하제포구가 기억하는 이야기

만경강은 새만금방조제로 인해 밀고 들어오는 바닷물이 끊긴 채 강의 역할을 내려놓은 지도 오래다. 신창진에 새창이 다리가 놓이기 20여 년전 경술국치가 있었다. 그 이듬해 사라진 대한제국의 운명처럼 이 나루를 건너던 한 지식인이 만경강에 목숨을 던졌다. 그가 춘우정 김영상이다. 새창이 다리는 세월의 풍파에 속살을 드러내고 이제는 도보만 허용한다.

대야 뜰에서 수산·이곡평야 그리고 옥봉평야로 이어지는 만경강 하구의 군산지역은 대부분 조선 후기와 일제강점기 간척사업의 결과로 태어난 신생의 땅이다. 가을이 익어가는 10월 간척지 넓은 들판이 온통 황금물결과 파란 하늘의 두 색깔로 대결하고 있는 듯 시원하다.

동고서저 지형을 자연 경사 삼아 대아저수지와 경천저수지를 막고 어우보로부터 60여 km를 달려와 이곳 군산 옥구저수지로 퍼 올려진 억조민(億兆民)을 길러내는 소중한 물은 남쪽의 옥구농장과 북쪽의 불이농촌을 적시는 젖줄이 되었다.

기억 저편으로 사라져가고 있는 만경강 하구의 하제포구 서편의 화산은 군사시설이 되어 더 이상 접근을 허락하지 않는다. 서해안을 달려가는 봉수로의 길목에 솟았던 화산은 바다에서 육지로 들어가는 만

새만금간척사업으로 사라진 하제포구를 찾은 군산교육지원청 교원연수단 2019-05-25

군산근대역사박물관 답사단이 하제포구를 걸어 나가고 있다. 2019-10-12

경강 하구의 중요한 거점이었고, 번성했던 하제포구를 품으며 옥구팔
경의 화산낙안을 만들어내던 살아 숨 쉬는 뱃사람들의 공간이었다.

　일제강점기 일본군의 군사비행장이 들어서며 사라져간 상제와 중

미군비행장의 확장으로 사라진 하제마을을 찾은 군산교육지원청 생태와 역사 교원연수단. 약 600년 된 당산나무인 팽나무가 텅 빈 마을을 지키고 있다. 2021-05-15

제마을, 그리고 지금은 미군비행장의 확장에 따라 마지막 남은 하제마을마저 사라졌다.

새만금간척사업으로 포구는 사라지고 어촌의 항구 하제포구는 폐허가 되었다. 바닷물이 들어왔다 머물며 생명을 기르던 자리는 순환이 멈춘 채 썩어가는 공간이 되어버렸다. 버려진 어선들 뒤로 이곳을 떠난 어민들의 삶의 뒷이야기가 황량하게 다가온다.

걷는 길 곳곳에 하늘거리는 억새들과 방치된 폐어선들이 주는 쓸쓸함 저편에는 새만금간척사업이 계속되고 있다. 옛 포구들과 염전이 사라지고 사람들의 기억도 사라진다. 지금 새롭게 진행되고 있는 사업과 꿈도 또 다른 미래에는 기억 속으로 사라져갈 것이다. 더 크고 거대한 물결의 변화 앞에서 말이다. 세월은 그 무엇도 그대로 두지 않는다.

인간의 새로운 야망과 꿈에 내몰려 침묵하는 하제포구의 풍경은 쓸쓸하다. 「군산 근대역사박물관과 함께한 4주 연속 기획: 전북의 근대

역사의 뒤로 밀려난 하제포구의 겨울 모습. 바닷물이 얼어있다. 2021-01-20

역사 기행」 마지막 답사를 마무리하며 모두가 떠나버린 하제포구를 우리 역시 두고 간다.

2019-10-12

군산 근대문화유산거리

군산 장미동 바닥에는 눈에 잘 들어오지 않는 철로가 여섯 가닥이나 있다. 근대역사박물관 동편 그리고 금강 남쪽 장미동 일대다. 군산 근대건축관 옆으로는 1899년 개항하여 100년이 되는 해를 기념하기 위해 조성된 백년광장이 있다. 도로 건너편은 채만식의 소설 『탁류』에 등장하는 미두장 건물이 있던 곳이다.

도시재생사업과 다크투어리즘으로 군산의 근대문화유산거리가 다시 태어난 지도 제법 되었다. 다시 생각하고 싶지 않은 일제강점기 일인이 남겨놓은 건축물들이 등록문화재라는 이름으로 재조명을 받고 있다.

대한제국의 애잔한 생명줄을 달고 태어난 군산세관, 구 일본제18은행, 일본인 히로쓰 가옥을 포함하여 영화동 거리, 월명공원 아래 해망굴 그리고 흥천사와 일제 사찰인 동국사를 포함하여 1899년 개항 이래 수없이 많은 일제 침략자들의 떵떵거림이 배어 있는 옛 도로들도 포함되어 있다.

역사적 교훈을 얻겠다고 아픈 역사의 기억을 담고 있는 흔적들을 재생하여 안내표지판을 달고 타 시도의 관광객을 유치하기 위해 많은 공을 들였고, 제법 많은 사람이 다녀갔고 또 찾아올 것이다.

전북 근대역사 톺아보기 사전연수: 지형과 수계 실습 2019-04-26

일제는 금강하구 펄이 드러나 배를 대면 영락없이 그 속에 갇혀버리는 수렁 같은 곳에 당시로는 최첨단공법을 이용하여 뜬다리, 일명 부잔교를 세워 호남 각지에서 수탈해온 쌀을 실어 날랐다. 녹슨 철로는 근현대를 이어온 인류문화의 결과물이다. 하지만 그것을 대한민국으로 옮겨오면 그것은 제국주의 침략의 상징이요, 일제강점기의 굵직한 채찍이다. 한번 굉음을 내고 지나가면 조선 팔도가 상처 나고 산천이 찢어졌다.

관광객이 찾아와서 가족들 또는 연인들이 발로 굴러서 움직이는 레일바이크의 현장 그곳 장미동에 있는 칠로는 희디흰 조선의 속살을 자루에 담고 다시 기차에 실어 호남 땅을 달리고 이리를 거쳐 군산으로 모여들게 하는 괴물 같은 철가락이었다.

군산 장미동엔 섬진강의 데미샘, 운암강, 운암제 등과 동진강의 운암발전소와 칠보수력발전소, 낙양리 취입보와 김제 광활간척지로 뻗어나간 김제간선수로 등이 들어 있고 만경강의 대아저수지와 경천저수지

전북 근대역사 톺아보기 현장연수 1차: 동진강 유역 운암발전소 2019-04-27

전북 근대역사 톺아보기 현장연수 3차: 만경강 유역 완주군독립기념관 2019-05-18

그리고 어우보에 이은 옥구저수지, 군산비행장에 이르도록 실핏줄처럼 퍼져 있는 길고 긴 콘크리트 수로 또한 담겨 있다.

　나라를 빼앗기고 집안 대대로 이어 농사짓던 핏덩이 논을 강탈당하고 노예적 삶을 살아가며 간척지에 피를 뿌린 수많은 민초의 한숨, 그리고 물 한 방울 또 한 방울, 벼 이삭 한 가닥에 밴 조선 소작 농민들의 애환이 하얗게 쌀알로 피어나서 모여든 쌀이 이곳 군산 장미동에 와서 멈췄다.

일본인 대지주들, 도정공장들, 그리고 신태인역, 대장촌역, 이리역, 임피역, 군산내항역에 다다르면 철길에서 물길로 바뀌어 일본으로 떠나간 조선산 쌀, 조선인의 피땀으로 알알이 영근 쌀들이 바다로 떠나기 전 머물면서 키워놓고 불려놓은 군산항 근대문화유산들의 정체를 제대로 알지 못한다면 그것은 허울만 보는 것과 다름없다.

군산 근대문화유산의 모든 것은 쌀과 관련이 있다. 장미동은 단지 쌀이 모이는 곳이 아니라 조선인의 눈물이 모여든 곳이었다. 그 속엔 동학농민혁명의 민중의 불꽃이, 항일의병의 횃불이, 경술국치의 절망적인 상황에서도 불씨를 놓지 않고 3.1독립만세투쟁으로 그리고 소작쟁의로 이어가며 저항한 독립군들과 민초들의 뜨거운 불꽃이 담겨 있다.

전라북도 군산교육지원청이 기획하여 지역 내 교원들을 위해 개설한 「전북 근대역사 톺아보기」 연수는 군산근대문화유산의 핵심을 바르게 접근하고자 하는 의도에서 시도되었다. 이 연수는 사전연수 1회, 현장연수 4회로 구성되어 섬진강, 동진강, 만경강, 금강 등 도내의 4개 강을 따라가며 동학농민혁명, 항일의병, 일제강점기 수탈 등 세 가지 핵심 주제를 다루었다.

북원태학이 진행한 이번 연수에서 일제강점기 수탈의 총 집결지이며 물산의 수렴지였던 군산을 바르게 알고 또한 식민지근대화론의 허구를 꿰뚫어보기 위해 근대 군산을 있게 한 전북 전 지역의 흩어진 수탈의 흔적들을 모아 하나의 스토리텔링으로 엮어냈다.

연수단은 매주 토요일마다 4주 연속 강행군을 했다. 임실 강진, 정

전북 근대역사 톺아보기 현장연수 4차: 만경강 유역 옥구저수지와 옥구역 2019-05-25

전북 근대역사 톺아보기 현장연수 4차: 만경강 유역 하제포구 2019-05-25

읍 산내, 산외, 태인, 신태인, 만석보, 화호리, 김제 부량, 벽골제, 부안
백산, 계화도, 새만금, 군산 옥도 신시배수갑문으로 이어지는 섬진강 유
역과 동진강 유역 2회, 완주 경천, 고산, 봉동, 삼례, 익산 춘포, 목천포,

김제 청하 새창이 다리, 군산 대야, 회현, 옥구, 옥서, 옥구저수지, 하제 포구, 군산비행장, 산북동 미성평야와 불이농장, 해망동, 장미동으로 이어지는 만경강 유역과 금강 유역 2회 등 총 4회에 걸친 답사로 현장을 눈으로 보고 가슴으로 깨닫는 시간을 가졌다.

　군산근대문화유산거리에 남아있는 일제강점기 근대건축물과 철로 등을 만날 때 우리는 만경강·동진강 유역 그리고 심지어 섬진강 유역에 흩어져 있는 쌀 수탈을 위한 기간시설과 수로를 읽을 수 있어야 한다. 또한 750만 평의 군산 서부 간척지를 포함한 김제 광활간척지를 일구어낸 조선인들의 피눈물도 볼 수 있어야 한다. 그렇게 했을 때 비로소 장미동에 모여든 쌀이 일본인 지주들에게 고율의 소작료로 수탈당한 것임을 읽을 수 있다. 쌀의 군산이었다. 군산 장미동 일대의 신도시는 쌀이 세워 놓았다. 금강하구 내항에서 일본으로 떠나기 위해 선적을 기다리고 있는 쌀들은 조선 농민의 땀이었고 피눈물이었으며 한숨이었다. 한편 장미동 한복판에 남아있는 녹슨 철로는 과학문명이었고

군산내항 장미동 철로에서 군산역사생태교원동아리 2021-10-02

새창이 다리에서 자주와 통일을 외치고 있다. 전북교육연수원 한국사 직무연수 「일제 수탈의 역사와 인문학」 교원연수단 2022-09-03

산업혁명이었으며 제국주의 침략의 첨병이었다. 장미동 일대의 철로는 인류문화사에서 문명의 차이가 가져온 결과물이었다. 그 철로는 지금까지도 선명하게 그 역사를 드러내며 이 땅 군산 장미동에 깊게 화석처럼 박혀있다. 제국주의 침략의 태풍이 지나간 지금 그 철로는 대부분의 나라가 공유하는 편리한 교통수단이다. 이제 철로는 우리에게 개성과 판문점을 지나 압록강을 건너고 중국 대륙을 넘어 유럽으로 힘차게 나아가야 할 미래의 길이다. 과거의 기억 속에 묻히지 말고 미래를 향해 도약할 수 있는 군산이 되어야 한다. 그래서 군산근대문화유산거리를 가볍게 걸어서는 안 된다.

2019-05-25

민보군 박봉양의 비

고려 말 이성계가 황산대첩을 거둔 곳
피바위를 가기 위해 넘어야 하는 여원재
여원재는 백두대간 등허리다.
등을 넘으면 낙동강 유역이요, 등 뒤는 섬진강 유역이다.
등을 따라 북으로 올라가면 장재가 나오고 고남산 전에 방아치가
나온다.

방아치 전투의 혁명군 선봉장 대접주 김홍기는
민보군 박봉양과 전투를 벌였으나 패하여 이성흠에게 체포되고
다음 해 1895년 2월 14일 남원장터에서 죽임을 당했다.
영남으로 세력을 확장하려던 혁명군의 꿈은 좌절되었다.

박봉양장군비는 고남산과 바래봉 사이
운봉 서천리 서림공원에 세워져 있다.
민보군 그들은 전통 체제를 수호하려던
지방토착 지배세력이었다.

역사는 양면이다.
박봉양은 동학농민혁명군과의 전투를 승리로 이끌어 장군으로
기록되어 있지만 지금은 그렇지 못하다.

그의 비는 역사의 재평가에 따라 난도질당해 있다.
지금은 차라리 비가 없느니만 못하다.
파비(破碑)를 당했고 한쪽 귀퉁이는 떨어졌으며
비석치기 당해 흉물스러운 상태로 들판에 서 있다.

모내기로 한창인 구름이 넘어가는 운봉 들녘
농부들이 모 떼우기를 하며 부산하게 움직인다.
역사는 농민의 삶의 결과다.
농민이 살기 힘들면 그 통치기반이 썩은 것이다.
서하동 당산 제단이 느티나무의 수호로 한쪽에 서 있다.

갑오년 뒤로 두 번 돌아 다시 갑오년인 오늘
나라 밖 외세는 드세고
나라 안에는 민보군 같은 존재들이 득실거려
힘 없는 민초들의 삶이 버겁다.

촛불을 들고
민본으로 돌아가고자 새로운 시민전쟁이 한창이다.

분단을 넘고 통일로 가는 길은
남과 북에 퍼져 있는 오늘의 민보군을 넘어서야 가능하다.

운봉 서천리에 세워진 박봉양의 비. 왼쪽 첫 번째다. 2014-05-08

나는 혁명군인가
나는 민보군인가
두 주갑(周甲) 흐른 뒤
역사는 가차 없이 나에게 비석치기를 가할 것이다.

이제 서천리 당산을 떠난다.
아침에 넘어왔던 여원재를 다시 넘는다.
이 고갯마루는
이 시대 요구되는 정신과 사명을 잊은 채 돈과 권력을 제일로 치는
구시대와의 경계다.

내가 넘는 것으로 그 모든 것이 일소(一掃)되었으면 하는 바람으로
차를 세우고 몇 자 적는다.

2014-05-08

요천 사람들의 하루 나들이

「요천(蓼川) 따라가는 남원의 자연과 문화·역사」를 만나기 위해 섬진 강의 지류인 요천을 거슬러 장수 번암의 지지계곡으로 향한다. 남원교 육지원청이 주관한 공사립유치원 교원들의 남원 문화 및 역사 유적지 탐방연수가 이루어지고 있다. 백두대간으로 나누어진 호남의 장수와 영남의 함양 경계 지역인 깊고 깊은 산골을 올라가며 들려오는 맑게 흐 르는 물줄기 소리에 연수생들의 얼굴에 밝음이 가득하다. 자연과 함께 숨을 쉬며 생태주의를 깨달아보는 시간, 40여 분을 달렸을까. 영취산과 백운산에서 시작하여 번암초 동화분교 옆을 내려오는 요천의 상류를 만났다. 버스에서 내리자마자 사랑으로 가득 채운 설렘의 미소들이 자 연 속에서 하나 되고 선생님들이 학생으로 돌아간 듯 이곳저곳에서 표 정들이 싱그럽다.

　　이른 아침 백두대간과 금남호남정맥으로 둘러싸인 천혜의 공간에 서 "요천! 사랑!"을 외쳤다. 동화댐 건설로 사라진 상하평 드렝이마을 망향비에서 고향을 등지고 떠나야 했던 이곳 사람들의 애환을 돌아보 며 실향인의 한숨 뒤에 자리한 상수도의 고마움을 잊지 말자고 했다.

　　옛 남원군 하번암 죽림리에 자리한 죽림정사에서 용성 진종 스님 의 탄생과 유년 시절을 돌아보았다. 민족대표 33인 중 만해 한용운 선

요천의 상류인 지지계곡의 동화분교 운동장에서 2015-08-29

장수 동화댐 망향비 앞에 선 연수단 2015-08-29

생과 함께 불교계 대표였던 백용성 스님은 3.1독립만세운동에 참여한 이후 3년 동안 옥고를 치른 뒤 1921년 3월에 출옥했다. 1925년 대각교를 창립하여 새로운 불교운동과 국민계몽운동을 시작한 용성 스님은 만주에 농장을 경영하여 선농일치운동을 전개하기도 했는데, 스님이자 독립운동가였다. 정부에서는 고인의 공훈을 기리기 위해 1962년에 건국훈장 대통령장을 추서했다.

장수군 번암면 소재지를 지나 요천을 타고 아래쪽으로 향하다가 요천의 지류인 유정천이 내려오는 원촌마을로 향했다. 유정천 옆 원촌마을에는 해산 전기홍 의병장의 고택이 있다. 마을 앞 사치재와 유치에서 내려오는 유정천에는 해산 선생의 못 다 이룬 조국 독립의 울림과 그의 부인이 남긴 순절의 고귀함이 물결에 녹아 흐르고 있다. 원촌마을 앞에 세워진 전해산장군기념관을 찾아 해산재 사당에서 향을 피우고 묵념으로 해산 선생의 넋을 위로했다.

요천이 내려다보이는 산동면 신기리의 나지막한 동산에는 청동기 시대 고인돌 무덤이 있다. 인근 산에 있는 선캄브리아대의 흑운모편마암으로 조성한 4기의 고인돌은 바둑판식 1기와 개석식 3개로 이루어져 있는데, 그나마 1기는 농사에 치여 거꾸로 세워져 있다. 고인돌은 유치원 아이들에게 오랜 옛날 선조의 삶을 전해줄 수 있는 소중한 유산이다. 올망졸망한 아이들이 호기심 어린 눈빛으로 선생님들의 설명을 들으며 귀를 쫑긋 세우는 모습을 상상하면서 이백면 초촌리로 향했다.

고죽천과 백암천이 합수하는 부근의 이백면 초촌리 무동산 일대에는 백제의 고분 200여 기가 분포하고 있다. 굴식돌방무덤으로 대표되는 백제의 옛 무덤 앞에서 돌방 안의 모습을 관찰하는 선생님들의 자세가 진지하다. 돌방무덤의 빈틈 속에 카메라를 집어넣어 내부구조를 촬영하여 탐구하는 모습이 마치 고고학자들 같다. 이곳 척문리 일대에는 백제산성이 남아 있다. 이곳은 고대국가 백제의 터전이었던 곳이다.

구룡폭포에서 내려오는 원천천이 요천에 합류되는 남원대교에서 조금 남쪽으로 내려와 동림교가 내려다보이는 산자락에는 국난 시기에 목숨을 내놓고 나라를 구하기 위해 싸우다가 순국한 애국지사들의 비

이백면 초촌리 백제의 굴식돌방무덤을 관찰하는 연수단 2015-08-29

석들이 세워져 있다. 이곳 덕음봉 공원에 조성되어 있는 독립유공애국
지사추묘비에는 이런 내용이 적혀 있다.

> 순절의사 정암이공태현추모비
>
> 애국지사 한태현선생숭모비
>
> 선무원종공훈 남원양공응원기적비
>
> 혜릉참봉 양문순의적비
>
> 성균관진사 박공재홍의적비
>
> 초계군수 양공한규의적비
>
> 일충삼의사추모비(양응원, 양한규, 박재홍, 양문순)
>
> 독립유공애국지사추모비(이두석 선생, 박권영 선생, 박기영 선생, 정한익
>
> 선생, 전규문 선생, 황찬서 선생)
>
> 애국지사 박준상항일공적비
>
> 독립운동가 방극용숭모비

모두 요천을 내려다보고 있다. 남원지역에서 근무하는 교원들이 학생들을 인솔하여 항일독립운동에 참여한 애국지사들을 모셔놓은 덕음원을 찾아 선열들의 희생을 기리는 활동을 꾸려나가자고 다짐하며 조용히 머리를 숙였다.

옥과와 남원 대강에서부터 금지와 곡성으로 이어지는 섬진강 본류가 서에서 동으로 흘러오는 구간을 특별히 '순자강'이라고 부르고 있다. 북에서 내려오는 요천은 섬진강에 합류되며 그의 길을 놓는다. 요천이 생명을 다하고 그 흐름을 섬진강에 넘겨주는 부근에 섬진강, 요천 그리고 수지천 등 세 물이 만나는 세물머리가 있다. 순자강으로 들어오는 요천을 곡성군 고달의 뇌연 횡탄정에서 바라보았다.

오늘 요천의 하루 나들이에서 마지막으로 이곳에 오대정을 짓고 선비의 절의정신을 지켜냈던 김계보를 만났다. 그는 1455년 단종이 세조에게 왕위를 선위하자 낙향하여 단종을 그리워하며 순자강 변에 오대정을 짓고 살았다. 김계보가 지은 시를 낭송하며 38명이 참여한 공사립 유치원 교사를 위한 「요천 따라가는 남원의 자연과 문화 · 역사 교과 통합 체험연수」를 마무리했다.

> 三朝事節戴三天　삼조의 세 임금 높이 섬기다가
> 解綬南來鰲渚邊　관복을 벗고 오대수 물가로 내려왔네
> 月興申君相送日　신군과 이별하던 날 달이 뜨고
> 鶉江亭上宿風烟　순자강 정자 위에 안개 바람 머무네[27]

27　이남일, 『섬진강과 남원의 누정』(전주: 신아출판사, 2015), 134쪽.

곡성군 장선리 동산정에서 바라본 순자강 2014-10-13, 18:15

요천이 순자강에 합류하는 횡탄정 부근에서 연수를 마치고 떠나는 연수단 2015-08-29

순자강 귀범을 상상하며 뒤돌아가는 연수단의 가슴마다 오늘 하루 남원의 깊은 문화와 역사의 향으로 가득 채워져 있음을 보고 있다.

남원 광한루원

우리나라 4대 누각 또는 3대 누각의 하나로 꼽히는 광한루는 광한루원 안에 있다. 누원으로 존재하는 남원 광한루는 고려시대부터 그 역사가 시작된다. 이곳에 쌓여 있는 역사 두께가 만만치 않다. 남원에 근 30년째 사는 나를 포함하여 이곳을 관광 삼아 찾아오는 사람들에게 광한루는 춘향과 몽룡의 사랑 이야기를 떠올리게 하는 공간이다.

남원의 문화와 역사를 안내한 지도 4년이 되어가는데, 깊게 바라볼수록 남원은 문화의 보고임에 틀림없다. 관광과 체험학습을 위한 문화콘텐츠로 활용할 문화유산과 역사 유적지가 여기저기 산재해 있다. 고대 시기부터 이곳의 지리적 특징은 이곳의 역사성을 풍성하게 했다. 특히 마한과 백제 그리고 남원 동부지역 가야의 역사는 이 고을 사람들의 품격과 문화적 소양을 높였을 것이다. 남원을 '문화의 도시'라 칭하는 이유는 이러한 다양한 문화가 배경으로 든든하게 자리하고 있기 때문이다. 나말여초 이 지역의 수많은 마애불 조성도 그 결과이리라.

조선시대 문과 급제자 수가 호남에서 제일 많은 100명[28]에 이른 것도 남원고을 여러 곳에서 만날 수 있는 서원이 그 토양을 제공했을 것

---

28 『한국역대인물종합정보시스템』에서 문과 급제자를 거주지별로 검색하면 호남지역에서
    남원 100명, 전주 76명, 나주 67명, 광주 64명 등으로 나타난다.

오작교에서 바라본 광한루 2019-10-09

이다. 이런 선비문화의 토양 위에 광한루는 그 품격의 자태를 가질 수
있게 된 것이지 하늘 은하수에서 어느 날 갑자기 내려온 것이 아니다.

　남원의 제일가는 선비문화의 공간은 금지의 영사정, 이곳 광한루
그리고 주생의 사계정사를 들 수 있다. 이들 누정에 걸린 당대 지식인
들의 편액을 보면 왜 남원이 선비문화를 꽃피운 곳이라고 하는지 이해
할 수 있을 것이다. 광한루는 고려 문종 때 황공유가 무신의 난 때 벼슬
을 버리고 남원으로 내려온 뒤 그 후손인 황감평이 '일재(逸齋)'라는 서
실을 지으면서 유래되었다. 그 뒤 황공유의 후손인 황희가 남원으로 유
배되었을 때 일재의 옛터에 '광통루(廣通樓)'라는 작은 누각을 지어 산
수를 즐긴 데서 광한루가 시작되었다.[29] 1444년 세종 대 정인지가 전라
도 관찰사로 내려와 옥황상제가 사는 달나라 옥경의 광한청허부(廣寒淸
虛府)를 빌려 광한루(廣寒樓)가 되기에 이른다. 즉, 정인지에 의해 본격적

29　서정섭 · 강정만 편저, 『사랑, 남원 이야기로 피어나다』(전주: 신아출판사, 2013), 30-31쪽.

으로 도교의 색채를 띠며 하늘을 담아내기 시작했다. 정인지는 약 10년 뒤 세종의 손자 단종의 왕위를 찬탈하는 수양대군의 계유정란에 가담하여 공신이 되기도 한다. 이곳 남원 땅은 전라도 관찰사들의 관심지역이었다.

이후 세조 때인 1461년 남원부사 장의국은 요천에서 물을 끌어와 연못을 만들어 하늘의 은하수를 내려오게 하는 기발한 생각을 했고, 오작교를 가설하여 하늘나라 견우와 직녀가 1년에 한 번 까마귀와 까치 머리를 밟고 건너 서로 만났다는 천상의 스토리를 광한루에 담았다. 서인의 영수로 정여립 사건을 처리하면서 동인을 철저하게 짓밟았던 송강 정철 역시 전라도 관찰사가 되어 이곳 광한루에 흔적을 남겼는데, 광한루 앞 은하수 공간에 신선들의 공간인 삼신산을 조성했다.

정유재란 때 왜적들의 방화로 소실된 광한루는 그 뒤 복원을 통해 오늘에 이른다. 광한루는 누원 속에 존재하며 우주와 지상세계를 구현한 하늘과 땅의 만남의 공간이며, 신화와 전설, 설화의 공간이다. 또한 광한루에서 조선 성리학자들의 종교와 사상의 여유를 만나볼 수 있는 것은 달의 궁전, 은하수, 견우와 직녀, 신선들이 사는 삼신산 등 도교의 세계를 지상에 구현하여 계속 확대해나간 것에서 읽어낼 수 있다.

임진왜란과 정유재란 그리고 병자호란까지 겪게 되는 당대의 처참한 사회 속에서 가렴주구하는 관리는 백성의 원성을 높여갔다. 이 지역의 의병장 조경남 장군과 경북 봉화 출신의 성안의 남원 부사 그리고 그의 아들인 십대 성이성 도령의 남원 출현은 이곳의 춘향과 운명적 만남으로 이어지게 된다.[30] 그 만남 속에는 역사적 사실도 있고 소설적 요소도 있다. 성안의 부사의 상경 그리고 성이성의 떠남, 세월이 흘러

---

30 김진호 기자, 「다시 쓰는 춘향전 ② 작가는 무명씨?」, 뉴시스, 2016. 8. 30.

1639년 40대 초반의 성이성은 암행어사가 되어 남원을 찾았고 이때 자신을 가르쳤던 조경남 장군과의 광한루 사제지간의 만남에서 『춘향전』은 쓰이고 있었다. 백공산 아래 창주서원에 배향하고 있는 옥계 노진은 그의 사후 『노진설화』를 남긴 분인데, 그 설화가 『춘향전』의 근원 설화로 작용했을 것으로 보고 있다.

우리나라 『춘향전』의 권위자인 설성경 연세대 명예교수에 의해 『춘향전』이 이 고장 남원 출신인 조경남 장군에 의해 태어났다는 주장이 제기되었다. 지난 4월 서울대학교 출판문화원에서 조경남 원작, 설성경 역주의 『춘향전 남원고사』가 출판되어 이제 작자 미상이던 『춘향전』이 조경남에 의해 태어났다고 보는 것이다.

광한루 앞 은하수가 흐르는 천하(天河)를 남북으로 연결한 오작교 그 사랑의 다리를 건너 이몽룡과 성춘향을 만나러 간다. 수운 최제우 선생이 경주를 떠나 남원에 도착하여 처음 머물렀던 곳도 이 오작교 앞 호석거리에 위치한 서형칠 약방으로 알려지고 있다. 남원의 민속, 비보 풍수를 만날 수 있는 곳 또한 이 호석이다. 이서구 전라도 관찰사에 의해 세워진 호석과 견두산 이야기에서는 이 고장의 평안을 기원하고 지형의 위협적 분위기를 극복하고자 한 선조들의 지혜를 만날 수 있다.

광한루원에서는 고전과 설화, 전설 등을 멋진 정원을 감상하며 들을 수 있다. 춘향사와 광한루 두 곳 처마 아래에 조각한 토끼와 자라를 보며 당대 지배층과 그들의 세태를 신랄하게 비판하는 『토끼전』을 통해 오늘의 교훈을 재미나게 만난다. 춘향사에 그려진 춘향 영정과 관련하여 송요찬과 친일화가 김은호 화가도 접해본다.[31] 남원부성 해자 위

---

31 친일화가 김은호가 그린 춘향영정은 남원정신연구회와 남원역사연구회의 주도적인 노력으로 2020년 9월 24일 봉안된지 60년 만에 춘향사당에서 철거되었다.

완월정에서 만나는 광한루 이야기 2017-07-11

광한루원을 답사하는 연수단 2017-07-11

에 놓여 있던 너벙바위와 그 위에 새겨진 성혈을 통해 인류문화의 변천을 돌아보고 성안의 부사의 선정비 앞에서 조경남의 『춘향전』 태생의 역사적 사건과 소설적 의미를 되짚어본다.

광한루 건물에 조각해놓은 코끼리, 토끼, 자라 등의 동물들과 오작교의 까치와 까마귀, 거대한 잉어 그리고 은하수 속에 솟아있는 삼신산을 바라보고 있는 자라돌 그리고 오작교 건너 호석까지 광한루원은 나무와 돌 그리고 살아있는 동물을 포함하여 동물들이 넘쳐난다. 광한루원은 그래서 동물원에 온 것처럼 유치원의 학교가 된다.

설화와 전설 그리고 소설과 역사를 간직한 광한루는 평양의 부벽루, 진주 촉석루, 밀양의 영남루와 더불어 한국의 4대 누각에 속하는 누원에 자리한 보물이다. 이런 광한루원을 찾아 이곳에서 작은 숲과 동물학교를 열어보면 어떨까.

> 객관이 쓸쓸하여 거마(車馬)도 드문데
> 작은 다락 석양 빛에 높이 눌리네
> 한 가락 긴 피리 부는 사람은 옥 같은데
> 항아(姮娥)아씨 우의곡(羽衣曲)을 연주함과 흡사하네[32]

위 시는 김시습이 계유정란 이후 1460년 가을에 관동을 유람한 뒤 호남을 유람할 적에 광한루에 들러서 남긴 시다. 시기는 1463년 가을 이전으로 보인다. 남원지역 유치원의 권역별 동아리 선생님들과 광한루원을 유치원에 적용할 수 있는 방안을 함께 고민하며 더운 여름을 걸었다. 이 멋진 공간이 곁에 있어 흐뭇하다. 완월정에서 시작된 오후의 만남이 풍족해오는 것은 남원 선비문화와 고전의 깊이를 함께 만끽했음이다. 새삼 설성경 교수의 열정이 존경으로 다가온다.

2017-07-11

---

32   세종대왕기념사업회, 『국역 매월당집 2』(서울: 신영프린팅, 2011), 238쪽.

몽심재

고택은 보통 오래된 한옥을 일컬을 때 쓰는 말이다. 주변 경관과 어우러져 자연과 하나가 되어 있는 고택이 우리 주변에 있다는 것은 행운이다. 고택의 존재 자체가 우리에게 인문학의 향기를 느끼게 해주기 때문이다. 단독주택을 지어보았거나 그곳에서 살아본 경험이 있는 사람은 개인 주택의 유지 관리가 쉬운 일이 아님을 금방 이해한다. 하물며 수백 년을 유지하며 우리 곁에서 함께하는 고택은 단순한 옛집의 의미를 뛰어넘는다. 고택이 되기 위해서는 내적으로 건축을 견고하게 해야 하고, 세월과 자연의 풍파를 견뎌내야 하는 구조적인 장점을 가지고 있어야 한다.

그런데 우리나라 역사에서 과거로 500년 넘게 뒤로 가보면 고택 유지 여부는 내적인 요인보다 외적인 요인이 더 중요하게 작용했음을 알게 된다. 한국전쟁, 일제강점기, 구한말 의병운동, 동학농민혁명, 조선 후기 각종 민중봉기 등으로부터 고택이 살아남기 위해서는 특별한 보호막이 필요했다. 속된 말로 손을 타지 않기 위해서는 우리 역사 속의 좌와 우, 시대에 따른 혁명군 그리고 일제의 파괴와 민중의 분노로부터 화를 당하지 않았어야 했다.

그래서 고택에는 두 가지가 필요하다. 하나는 적선(積善)이요. 또

몽심재 '이 시대 선비정신' 2020-07-11

하나는 고택에 깃든 정신이다. 적선은 고택에 밴 정신에서 표출되는 것
이니 사실 고택의 존재는 정신이 들어 있다. 경주 최부잣집, 구례 운조
루, 안동의 임청각과 백하구려, 이곳 남원의 몽심재가 그러한 고택들이
다. 그 안에 깃든 정신을 한마디로 표현하면 선비정신이다.

　철저하게 자신을 닦고 난 다음의 깨달음은 결국 인간애다. 신분사
회 속에서 높은 지위에 있었음에도 평등사상과 인물균론(人物均論)으로
내적 성숙단계에 도달하여 공존과 나눔의 실천을 해온 사람들. 의가 아
닌 불의에 목숨을 내놓고 저항하고 외침(外侵)의 거대한 불의에는 의병
으로 죽음을 불사한 사람들. 높아지는 민중의식 속에서는 지도자로 나
서 혁명을 이끌었고, 나라가 기울어가는 구한말에는 구국투쟁을 한 사
람들. 나라가 망했을 때는 순국자정투쟁을 통해 선비정신을 실천해간
지식인들이 바로 고택의 주인이었고 선비들이었다.

　남원 수지면 몽심재는 꿈(夢)과 마음(心)을 담은 고택이다. 백이숙
제의 불사이군 백세청풍의 마음과 원량(元亮) 도연명(陶淵明)의 선비정

274

몽심재 2020-07-11

신의 꿈을 담은 고려말 두문동 72현 송암 박문수의 「영회시(永懷詩)」에서 따온 이름이다.

> 隔洞柳眠元亮夢 登山薇吐伯夷心
> 마을을 등지고 늘어서 있는 버드나무는 도연명이 꿈꾸는 듯하고
> 산에 오르니 백이숙제의 마음을 토하는 것 같구나.[33]

몽심재는 그 출발에서부터 죽산박씨의 중시조인 송암 박문수의 불사이군을 높이 세워 가문의 철학으로 삼았음을 알 수 있다. 송암의 「영회시」에 등장하는 도연명이나 백이숙제의 선비정신을 계승하여 당대에 실천한 박문수의 절의를 그의 16세손 박동식이 실천하고자 한 것이다.

송암의 후손들은 선대 박문수의 백세청풍 절의를 배경으로 박계성

_____

33 조용헌, 『5백년 내력의 명문가 이야기』(서울: 푸른역사, 2019), 146-147쪽.

이 임진왜란 때 창의했고, 박주현은 대한제국이 망해가던 시기 일제에 저항하여 심한 고문을 당하고 그 후유증으로 사망했으며, 일제강점기 재산을 제공하여 지역에 학교를 세운 후손도 있었다. 이렇듯 적악(積惡)이 아닌 적선(積善)이었기에 몽심재는 고택으로 그 자리에 있을 수 있었다.

그 몽심재에서 문화재청이 후원하고 지역문화재와 함께하는 인문학 강연을 한 꼭지 맡았다. '깨어있는 선비정신'이라는 주제로 고대로부터 한국전쟁 전·후기까지 우리 역사와 중국 역사 속의 인물들을 예로 들어 선비들의 삶을 돌아보았다.

은·주 교체기 고죽국의 백이숙제
중국 삼국 이후 동진에서 송에 이르는 시기 도연명

조선왕조를 거부한 고려의 선비들
계유정란과 이어지는 조선 선비정신의 상징이 된 사육신과 생육신
임진왜란, 정묘호란, 병자호란 시기 외침 앞에 의를 들고 일어선 선비들

급진 개화파와 온건 개화파
스스로의 혁파를 통한 자기혁신을 이룬 동학의 지도자들
천주교를 받아들이며 죽음으로 조선사회의 폐쇄성과 성리학에 항거한 선각자들
구한말에 경술국치를 전후해 자정순국한 매천 황현이나 소송 정재건[34], 향산 이만도나 일유재 장태수 선생같은 선비들

---

34   곡성 옥과의 소송 정재건은 남원 몽심재 박주현과 사돈지간이다.

해외망명을 통해 학교를 세우고 군대를 양성하여 독립을 준비한 지도자들

그리고 해방과 이어진 한국전쟁 시기에
백선엽, 차일혁, 이현상이 우리에게 던지는 화두
분단과 독재 그 속에 민주를 위해 목숨을 내놓은 사람들
그들은 인류문화 속에서 하나의 정신으로 남아 있는 선비들이다.

이제 깨어있는 선비정신은 무엇이 되어야 하는가. 선비는 학력이 기준이 되거나 그것 자체로 될 수 없다. 분단의 시대를 살아가는 국민으로 자주정신으로 무장하여 외세의 드높은 파고를 헤치며 자주 통일을 향해 달려가는 자가 바로 선비들 아니겠는가. 스스로를 혁신하지 않은 사람은 진정한 선비가 될 수 없다.

몽심재 고택은 그저 오래된 한옥이 아니다. 고택은 적선과 의를 행한 선비정신과 다름없다. 이제 고택을 정성으로 걸어도 되겠다.

2020-07-14

지리산 뱀사골의 메아리

닷새 전 무주 괴목에서 바라본 적상산은 아직 푸르름을 간직하고 있었는데, 오늘 뱀사골로 들어서며 만난 지리산은 화려한 단풍의 축제가 시작되고 있었다. 인월을 지나 남으로 흘러가는 람천을 우측에 두고 산내로 내려온 뒤 다시 계곡 속으로 오르기 시작하여 뱀사골 반선에 자리 잡은 지리산북부생태탐방안내소에 도착했다.

영겁의 세월 수억 년 이동 끝에 이곳에 자리 잡은 지리산. 깊고 깊은 심연의 자리에서 마치 도를 깨달은 경지처럼 이 땅 남쪽에 터를 잡고서 동서남북 사방으로 생명의 젖을 내어주고 있다. 지리산 둘레길 인월센터에서 주관하는 '지리산 둘레길 공감 아카데미'에 지리산의 생태환경과 역사 꼭지를 맡아 뱀사골 반선에서 숲과 생태 그리고 이곳에 담긴 역사를 안내했다.

지구생태계의 어머니 역할을 수행하느라 쉼 없는 생명 활동을 하던 나무들도 다가올 겨울을 맞이할 준비를 하고 있다. 계곡 끝에 가로로놓여 있는 저 산줄기 너머는 서로부터 동으로 문수사, 화엄사, 연곡사, 쌍계사를 각각 품고 있는 계곡들이 남으로 내려가 섬진강에 하나가 된다.

1949년 봄 이곳 두물머리 반선에서는 빨치산과 이들을 토벌하는

함께 가는 학부모 연수 중인 김제교육지원청연수단 2015-04-27

군경토벌대 간에 치열한 전투가 벌어졌다. 단독정부 · 단독선거 반대와 경찰과 서청의 제주도민 탄압에 저항하며 시작된 제주4.3사건, 1948년 10월 19일 여수 주둔 14연대의 제주 출동 진압 명령을 거부하고 사회주의 간부들이 중심이 되어 일으킨 여수 · 순천 10.19사건은 남풍을 타고 밀고 들어와 웅장한 생명들의 공간인 지리산을 들끓게 했다.

반란군의 지도자 김지회와 홍순석을 포함한 빨치산은 이곳 반선전투에서 심각한 타격을 받았다. 그곳에 지리산전투전적비가 세워졌다. 동학농민혁명과 의병들의 무대였던 지리산은 일제강점기를 지나 해방 후 남로당의 활동무대가 되었고, 남북에 두 개의 나라가 세워진 이후부터 한국전쟁이 끝나고 얼마간 더 지속된 빨치산과 토벌대의 쫓고 쫓기는 생사의 전쟁터가 되어버렸다.

증기기관, 산업혁명, 제국주의, 일본의 조선 침략, 운요호, 갑신정변, 동학농민혁명, 을미사변 이후 을사늑약, 경술국치와 일제강점기, 러시아의 혁명과 조선공산당 태동 그리고 민족진영과 사회주의 진영의 치열한 대립 그리고 공산주의와 자본주의 대결로 이어지는 세상의 변화 속에 지리산 깊고 깊은 생명의 숲은 동족끼리 피를 쏟아내며 붉은 단풍으로 피범벅 되어가는 아비규환과 다름없었다. 인류의 역사 속에서 한반도 내 지리산에서 벌어진 동족상잔의 비극은 비극 중의 비극이다. 한국전쟁과 그 전개 과정에서 발생한 또 다른 빨치산 역시 지리산으로 들어왔고, 1951년 겨울부터 다음 해 1월까지 한겨울에 4개 사단 병력을 동원하여 수행된 세 차례에 걸친 공비토벌은 지리산에 은거한 1만 명이 넘는 빨치산의 괴멸을 가져왔다.

지리산에 가을단풍이 시작되었다. 적어도 지리산에는 이제 사상의 충돌도 총성도 멈췄다. 맑디맑은 귀한 생명수들이 흐르는 소리와 가끔 산새 소리가 이 아름다운 산천을 더 아름답게 만들 뿐이다. 지리산 뱀사골 반선, 빨치산 토벌의 그 전투 현장에는 3개의 비가 우리 현대사를 고스란히 대변하며 서 있다. 이들은 지리산 빨치산을 토벌한 공적으로 그들의 이름을 돌에 새겨 후손들에게 두고두고 그 공을 알리고 있다. 좌측부터 열거하면 다음과 같다.

전경사령관신상묵공적비
경무관최치환공적비
육군중장백선엽공적비

이들 세 사람이 이곳 지리산에 발을 들여놓기 전의 행적을 간략하게 들여다보자. 신상묵은 일제강점기 소학교 교사를 하다가 일본 헌병이 되어 항일운동가를 탄압한 적이 있던 친일파였다. 최치환은 만주국 군관학교를 졸업하고 1948년 경무부 작전과장으로 제주4.3사건을 진압하는 데 참여했다. 백선엽은 만주국 군관학교를 졸업하고 소위로 임

전경사령관신상묵공적비, 경무관최치환공적비, 육군중장백선엽공적비 2020-10-12

관하여 간도특설대에 근무하면서 조선독립군을 토벌한 자로, 2009년 대한민국 정부가 공식적으로 발표한 친일반민족행위자다.

이들 세 사람의 공적비에 추가로 비를 세워 후손들에게 두고두고 유방백세의 교훈으로 삼아야 할 사람이 있다. 그가 바로 차일혁 경무관이다. 그는 일제강점기 중국으로 건너가 중앙군관학교 황포분교 정치과를 졸업한 후 조선의용대에 들어가 팔로군과 함께 항일유격전을 펼쳤다. 해방 후 귀국하여 한국전쟁 당시 유격대를 조직하여 인민군과 싸우다가 경찰에 특채되어 전투경찰대 2연대장을 하며 빨치산을 토벌했다. 그는 남부군의 상징이던 이현상을 빗점골에서 사살한 것으로 알려진 부대의 지휘관이었다. 훗날 이현상을 섬진강 백사장에서 장례를 치르고 재를 강물에 띄워 보내주는 인간적인 면모를 보여주기도 했다.[35] 차일혁은 지리산에 있는 화엄사를 포함한 사찰들을 공비토벌을 위해

---

35 차길진, 『빨치산 토벌대장 차일혁의 수기』(서울: 후아이엠, 2011), 323-325쪽.

소각하라는 명령이 내려졌을 때 기지를 발휘하여 지켜냈는데, 그 일로 훗날 화엄사 앞에는 차일혁경무관공적비가 세워지게 된다. 그의 공적비는 이곳 반선에 없다.

한편 군경토벌대가 쫓았던 남부군총사령관 이현상은 6.10만세운동에 가담하여 일본 경찰에 체포된 것을 시작으로 1928년 조선공산당에 가입하고 4년간 감옥 생활을 하다가 1932년 풀려나와 1933년부터 또다시 7년간 감옥 생활을 했다. 그 뒤 1940년 체포되어 다시 2년 수감 생활 뒤 20일간 단식으로 건강이 악화되자 병보석으로 풀려나 덕유산에서 숨어 있다가 해방 후 공산주의 활동을 재개하여 빨치산 제2병단장, 남부군총사령관, 제5지구당위원장을 지냈다. 그는 13년을 감옥 생활을 한 일제강점기 사회주의 독립운동가였다.[36]

현대사의 출발점에서 앞의 세 사람은 지리산이라는 어머니 품에서 모두 만난다. 그 이전에 그들이 살아온 행적은 일제강점기 나라를 빼앗긴 망국민이 가야 했던 여러 갈래의 길 중에서 하나를 택한 것이다.

지리산 뱀사골 계곡을 북으로 흘러 내려오는 맑은 물길, 역사의 흐름은 이 골짜기에 잠든 현대사 희생양들의 응어리진 가슴을 맑게 씻어내고 있다. 이들의 삶은 저 간악한 일제의 침략에 짓밟혀 상처 나고 덧나고 곪아서 고통스럽게 일그러질 수밖에 없었다. 친일하여 자신은 물론 집안의 이름을 영원토록 더럽힌 이들은 어쩔 수 없었다고 항변할지도 모른다. 그러나 친일행위는 그 어떤 변명으로도 정당화할 수 없다. 그렇게 살았던 것은 사실이고 친일 매국 행위는 역사의 이름으로 평가를 받아야 한다. 역사의 평가는 공평해야 한다.

민족주의자였던 토벌대대장 차일혁이 남긴 말을 되새겨본다.

---

36   안재성, 『이현상 평전』(서울: 실천문학, 2007), 597~603쪽.

이 싸움은 어쩔 수 없이 하지만 후에 세월이 가면 다 밝혀질 것이다. 미국과 소련 두 강대국 사이에 끼어 벌어진 부질없는 동족상잔이었다.

시대를 뛰어넘은 혜안으로 미래를 준비해주는 지식인들의 삶은 역사를 끌고 갈 수 있게 한다. 그것은 망한 뒤 매국 행위로 만신창이가 되는 것을 미리 막을 수 있게 함을 의미한다. 지리산 곡곡마다 서려 있는 2만여 역사 속의 희생자들, 그들이 토한 절규는 아직도 메아리로 울려댄다. 그리고 그 메아리 끝에 피어나는 꽃봉오리가 있으니 그것은 자주 통일이다.

이제 우리, 역사에 끌려다니지 말고 역사를 끌고 가자. 우리에게는 그럴만한 힘도 있고 자존심도 있다. 지리산 생태탐방북부관리소 이층 전시관 벽에 쓰여 있는 차일혁의 가슴 뜨거운 외침을 들어보며 지리산 뱀사골의 메아리 이야기를 마무리한다.

오천 년 이어져 온 우리 민족사라는 거시적인 안목으로 볼 때 지리산 토벌대와 빨치산의 대결 역사는 극히 짧막한 순간에 불과한 것이다.

이 짧은 기간에 부상한 두 개의 조국! 그 조국을 위해 뜨거운 피를 흘렸던 이 땅의 젊은이들! 그들에게 있어 조국은 둘인가? 아니면 하나인가? 시간이 흐르고 흐르면 빨치산을 토벌했던 토벌대, 토벌대에 희생된 빨치산도 같은 역사의 피해자라는 사실이 밝혀지지 않을까?

새벽부터 들판에서 일하는 농부들에게 물어보라!

지리산북부생태탐방안내소 뒤편의 지리산전투전적비, 남원교육지원청 연수단 2015-05-30

공산주의가 무엇이며 민주주의가 무엇이냐고
과연 몇 사람이 이를 알겠는가?

지리산에서 사라져간 수많은 군경과 빨치산들에게 물어보라!
너희들은 왜 죽었느냐고 민주주의를 위해 혹은 공산주의를 위해
죽었다고 자신 있게 대답할 자 몇이나 있겠는가?

- 당시 토벌대 전투경찰 제18대대장 차일혁

2020-10-12

숲으로 가는 학교

「생태주의 감수성 함양 연수」가 지리산 구룡계곡에서 진행되었다. 광주광역시 교사들이 모여서 만든 '과학탐구연구회', '알쓸신잡연구회', 그리고 '장덕중' 소속 세 단체 20명의 선생님이 그들이다.

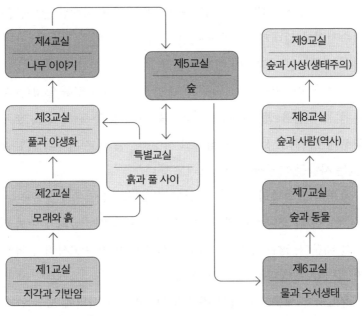

숲으로 가는 학교 구성도 장현근 작도, 2015

우리나라 삼신산인 봉래산, 영주산, 방장산 중에서 지리산은 방장산이다. 방장제일동천인 구룡계곡에서 진행된 생태주의 연수에서 담헌 홍대용의 '인물균론'으로부터 「숲으로 가는 학교」 9개 교실의 구성도를 익혔다. 9개 교실은 지각과 기반암, 모래와 흙, 풀과 야생화, 나무들의 이야기, 숲, 물과 수서 생태, 숲과 동물, 숲과 사람, 숲과 사상 등으로 구성되어 있고 그 외 특별교실로 흙과 풀 사이도 있다.

구룡계곡은 금강산 못지않은 경치를 자랑하며 예부터 많은 사람이 그 풍경을 보고자 전국에서 모여들었다. 이곳에 용호서원(龍湖書院)을 세워 학문을 연구한 선비들이 용호구곡(龍湖九曲)을 경영하며 이름난 명소에는 그에 맞는 이름을 부여했다.

제1곡 송력동에서 특별교실인 흙과 풀 사이의 지의류, 선태류, 양치류, 균류 등의 학습을 마치고 숲속의 오솔길과 바위 사이를 헤집고 다니면서 휴대용 확대경 루페를 들이대며 탐구에 집중한 연수단은 연꽃사슴지의와 깔대기지의의 화려한 모습에 그동안 눈길조차, 아니 그 이름조차 몰랐던 지의류에 대해 친숙한 교감을 나눌 수 있었다.

오늘의 숲이 바로 이 지의류가 출발점이었다는 것을 알고 난 뒤부터는 식물 취급을 받지 못하는 지의류를 새롭게 볼 수 있었고, 숲 밖의 사회생태계에서도 사회를 구성하고 지탱해주는 데 지의류의 역할을 맡고 있는 사람들의 입장이 되어보기도 했다.

철쭉과 산철쭉의 구분법 그리고 진달래와 산철쭉을 구분하는 법 등을 학습한 뒤 소나무와 참나무가 섞여 있는 숲에서 숲의 천이와 타감작용을 배운다. 많은 종류의 고사리에서 우리가 먹는 고사리가 어떤 것인지 찾아낸 뒤 참나무의 구분법을 습득했다.

용호정을 세운 선비들의 뜻을 되새기며 용호서원에 모신 연재 송병선 선생의 순국투쟁을 조용히 새겨듣고 한국의 명수 구룡계곡 제4곡

지리산 구룡계곡 숲으로 가는 학교 2020-05-16

숲으로 가는 학교 특별교실, '흙과 풀 사이' 2020-05-16

서암을 향해 숲길을 걸어 들어가며 고광나무, 상산나무, 때죽나무 등을
배우고 오늘의 마지막 교실인 '6교실 물과 수서생태' 실습을 했다. 셀
수 없이 많은 실개천이 모여 작은 하천을 이루고 이들이 강을 이루어

지리산 구룡계곡 숲으로 가는 학교, '물과 수서생태계' 교실 2020-05-16

바다로 들어가는 흐름 속에서 산속의 작은 습지와 실개천은 먹이사슬에서 중요한 위치를 차지한다.

야외에서 사용 가능한 실체현미경을 준비하여 1급수에 서식하는 플라나리아와 옆새우, 하루살이 유충 등을 직접 관찰하며 생명의 신비로움과 소중함을 느낄 수 있었다. 갈참나무 잎이 실개천에 떨어져 그 속에서 살아가는 수서동물들의 먹이와 집이 되어주는 것을 눈으로 관찰하며 생태주의적 사고가 얼마나 중요한지를 느낄 수 있었다.

담헌 홍대용은 "세상에는 살아있는 것이 사람, 금수, 초목 세 가지가 있는데 그중에서 제일 귀한 것이 무엇이냐?"라고 물은 뒤 사람이라고 대답하는 허자에게 "사람 입장에서 바라보면 사람과 사물 중에 사람이 귀한 것이고 사물 입장에서 바라보면 사물이 사람보다 귀한 것이다"[37]라고 하면서 하늘에서 바라보면 모두가 균등하다고 설파한다.

---

37   홍대용(김태준·김효민 역),『의산문답』(서울: 지식을만드는지식, 2009), 46-47쪽.

지리산 구룡계곡 '숲으로 가는 학교' 현장실습에 참여한 대전과학기술연합 대학원대학교 교원들
2018-05-17

　　자연과 사람은 비교 대상이 아니다. 자연은 너무나도 큰 존재이
고 사람은 그 자연을 구성하고 있는 동물 중의 하나일 뿐이다. 그럼에
도 사람들은 자연을 함부로 개발하고 파괴했다. 이제 지구상에 존재하
는 모든 것이 소중하고 존재해야 할 당연한 이유가 있음을 이해하는 생
태주의 사고를 몸에 배도록 해야 한다. 앞서 살다간 담헌의 인물균론은
오늘 우리에게 자연 앞에서 한없이 겸손하라고, 그리고 머리가 아닌 가
슴을 숙이라고 말하고 있다.

2020-05-16

남원의 선비정신과 그 계승

2018년도 문화관광해설사 양성을 위한 남원향토대학에서 '남원의 항일의병전쟁과 그 계승'이라는 주제로 실내 강연을 한 후 '순자강의 선비문화'라는 주제로 현장답사를 진행했다. 남원지역에 거주하는 교원, 문화관광해설사, 지역사 연구자 및 문화와 역사를 사랑하는 동호인 등이 참여하는 남원향토대학. 어제 퍼부은 비로 인해 참석률이 낮을 줄 알았는데, 대형버스와 미니버스 두 대를 운영할 정도로 참여 열기가 뜨

남원의 항일의병전쟁과 그 계승. 남원문화원 2018-08-30

거웠다.

지난 8월 30일 남원문화원 1층 교육실에서 실시된 남원의 항일의 병전쟁과 그 계승 시간에는 이 고장 출신의 의병과 의병장들을 만나기 위해 80명이 넘는 사람이 참가했다. 그 강연에서 만난 항일의병전쟁에 참여했던 의병장들은 평소 배움과 실천을 하나로 여기는 선비정신으로 인격을 갖춘 분들이었다. 고대 시기부터 현대에 이르기까지 선비정신 은 하나의 고전으로 시대를 관통하고 있었다. 선비들의 생애와 삶을 통 해 그들이 가졌던 의리정신을 살펴보았고, 선비들이 타락했을 때 당대 사회가 어떤 길로 갔는지도 냉철하게 짚어볼 수 있었다. 그리고 오늘 이 사회의 지식인들이 가져야 할 선비정신이 무엇인지를 돌아보았다.

세계 사조의 변화 또는 성장하는 민중의식에 맞추어 자기혁신을 이루며 선비정신을 당대 요구사항에 부응해간 경우도 있었으나 고루하 고 수구적인 자세로 변화를 거부하는 경우도 많았다. 동학농민혁명을 거부하고 기존의 성리학적 질서를 유지하고자 한 유림의 거부로 민족 혁명이 좌절한 아픈 역사도 바라보았다.

남원은 선비의 고장이다. 광주, 나주, 전주를 포함한 전라도 전체에 서 남원은 문과 급제자가 100명에 달할 정도 가장 많은 수의 급제자를 배출했는데, 이는 단순히 급제가 수가 많음을 의미하는 것만은 아니다. 이 고장에서 있었던 많은 선비가 외세의 침략에 분연히 일어나 가산을 내어 의병을 일으키고 승패를 떠나 목숨을 내놓고 의병진을 이끈 배경 에는 선비정신이 자리하고 있다.

비단 남원지역뿐만 아니라 전북지역과 우리나라 전역에서 들불처 럼 일어난 의병전쟁의 양상들을 접하면서 남원 의병전쟁의 특징을 살 펴볼 수 있었고, 이웃 담양, 광주, 장성, 나주, 구례, 곡성지역과 연계했 던 의병진들의 협력 이면에는 평소 선비들의 교류를 통한 소통과 학맥의 형성 그리고 혼맥들이 결합되어 가능했다는 것 또한 중요한 요소였음을 알 수 있었다.

8월 30일 저녁에 2시간 30분가량 진행된 실내 강연에서의 열기를 그대로 이어 토요일인 9월 1일 오전 9시부터 오후 2시 30분까지 진행된 현장연수는 시종일관 참가자들의 배움의 열기와 가슴 뭉클한 감동이 이어졌다. 남원지역 항일의병장과 독립유공자들의 정신이 서려 있는 동림교 항일기념공원에서 1907년 양한규 의병장으로터 1919년 3.1독립만세운동, 대동단, 대한국민회 활동 등 순국한 독립지사들을 한 분 한 분 가슴으로 새겼다. 그분들의 의로운 넋을 위로하고 다 함께 자주통일의 대업으로 그분들께 최고의 훈장을 드리자고 힘차게 외쳤던 "자주! 통일!" 함성은 요천을 요동치고 교룡산을 울려대기에 충분했다.

연수단은 남원 선비문화의 중심지 중 하나인 주생면 영천리의 유천서원과 사계정사로 향했다. 남명 조식과 일재 이항의 문하에서 학문을 닦은 사계 방응현 선생이 지은 사계정사는 조선 중기 전라도를 중심으로 백두대간 너머 함양, 산청까지 교류했던 선비들의 공간이었다. 이곳 사계정사에는 남명 조식, 소재 노수신, 옥계 노진, 일재 이항, 면앙정 송순, 석주 권필, 월사 이정구, 만오 방원진, 사계 방응현, 조희일, 삼당파 시인인 손곡 이달, 옥봉 백광훈 등의 시문 편액이 걸려 있다. 또한 허균의 『성소부부고』에는 사계정사기가 실려 있어 방응현 선생이 당대 선비로서 차지하는 무게감이 어느 정도였는지를 보여주고 있다.

남양방씨는 '대방방씨'라는 칭호를 들을 만큼 칭송이 자자했는데, 그 이면에는 방응현의 손자 만오 방원진의 영향이 크다. 그는 16세 때 임진왜란에 의병으로 참여한 이래 정묘호란, 병자호란에 이르기까지 국가가 위난에 처했을 때 선비정신을 발휘하여 의병진을 이끈 빛나는 공이 있었기에 가능했다. 한편 1919년 4월 4일 남원 장날에 있었던

남원지역 항일의병장과 독립유공자들의 정신이 서려 있는 항일기념공원 덕음원에서 자주와 통일을
외치고 있는 남원향토대학연수생들 2018-09-01

사계 방응현의 사계정사. 남명 조식, 소재 노수신, 옥계 노진, 일재 이항, 면앙정 송순, 월사
이정구, 삼당파 시인 손곡 이달과 옥봉 백광훈 등의 시문편액이 걸려 있다. 2018-08-30

독립만세운동에서 이 고을의 남양방씨 5인이 순국 독립운동 유공자였
으니 조선시대 이후로 이어진 선비정신이 살아있는 집안임을 알 수 있
다. 방원진은 이 고장 양대박 장군, 전남의 유팽로, 고경명 등과 함께 임

금지 영사정에서 남원향토대학 현장답사 '순자강의 선비문화' 2018-09-01

진왜란에 의병으로 참전했다. 이 사계정사에 걸려 있는 시문 편액 중에 일재 이항의 것이 있는데, 이항의 아들도 앞서 언급한 의병진이 태인을 지날 때 합류하여 선비정신을 이어갔으니 이들은 배움과 실천을 지행 합일로 행한 선비들이었음을 알 수 있다.

연수단은 천황지맥을 따라 금지 내기마을의 사제당과 영사정으로 향했다. 나는 남원의 선비문화 중심지를 사계정사, 광한루, 영사정 세 곳으로 축약해서 표현한다. 영사정은 기묘사화로 인해 목숨을 잃은 기묘명현들과 관련된 공간이다. 정암 조광조와 함께한 사제당 안처순이 기묘사화 1년 전 구례 현감으로 갔을 때 기묘사화의 주역들이 보내준 송별의 글을 첩으로 정리한 것이 『기묘제헌 수필』이고 평소에 벗들로부터 받았던 서간을 역시 첩으로 정리한 것이 『기묘제헌 수첩』인데, 이 두 가지는 보물로 지정되어 있다.

요천이 순자강에 북에서 남으로 드는 이곳은 남원평야로 불릴 만큼 드넓은 평야가 펼쳐진 곳이다. 안처순은 동으로 지리산이 펼쳐진 이곳에 사제당을 지었고, 그의 아들 안전은 영사정을 지어 부친의 묘소를 바라보았다. 안처순의 증손자 안영은 임진왜란 때 양대박, 유팽로와 함께 고경명 의병진에 부장으로 참여했다. 금산전투에서 순국한 안영 의병장은 증조부 기묘제현 안처순의 선비정신을 이어받았으며, 장인인 양자징의 선비정신 또한 물려받았다고 할 수 있다. 조광조의 문하로 그의 사후 낙향하여 소쇄원을 짓고 운둔한 양산보, 그의 아들이 양자징으로 안영의 장인이다. 안영 의병장의 장인 양자징은 또한 하서 김인후와는 사제지간이면서 장인과 사위 관계였다.[38]

영사정은 '남원 선비문화의 꽃'이라 불릴 만큼 많은 문인의 시문 편액이 존재하는 공간이다. 이곳에 글을 남긴 이들의 면면을 들여다보면 사제당과 영사정이 갖는 문화사적 의의는 실로 크다고 할 것이다.

남원시 금지면 택내리 내기마을 사제당 2021-10-09

---

38 한국학중앙연구원, 『순흥안씨 사제당 가문을 통해 본 조선시대 호남사림의 존재양상』 (2016), 151~152쪽.

주지번이 써준 사제당 기념관의 영사정 편액.
중서사인주남촌서(中書舍人朱南村書)라고 쓰여 있다.
2018-09-01

양팽손, 신잠, 안위, 송순, 나세찬, 송인수, 김인후, 기대승, 윤두수, 정철, 임제, 한준겸, 김극인, 기대정 등 무려 27명 명현의 글이 있다. 그러나 이 시문 편액들은 원 자리인 영사정에 있지 못하고 바로 옆에 있는 사제당기념관 속에서 보관되고 있다. 속히 원 자리에 돌아가서 영사정의 품격을 돌려주어야 한다. 이렇게 되기 위해서는 남원시의 재정과 행정적인 지원이 절실하게 요구된다.

금지면의 석기시대 식당에서 점심을 먹은 연수단은 송동 세전리 낡은 터 유적지의 집자리와 토기 등 출토유물을 만났다. 이곳에 있는 성혈고인돌의 소중함을 암각화의 여러 종류와 계통 그리고 근처 고리봉의 윷판형 암각화까지 만나면서 이곳이 순자강의 문화라고 할 만큼 오랜 시기부터 문화가 누적되어 있는 공간임을 실감했다.

순자강 건너 곡성 고달의 대사리 뇌연에 위치한 횡탄정과 보인정이 오늘의 마지막 답사지다. 세종, 문종, 단종에 이르기까지 세 명의 왕을 모신 신하 김계보가 계유정란을 배경으로 낙향하여 순창의 귀래정 신말주와 함께 이곳 순자강변에 오대정을 지어놓고 선비로서 절의를 지켰던 공간이다. 오대정(鰲戴亭)은 고달방(古達坊) 순자강(鶉子江) 머리에 있었는데, 대(臺)와 사(榭)는 지금 없고, 다만 소나무 숲만이 있을 뿐이다.[39] 섬진강이 서에서 동으로 흐르는 이곳을 '순자강'이라고 부르는

---

39   남원문화원, 『용성지(龍城誌)』(대홍기획, 1995), 86쪽.

김계보가 지었던 오대정 터 아래에 위치한 보인정 2018-04-14

데, 김계보는 이곳 끝자락에서 남으로 물길을 돌리는 구간에 오대정을 지었다. 지금은 그 흔적조차 찾을 수 없지만, 횡탄정과 보인정이 그 빈 자리를 대신하고 있다. 두 정자 뒤편 언덕 위로 올라가면 경주빙씨의 단이 세워져 있는데, 바로 그곳이 오대정이 있었던 곳이다. 올라서면 순 자강과 저 멀리 금지 고리봉, 곡성의 형제봉 그리고 드넓은 평야가 한 시야에 들어온다. 이런 곳에 어찌 정자가 없을 수 있겠는가.

일행은 다시 보인정에 둘러앉아 내가 정의한 '어머니의 강 섬진강' 에 대해 발원지 데미샘에서 광양만에 이르기까지 530리 길을 따라 만 날 수 있는 인문학적 요소들을 접했다. 그리고 오대정에 있었던 명사들 의 시문을 낭송해보면서 순자강의 선비문화 현장답사를 마무리했다.

오대정의 두 주인공 김계보와 신말주, 면앙정 송순, 하서 김인후, 송강 정철, 미암 유희춘의 작품을 낭송하는 연수단 옆으로 아름다운 순 자강이 굽이치며 흘러가는 소리는 감미로웠다.

신말주
바람 불자 기러기 백사장에 돌아오고
물결 위에 노을이 비치며 황혼이 깊어지네
혹 잠재운 용의 문영을 이 경치에 비긴다면
저 어부의 피리소리는 어디에나 비길까

　　면앙정 송순
삼성 노신이 충성을 다하고자
푸른 시냇가에 오대정 옛집을 세웠네
소박하게 사는 맛을 그 누가 능히 알까
적막한 빈 뜰에는 저녁연기 자욱하네[40]

　　선비정신은 과거에 머무르지 않고 도도히 흐르는 이곳 섬진강의 물결처럼 이 시대에도 현대적 의미에 맞게 지식인으로 그리고 지성인으로서 사회 참여와 시대적 요구에 솔선수범할 것을 요구하며 인자요산 지자요수의 여유로움으로 가슴에 내려앉았다. 남원은 선비문화의 중심지였다. 그 선비정신은 만인의총을 넘어 금산과 진주에도 꽃을 피웠고, 이후 남원 동학농민혁명의 근원이요 항일의병전쟁의 밑바탕이기도 했다. 순자강의 선비문화를 담고 가는 이들의 가슴에 물결이 일고 뜨거운 자긍심이 넘실댄다. 남원 땅 곳곳이 역사박물관임을 비로소 알겠다.

2018-09-02

40　이남일, 앞의 책, 135쪽.

동학의 성지 남원 순례길

어느덧 123년의 세월이 흘렀다. 2014년 우리는 동학농민혁명 두 주갑 (周甲)을 맞이했다. 그로부터 3년의 세월이 더 흘렀다. 역사적 사건은 몇 주기의 기념식 날 깜짝하고 행사를 치르는 것으로 머물러서는 안 된다. 오늘을 살아가는 현실에서 그 교훈은 늘 살아 숨 쉬고 깨어있어야 한 다. 2017년 교과연계 동학농민혁명 유적지 현장체험학습이 남원에서 진행되었다. 남원교육지원청이 주최하고 북원태학에서 진행한 이번 남 원지역 내의 동학농민혁명 유적지 현장체험학습은 학교 교육과정에 연 계할 수 있는 체험학습 일환으로 남원 관내 학생과 교사들이 함께 참여 했다.

'동학의 성지 남원'이라는 용어가 낯설겠지만 경주, 정읍, 고창, 장 성, 김제 원평, 전주, 삼례, 공주, 옥천, 보은, 청주 등 동학농민혁명과 관 련된 그동안 잘 알려진 지역들 못지않게 남원은 동학의 성지다. 수은 최제우 선생에 의해 '동학'이라는 용어가 탄생한 출생지가 바로 남원 교룡산성 안의 밀덕봉 아래 은적암이었다. 김개남 장군이 남쪽 세상을 열겠다고 이름을 김개남으로 바꾸고 전라좌도 총지휘부를 설치한 곳도 이곳 남원부 관아와 교룡산성이었다. 전봉준 장군과 김개남 장군이 이 곳 남원에서 두 번이나 회동하며 혁명의 전체 전략을 논하고 7만 명이

교룡산성 은적암 옆의 산신단 2017-05-30

모여 남원대회를 개최한 곳도 이곳이었다.

교룡산성 입구 주차장에서 남원지역의 동학농민혁명 전개 과정을 이해하기 위해 이 지역과 영남지역 일대를 아우르는 지리를 먼저 살폈다. 백두대간의 지리적 위치와 고대로부터 현대사에 이르기까지 백두대간이 갖는 역사성을 살펴본 뒤 동학농민혁명 당시 남원 농민군이 세 차례나 백두대간을 넘기 위해 운봉을 공격했음도 알아보았다.

월남전 참전용사들의 희생이 오늘 대한민국 산업화의 밑거름이 되었음을 간략하게 살핀 뒤 드디어 동학의 성지 남원의 유적지 기행이 시작되었다. 이번 체험학습의 주제는 '넓고 크게 보는 동학동민혁명'으로 세계사의 흐름과 인류 문화사의 흐름 속에서 아시아와 조선을 바라볼 수 있게 하는 것이 목표다. 교룡산성 입구 조형물 앞에서 산업혁명, 자본주의, 사회주의, 공산주의, 제국주의로 이어지는 과정을 먼저 배우고 19세기 조선의 사회, 사상, 종교 등의 관점에서 성리학과 천주교 그리고 동학의 탄생 배경을 이해했다.

최제우는 1861년 12월부터 1862년 6월[41]까지 고향 경주를 떠나 이곳 남원의 은적암에 기거하면서 『논학문(論學問)』[42]을 통해 '동학'이라는 용어를 처음으로 사용했다. "나 또한 동쪽 나라 조선에서 태어나 동쪽에서 도를 받았으니 도는 비록 하늘의 도라 할 수 있지만, 학문으로 말하면 동학이라 해야 하느니라"[43]가 그것이다. 은적암을 오르는 동안 교룡산을 이루고 있는 기반암인 섬록암부터 교룡산성의 축성 시기, 고구려와 백제의 축성법 등을 학습했고 동학농민혁명 당시 김개남 장군의 지휘소로 사용되었을 호국사찰 선국사를 지났다. 산성 안에서 만나는 첫 번째 유적지는 군기 터인데, 이곳에서 발굴된 와편 유물들을 볼 수 있었다. 40명의 동학기행단이 교룡산 우측을 타고 올라 드디어 은적암 터에 도착했다. 동학의 발생지 은적암은 숲속에 조용히 숨어 있었다. 먼저 남원의 정신적 처소인 산신단을 만났다. 기행에 참여한 용성중학교 김대근 교장은 어렸을 적 가뭄이 극심할 때 마을별로 추렴하여 기우제를 지냈는데, 바로 이 산신단에서 연기를 피우며 제가 행해졌다고 증언해주었다. '산신지위(山神之位)'라고 선명하게 쓰인 섬록암의 암벽과 그 주변을 빙 두른 나무들에서 신성한 기운이 감돈다.

수은 최제우 선생을 만나기 전 14세에 이곳으로 출가한 민족대표 33인 중의 한 분이자 독립운동가이면서 대각교를 창시한 용성 진종조사 백용성 스님을 먼저 만났다. 불교의 한글화, 만주에 농장을 건설하고

---

41 박맹수의 『동경대전』 38쪽, 표영삼의 『표영삼의 동학 이야기』 109쪽, 김용옥의 『동경대전 1』 165쪽 등에서 수은 최제우가 1862년 6월까지 남원의 은적암에 머물렀다고 기술하고 있다.

42 2021년 4월에 발행된 김용옥의 『동경대전 2』(서울: 통나무, 2021), 102쪽에 의하면 "『도원서기』나 『대선생주문집』과 같은 초기 기록에 이 경문은 동학론으로 나온다. 경진초판본에 이 두 번째 경문이 동학론으로 되어 있다."고 하였다.

43 최제우 · 박맹수, 『동경대전』(서울: 지식을 만드는 지식, 2012), 14쪽.

동학 발생지 교룡산 은적암 터 2017-05-30

독립운동에 참여했던 선농일치의 철학을 실천한 분, 3.1독립만세투쟁
시 한반도기를 뒤로하고 태극기를 휘날리게 했던 분이 바로 백용성 스
님이다. 은적암 터에서 동학사상인 시천주, 사인여천, 인내천과 함께 동
학을 깊게 살펴보면서 자유와 평등, 인권, 신분 없는 사회 등 이 시대의
인류 보편적 가치가 얼마나 소중한지, 동학농민혁명 당시 죽음을 무릅
쓰고 일어난 당대 우리 아버지 어머니들의 피맺힌 한이 얼마나 크고 그
희생이 얼마나 값진 것인지를 새겼다. 그런 연장선에서 이 땅의 천주교
신자들이 온몸으로 저항하며 조선 후기 성리학과 권력에 맞서 평등과
자유를 얻어낸 행동에 우리 모두 감사해야 함도 살폈다.

　　교룡산성에서 내려와 시내의 식당에서 점심을 먹고 남원 요천 십
수정 근처에 있는 동학농민군 훈련터 유적지를 찾았다. 시간을 절약하
기 위해 버스 안에서 김개남 장군의 남원 입성 과정을 간단히 설명하고
7월 15일 7만 명이 모인 남원대회의 현장을 상상으로 그려내었다.

　　오늘 하루 일정 중 버스가 모처럼 속력을 내고 달려서 남원시 이

방아치 전투가 벌어졌던 백두대간 고남산 일대. 좌측 봉우리가 고남산이고 우측으로 이어진 산줄기 끝 부분에
장교리 산성이 있다. 방아치는 장교리 산성의 좌측에 있다. 2020-03-11

백면 남평리의 쪽뜰 유적지에 도착했다. 고남산 방아치 그리고 여원치
가 갈라지는 이곳에서 혁명군이 작전상 교란을 유도하기 위해 진을 펼
쳤던 쪽뜰 현장을 주변의 지형과 산세를 비교하여 살폈다. 근처의 깃대
바위 유적지를 지나 부절, 즉 부동으로 옮겨 옛 88고속도로를 아래로
통과하여 방아치 전적비에 다다랐다. 1894년 11월 14일 새벽부터 15일
까지 진행된 방아치 전투상황을 눈앞의 백두대간에 위치한 장교리 산
성을 바라보며 안타깝게 전해 들었다. 남원지역 동학농민혁명 전개 과
정에서 최대 규모였던 이 전투는 혁명군의 참패로 끝났다. 동학농민혁
명군이 이 백두대간을 넘는 것은 영남권의 교두보를 확보하는 혁명의
완수 가치를 가질 수 있는 중요성을 가지는데, 불행하게도 박봉양의 민
보군에게 좌절되고 말았다.

　버스는 여원재를 넘었다. 이 고개가 백두대간이다. 혁명군이 그토
록 넘고자 갈망했던 백두대간을 버스로 넘어 운봉 서하동(서천리) 서림

공원에서 민보군 박봉양의 공적비를 마주했다. '일목장군'으로 불린 박봉양의 비는 비석치기를 당한 채 피투성이가 되어 있다. 역사의 재평가에 따라 당시의 승전비에서 현재 혁명을 막아선 반역(反歷)의 주인공이 되어버린 비는 그동안 빨래판으로 사용된 것으로 전해진다. 우리는 오늘 분단의 현실에서 혁명을 막아선 민보군의 박봉양을 돌아보며 지금의 민족분단을 극복하고 통일로 가야 하는 절박한 상황에서 통일을 가로막고 선 자들이 누구인지도 생각해보았다. 동학농민혁명 당시 민씨정권의 통치행위 중에서도 청나라에 군대를 요청한 파렴치한 결정과 혁명을 막아선 관군의 처신, 그리고 지식인들의 방관과 방해 등의 사례를 들어 오늘의 지식인들이 가야 할 방향을 잡아보았다. 오늘의 국제관계에서 이 땅의 깨어난 자들이 가야 할 길은 박봉양을 통해 그 답을 찾을 수 있어야 한다.

고남산을 좌측으로 두고 운봉고원의 널따란 평야를 바라보며 신기리와 매요리를 지나 장수군 번암면 유정리로 넘어가는 유치에서 멈추어 섰다. 또다시 백두대간이다. 이 대간을 넘으면 섬진강의 요천이요, 반대로 흐르면 낙동강의 광천이다. 백두대간의 산줄기를 경계로 물줄기의 흐름이 달라지고 섬진강과 낙동강의 유역이 바뀌는 것을 물을 부어 실험하여 직접 눈으로 관찰했다. 운봉고원으로 올라오는 비교적 쉬운 고개 중의 하나가 바로 유치(柳峙)다. 장수의 농민군이 황내문 대장을 따라 11월 27일 이곳으로 오르려 시도했으나 박봉양에 의해 유치재 아래 원촌에서 또다시 패배를 당했다.

운봉고원의 유치에서 북으로 내려오면 장수군 번암면인데, 이곳 원촌마을에는 해산 전기홍 의병장의 기념관이 들어서 있다. 기념관의 이름은 전해산기념관이다. 전해산 장군은 대한제국 시기 활동한 항일 의병장인데, 그의 가족사로 올라가 보면 동학농민혁명과 직결된다. 이

전해산기념관 2014-08-27

곳으로부터 멀지 않은 진안군 백운면에서 그 흔적을 엿볼 수 있다. 진안 백운의 오정마을에 살던 전병화 선생의 초청으로 젊은 전봉준이 오정마을에서 훈장을 하던 시기에 그 마을의 전병화, 전익호, 이사문 등이 뜻을 함께했다. 훗날 동학농민혁명이 시작되었을 때 녹두장군의 부장으로 활동한 그들은 일제에 의해 모두 처참하게 살해되었다. 특히 해산 전기홍 의병장의 백부였던 전병화 선생의 손자가 해산 전기홍 의병장의 아들로 입적[44]하게 되는 아름답지만 가슴 아픈 역사를 안고 있다. 전해산 장군은 동학의 후예가 다시 의병장으로서 불굴의 항일정신을 보여준, 즉 동학정신이 의병정신으로 승화되는 과정을 보여주는 인물이다. 동학에서 의병으로 이어지는 불굴의 항일 역사의 이야기를 가슴이 아리도록 전해 들으며, 특히 순국 전 최후 진술에서 재판장을 향해

---

44   전주역사박물관 · 진안문화원, 「전북진안지역 근현대민족운동사 학술보고서」(전주: 전북정판, 2003), 35-49쪽.

그가 남긴 "내가 죽은 후에 나의 눈을 빼어 동해에 걸어두라. 너희 나라가 망하는 것을 내 눈으로 똑똑히 보리라"라고 한 말에서는 가슴이 울컥했다. 우리는 해산 전기홍 의병장의 순국을 진정 가슴으로 받아들일 수 있었다. 기념관을 꼼꼼히 살피고 해산재(海山齋) 사당에서 위패를 모시고 참배했다. 전해산 장군 동상 앞에서 외친 자주독립의 함성은 동학 기행의 절정이었다.

요천을 타고 다시 남서 방향으로 내려와 구 남원역 부근에 있던 남원부성의 북문 자리터 앞에 섰다. 그리고 이곳에서 백제의 평지성과 685년 남원소경, 이어지는 691년 남원성 축성의 『삼국사기』 기록[45]을 만났다. 또 그곳에서 벌어진 정유재란의 참혹한 전쟁과 만인의 희생을 만났으며, 1894년 11월 28일 박봉양의 민보군이 동학혁명군을 무너뜨리고 남원성을 점령하는 과정을 통해 시간상으로 남원 동학농민혁명

정유재란, 동학농민혁명, 항일의병, 3.1독립만세 등의 현장 남원성 북문터 2017-05-30

---

45 김부식(이병도 역주), 『삼국사기』 상(서울: 을유문화사, 2002), 202-204쪽.

군의 마지막을 만났다. 그리고 다시 박봉양의 매형이었던 남원의 의병장 양한규 의병장의 1907년 설날 아침 남원성 점령의 쾌거를 만나고, 곧이어 양 의병장의 순국으로 이어지는 의병의 퇴각을 안타깝게 바라보았다. 이곳 북문성은 남원 동학농민혁명기념사업회의 노력과 열정으로 발굴로 이어졌고, 드디어 이제 남원성 북문 복원계획이 수립되는 가슴 벅찬 결실을 얻게 되었다. 이곳은 일제강점기인 1919년 남원 3.1독립만세의 현장이기도 하다. 독립만세를 부르짖던 우리 할아버지, 할머니들이 일제의 총에 스러져간 그 장소, 1만여 명의 의로운 죽음과 동학의 깃발 그리고 다시 의병들의 함성으로 뒤섞인 남원성 북문은 이제 우리 앞에 역사로 살아 돌아와야 한다. 그것은 우리 민족의 정기를 바로 세우는 일이 될 것이며, 남원의 남원성이 아닌 대한민국 정신의 재정립 공간이 되어주어야 한다. 우리는 힘차게 자주통일과 자주독립의 함성을 외치며 오늘 남원교육지원청이 주최한 교과연계 동학농민혁명유적지 현장체험학습을 마무리했다.

그리고 "역사는 나를 기준으로 나를 낳아준 부모 세대의 삶을 이해하고 그분들의 가슴 아팠던 역사를 교훈 삼아 내가 낳은 자식들에게 다시는 아픈 역사를 물려주지 않기 위해 늘 깨어나 살아서 실천하는 삶을 살아가는 것"이라는 마음에서 울리는 교훈을 가슴에 담았다.

2017-05-30

동학의 성지 남원 순례길 여정

❶교룡산 은적암 → ❷십수정 남원대회장 → ❸남평 쪽뜰과 깃대바위 →
❹방아지전투기념비 → ❺여원재 → ❻운봉서천박봉양장군비 → ❼유치 →
❽전해산장군기념관 → ❾남원성북문터

남원 3.1독립만세운동 100년 전 그날

집 앞에 거는 태극기와 애기 태극기를 배낭 속에 담고 태미원에서 만인의총으로 이동하는 차 안에는 100년 전 기미년을 살았던 우리 할아버지와 할머니들의 삶을 기록한 그날의 함성과 환희 그리고 분노와 결의를 담은 '남원의 3.1독립만세운동 현장을 찾아' 연수교재가 실려 있다. 서울에서 독립의 물결을 타고 내려온 독립선언서와 각 지역에서 밤새 그렸던 태극기 대신 오늘은 연수교재와 배낭 속의 태극기가 그 역할을 할 것이다. 정유재란 당시 순절한 만인이 잠들어 있는 만인의총 주차장에서 3.1독립만세 및 대한민국임시정부 수립 100주년을 기념하여 오늘 2월 28일 그날의 함성을 재현하기로 했다.

남원의 지역사와 지역문화를 연구하는 교원연구회인 남원교과통합체험학습연구회와 북원태학이 공동으로 기획하고 주관하는 만세 함성의 현장을 찾아가는 체험학습의 문을 열었다. 이번 100주년 기념 현장체험학습을 위해 태미원에서 준비모임을 가지고 행사기획과 역할 분담을 나눠 사전답사를 진행하는 과정을 거쳤다.

남원교육지원청의 지역연계 교과통합교육과정 운영의 연수 목적을 겸하는 오늘 답사에는 지역의 교사들과 시민 및 학생, 남원교육지원청 장학사들이 함께 참석했다. 오전 9시에 출발한 버스는 뒷밤재를 지

3.1운동 100주년 그날의 함성 체험학습 강사진 사전답사 2019-02-09

나 오수천을 건너서 오수초등학교에 첫발을 내디뎠다. 오늘 만세운동 현장 독립단은 도통초 김경아 교사의 안내로 오수초 화단에 세워진 손병희 선생의 사위였던 방정환 선생의 동상 앞에서 시작한다. 남원 만세투쟁의 출발지인 오수초에 세워진 설산 이광수(李光壽, 1896-1948) 선생의 동상 앞에서 전국 최초로 초등학생들이 행한 독립만세운동을 만났다. 10세 전후의 어린 학생들이 이광수 선생의 주도하에 학교 밖으로 나와 거리를 메우며 힘차게 외친 "대한독립만세!" 실로 놀라운 일이 아닐 수 없다. 당시 오수의 중심거리에 살았던 사람들과 일본인 교장을 포함한 주임 소장들을 깜짝 놀라게 했던 1919년 3월 10일 오수 초등생들의 만세투쟁[46]은 100년이 흐른 지금에도 독립운동사에 빛나는 섬광 같은 의거가 아닐 수 없다.

이 만세운동을 주도한 설산 이광수 선생은 훗날 교직을 사임하고

---

46   최성미 편저, 『임실독립운동사』(전주: 신아출판사, 2005), 255쪽.

오수초등학교 교정에 세워진 설산 이광수 선생 기념비 2019-02-28

만주 길림을 거쳐 러시아 일크스크시로 망명했다. 상해 임정에 합류하여 활동하다가 일경에 피체되어 일본 동경으로 압송되어 투옥되었다. 그 와중에도 동경유학생 조직과 독립운동을 계획하다가 일경의 가혹한 고문으로 병세가 악화되어 병보석으로 귀국했지만 1948년 전주도립병원에서 영면했다.[47]

　　오수초의 만세운동을 시작으로 오수 장날인 3월 23일부터 24일 오수장터인 원동산을 중심으로 근동 7개 면에서 2천여 명에 이르는 사람들이 만세운동을 이어갔다. 이 운동에 앞장섰던 이기송 선생은 장터에서 연설을 했는데, 일본 헌병대가 체포 구금하자 지역의 지도자들을 중심으로 주재소를 습격하여 탈출시켰다. 다시 시장으로 돌아온 이기송 지사는 만세운동을 이끌어가니 그 수가 2천여 명에 이르렀다.[48] 오수

47　위의 책, 258쪽.

48　위의 책, 256쪽.

오수 3.1운동기념탑에서 대한독립만세를 외치는 답사단 2019-02-28

의 3.1독립만세운동 현장을 찾아 오수초를 거쳐 시장터인 원동산에 들러 당시의 함성을 들어보았다.

의견(義犬) 비가 세워진 원동산에는 전라도 관찰사 원두표비와 이곳 오수도 역참에서 찰방을 지낸 이들의 공적을 기리고자 세운 여러 비가 있다. 영화 「태백산맥」의 촬영지였던 일본식 건물이 폐허로 변해가는 모습도 만나보았다. 오수중학교 서남편 동산에 세워진 오수 3.1운동 기념비에서 오수의 3.1운동을 정리하며 올해 100주년의 의미, 그분들의 희생과 유방백세의 향기를 기렸다. 참배를 안내하는 나의 눈이 젖어들었다. "대한독립만세!" 삼창을 힘차게 외치며 베트남 하노이에서의 북미회담이 종전선언으로 이어지고 남북경제교류가 순탄하게 이어지기를 소망하면서 묵념을 올렸다.

오수를 포함한 임실지역 독립운동의 저변에는 양한묵과 박준승 두 제자를 민족대표 33인이 되게 한 삼혁당 김영원 선생과 한영태 선생의 옥중 순국이 있다. 유학자였던 삼혁당은 동학을 받아들여 개화기에 머

동해골 함성 기념비 2019-02-28

리를 자르고 일제강점기 3.1독립만세운동에 중심이 되어 스스로 세 번
의 변혁을 실천한 선각자였다.

　　오수를 떠난 연수단은 이광수 선생의 삼촌인 이석기 면장이 주도
한 덕과면 동해골의 남원 최초 만세운동의 발상지[49]를 찾아 보절로 넘
어가는 옛길을 타고 동해골로 향했다. 이석기 면장을 중심으로 4월 3일
식목행사 때 동해골 고갯마루에서 시작된 대한독립만세의 함성이 물
결을 이루며 사매면 주재소로 향했다. 만행산 천황봉이 고갯마루 사이
로 드러나는 모습을 가슴에 안으며 동해골 만세 현장에서 왕치초 김종
길 선생님의 3.1운동 속에 면면히 흘러온 동학으로부터 천도교의 역할
에 대한 설명을 듣고 만세삼창을 외친 뒤 산을 넘어 '동해골의 함성기

49　　남원시 덕과면 신양리 산 57번지.

넘비'가 세워진 덕과면 사율리[50]로 이동했다. 멧돼지가 지나다니는 산길을 타고 헤매다가 큰길로 나와 관광버스로 이동하여 동해골 함성의 격문을 다 같이 읽고 격문 속에 들어있는 만세삼창을 외쳤다. 마침 내일 기념식과 재현행사를 준비하고 있어 동해골 기념비 광장이 살아 꿈틀대고 있었다.

동해골과 동시에 이성기, 이두기, 이범수, 이광수의 찬동으로 만세운동을 일으킨 계명당 고개에는 3.1동산이 꾸려져 앞서간 선조들의 의로움을 더욱 빛내주고 있다. 두 곳의 만세운동 참가자들은 사매 주재소로 향했고, 이석기 의사를 포함한 지도자들이 일본 헌병에 붙잡혀 갇히게 되었다. 이제 춘향터널을 통과하여 천황지맥을 넘으면 남원부이고 동해골과 계명당 만세 함성이 울린 다음 날 4월 4일 남원장날로 연결되었다.

450년 된 팽나무 아래에 앉아 광한루에 있던 남문시장에서의 남원 3.1만세 현장을 살피기로 했다. 남원초 기유라 선생님이 수운 최제우 선생의 남원 역사로부터 강의를 풀어갔다. 내일 만인만북문화제 행사가 이루어지는 공간이어서 한창 무대장치를 설치하는 중이었다. 광한루 주변은 당시 시장터였는데, 이곳에서 동학농민혁명 남원 농민군의 지도자 김홍기 선생이 처형된다. 옛 남원의료원 자리에서 구 남원역에 이르는 구간은 북시장이 형성되었던 곳이다. 독립선언서는 천도교 남원교구장이던 류태홍 선생에게 전달되었다. 이에 앞서 남원향교에서는 천도교와 유림이 4월 초에 독립선언을 하려 했으나 헌병에 사전 발각되어 해산되어버린다. 사매면과 덕과면에서 만세운동을 주도했던 이석기 면장이 남원헌병청으로 이송되자 남원 장날 4월 4일 2시에 남시

---

50   남원시 덕과면 사율리 66번지 남원3.1만세운동발지기념탑.

광한루 안에 있던 남문시장에서의 3.1만세 현장 2019-02-28

장과 북시장에서 거사를 하기로 결정했다. 특히 남원장터는 순창, 곡성, 구례 사람들도 모이는 곳이어서 장꾼들로 위장해서 남원장으로 모여들었다. 또한 4대문에 홍보위원을 배치하여 만세시위를 알렸다. 기독교와 천도교를 중심으로 태극기를 준비하여 배포했고, 이두기 의사는 높은 곳에 올라간 뒤 이형기 의사의 신호로 북시장에서 만세 시위에 불을 댕겼다. 남시장 시위대는 오작교를 건너 헌병청으로 향하고, 북시장은 이석기를 구출하기 위해 죽창과 돌멩이를 들고 돌진했다. 헌병들의 난사로 8명이 현장에서 즉사하고 수십 명의 부상자가 속출했다. 후퇴하다가 서문에서 헌병대의 총격으로 사망자가 발생했는데, 그 정확한 수는 알지 못하고 있다. 이 남원 만세시위에서 처음으로 사망자가 발생했는데, 그가 방극용이었다. 빨래방망이를 들고 와 항거한 그의 부인의 사망과 그의 어머니의 자결까지 이어져 이들은 남원 삼순절이 되었다.[51] 장

---

51   윤영근 · 최원식 편저, 『남원항일운동사』(전주: 어화, 1999), 257-259쪽.

례가 이루어지는 과정에서 6개 면장이 사직서를 냈고, 뜻있는 많은 사람이 독립대동단에 독립자금을 모아 상해에 보내기도 했다.

광한루 안의 팽나무에 아래에 앉아서 당시의 상황을 생생하게 전하는 기유라 선생님의 강의와 경청하는 연수단이 하나가 되고 있었다. 연수단은 "대한독립만세!"를 외치면서 오작교를 건너고 남원성 안을 도보로 이동한 뒤 2시 50분 북문시장 터에 도착하여 당시 2시의 상황을 재현하며 만세삼창을 제창했다. 이곳 북시장 터에 세워진 남원항일운동기념탑에서 남원여고 3학년 여학생이 헌시를 낭송하여 감사함을 전해드렸다. 기념탑 주변의 12지신상에게 우리의 간절한 소망을 받아주기를 바라는 강사의 마지막 언급이 가슴에 와닿았다.

685년 백제의 땅에 설치된 남원소경과 6년 뒤인 691년 쌓은 남원성의 옛 도로를 타고 북문으로 올라갔다. 이 길이 옛 북시장 자리다. 정유재란 남원성 전투의 마지막 격전지 북문 성에 일제가 역을 세워 그정신을 눌렀으나 지금은 남원역을 외곽으로 옮겼다. 북문 성은 1894년 11월 28일경 남원농민혁명군이 운봉의 박봉양 민보군에게 패하고 퇴각한 그 역사의 공간이기도 하다. 또한 1907년 1월 1일(음력) 양한규 의병장의 의병진이 남원성을 점령했으나 의병장이 유탄에 맞아 순국하자 의병진이 퇴각할 수밖에 없었던 통한의 성이다,

2014년 가을에 그 남원성 북문 터 발굴이 이뤄졌다. 정유재란 당시 수많은 순절자의 공간. 그 순국 터와 만인이 묻힌 무덤 사이로 일제는 철길을 냈다. 구 남원역 광장에는 1974년 동아일보와 남원시민이 참여하여 세운 3.1운동 기념비와 동학 유적지 표지석 등이 세워져 있어 이곳이 성스러운 곳임을 말해준다.

오늘 100주년 기념 남원의 3.1만세 투쟁의 현장을 찾아가는 연수 마지막 체험지 독립유공애국지사추모비가 있는 덕음원 항일기념공원

남원 광한루원 남문시장 터에서 오작교를 건너는 연수단 2019-02-28

으로 올라갔다. 이곳 덕음원은 멀리는 임진왜란 때 활동한 양응원 기적
비로부터 양한규 의병장과 휘하 장수였던 양문순과 박재홍 의적비, 전
규문 의병장, 3.1만세투쟁에서 순국하거나 부상당한 애국지사, 1942년
주생 주재소에서 스스로 자문 순절한 정암 이태현 선생 등 오늘 역사의
현장에서 만난 애국지사들을 한곳에서 접할 수 있는 곳이다.

　길고 긴 하루 여정을 통해 남원지역 항일투쟁의 숨결이 어린 현장
들을 밟으며 후손들로서 자긍심을 느낄 수 있었고, 우리 민족의 위대함
을 가슴으로 담아낸 벅찬 감동으로 꽉 찬 하루가 되었다. 이제 몇 시간
뒤면 2019년 3월 1일이 찾아온다. 전국 그리고 해외에서도 기념하는
행사들이 이어질 것이다. 99주년이던 작년이나 101주년이 되는 내년이
나 반복되는 날이지만, 이날만큼은 앞서간 의인들을 기억하고 그분들
이 바라던 세상을 오늘 현실로 살아가는 우리는 감사함을 잊지 말아야
한다.

　"대한독립만세!"는 지금도 유효한 구호이며 남과 북을 하나로 만

남원항일운동기념탑 앞에 선 연수단 2019-02-28

들어가는 노력이 그 어느 때보다 엄중한 상황임을 자각하고 그를 위한 작은 실천들이 행동으로 이어지도록 힘과 지혜를 모아가는 100주년이 되기를 두 손 모아 기도한다.

2019-02-28

남원 3.1독립만세운동 100년 전 그날 여정

❶오수초등학교 이광수선생기념비 → ❷오수 원동산 → ❸오수3.1운동기념탑 → ❹덕과면 신양리 남원 3.1운동 발상지 → ❺덕과면 사율리 동해골 함성 기념비 → ❻계명당 고개 3.1동산 → ❼남원 광한루원 남문시장 터 → ❽오작교 → ❾북문시장 터 → ❿남원성 북문 터 → ⓫동림교 덕음원 독립유공애국지사추모비

정재 이석용 의병장의 길

212km에 달하는 섬진강은 백두대간 금남호남정맥의 산줄기에 있는 팔공산 옆 천상데미 아래의 데미샘에서 발원하여 진안 백운과 마령을 지나 진안 성수 풍혈냉천 앞을 통과한다. 임실 관촌 사선대와 신평을 지나고 운암으로 들어와서 옛 운암강을 거쳐 옥정호에 머무른다. 동진 강에 물을 나누어주고 임실, 강진과 순창을 지나 남원과 전남 곡성에 이르러 '순자강'이라 불린다. 섬진강은 남해안 보성에서 북상한 보성강 과 압록에서 합류한 뒤 구례를 지나고 하동을 돌아 남해로 그 여정을 마무리한다.

북쪽으로 흘러 관촌에서 합류하는 임실천을 지나 남으로 내려가면 백두대간 금남호남정맥의 성수지맥을 넘는다. 이를 경계로 임실천과 둔 남천이 나뉘나 이 둘은 돌고 돌아 결국 어머니의 강인 섬진강에 모두 빨 려들고 만다. 둔남천을 거슬러 올라가 성수면 삼봉리 마을[52]로 향했다.

「섬진강 따라가는 자연과 문화·역사 그 속의 사람과 사상을 좇아 가는 물과의 여행」 첫 출발은 1914년 일제강점기 대구교도소에서 교 수형으로 순국한 정재 이석용 의병장 생가를 찾는 것으로 시작했다. 임

---

52   전북 임실군 성수면 삼봉3길 56-3(삼봉리 676번지).

정재 이석용 의병장 생가. 김제교육지원청 교원연수단 2015-04-25

실군 성수의 삼봉리 정재 선생이 태어난 곳에는 눈발이 날리고 있었다. 1878년 유학자 집에서 태어나 1901년 해산 전기홍과 함께 군산 임피 낙영당에 참가하여 연재 송병선과 면암 최익현에게 영향을 받았다. 을사늑약에 분개하여 1906년 상이암에서 의병을 규합, 1907년 9월 12일 진안 마령 마이산 남쪽 용암에서 황단을 차리고 고천제를 올리며 항일 의병전쟁의 대장정을 시작하게 된다.

　의병 500여 명과 군중 500여 명, 도합 1천 명의 함성 속에 호남의 병창의동맹단이 결성되며 지역 일대 일제를 벌벌 떨게 하는 무장전쟁이 시작되었다. 1907년부터 1908년까지 진안, 용담, 장수, 임실, 전주, 순창, 광주, 고성[53], 남원, 운봉, 함양 등지에서 13차례의 교전을 벌이며 수많은 전과를 올리고 부역하는 자를 응징했다.

53　『임실독립운동사』 63쪽에는 고성으로 되어 있으나 진안문화원에서 발행한 『호남창의 록』에는 고성이라는 지명은 나타나지 않고 1908년 4월 19일 일기에 곡성이라는 지명이 나오는 것으로 보아 곡성의 오기인 듯하다.

1909년 3월 6일 일제의 압박에 군대를 해산했고, 1911년 3월에는 옛 동지들을 모아 비밀조직을 결성하여 일본 동경으로 건너가 천황을 암살할 계획을 세웠으나 실행하지 못했다. 1912년 임자동밀맹단(壬子冬密盟團)을 조직했고, 중국으로 망명하여 항일전쟁을 계속하고자 1912년 10월 13일 고향 친구 정동석의 집[54]을 찾아갔으나 정동석은 그를 배신하고 임실경찰서에 고발한 뒤 그 자신은 순천으로 도망했다.[55]

이석용 의병장은 전주형무소에서 대구형무소로 옮긴 뒤 1914년 교수형으로 순국했다. 일 재판관의 회유에도 "죽어서 대한의 개나 돼지로 다시 태어날지언정 너희들의 사람이 되지 않겠다"라며 곧은 절개를 남긴 정재는 아들 원영에게 "월출(月出)이면 일몰(日沒)이니 나를 월출산 남쪽 바다가 보이는 곳에 묻으라"[56]라고 했다. 일몰은 곧 일본의 패망을 의미하는 것이니 죽어서도 일본 패망을 간절하게 바란 정재의 숭고한 정신을 느낄 수 있다.

생가를 나와 정재 선생의 큰아들 이원영 애국지사가 훗날 세웠던 구 소충사 자리를 찾았다. 구 소충사는 성수중학교 교문 앞에 위치한다. 이른 아침 꽃집을 두드려 마련한 국화 30송이와 시골 구멍가게에서 어렵게 구한 정종 한 병을 들고 이석용 의병장과 순국 28명의 의사를 모신 소충사에 올랐다.

기념관 정면에는 순국한 29명 의사의 비가 세워져 있는데, 중앙에는 정재 이석용 의병장이 자리하고 좌우로 열네 분의 비가 배치되어 있다. 이곳 28의사 제의단(弟義壇)은 동양 별자리의 요체인 28수(宿)에 대응시켜 동방칠수, 북방칠수, 서방칠수, 남방칠수 각각에 7명씩의 순국

---

54   임실군 성수면 삼청리 429-1번지.
55   최성미 편저, 앞의 책, 159-160쪽.
56   위의 책, 161쪽.

소충사 29명 순국 의사에게 장미를 올리고 있는 전북교과통합체험학습연구회 연수단 2015-01-10

자를 배치하고 있다. 정중앙의 비석은 다른 28개의 비석보다 크고 '북극'이라고 표시했다. 비는 계급별로 서열화하여 의장(義將), 의사(義士), 의졸(義卒), 의동(義童), 의승(義僧) 순으로 배치하고 있다.

동방칠수 東方七宿	의장 박만화 의사 한사국 의졸 한득주 최일권 김치삼 김춘화 의동 김동관
북방칠수 北方七宿	의장 여주목 의사 이광삼 의졸 김여집 서상렬 서성일 의동 김학도 박철규
서방칠수 西方七宿	의장 최덕일 의사 허윤조 의졸 박달천 박운서 정군삼 성경삼 의동 허천석
남방칠수 南方七宿	의사 김사범 의졸 윤정오 양경삼 박인완 오병선 의승 봉수 덕홍[57]

---

57   위의 책, 136쪽.

소충사를 참배하고 있는 임실교육지원청 교원들 2014-12-12

　　기념관을 꼼꼼히 둘러보며 정재 선생이 어떤 분인지 가슴으로 모셔오고 사당으로 올랐다. 참여한 모든 선생님이 28명 의사의 위패를 열고 국화 한 송이를 헌화했다. 향을 피우고 술을 따르고 각자의 방식대로 참배했다.

　　그리고 사당 뒤켠에 있는 정재 선생의 묘소와 28의사의 합장묘를 둘러보며 의사들의 넋을 기리고 순국의 희생에 감사했다. 30번 도로를 타고 진안 백운으로 향하며 중간에 위치한 운현전투지로 향했다. 그의 부하 장교들과 의병 16명의 순국자가 발생한 안타까운 현장이다. 지난 2005년 임실군청에서 추모조성사업을 하여 그나마 쓸쓸

운현전투지 추모비에 새긴 북극 자미원과 28수 별자리
2014-12-12

하지 않게 되었다. 추모비 뒷면에 북극성과 우리의 전통 별자리 28수로 순국 의사들을 상징화한 표현력이 놀라웠다. 그 회전 중심 북극성에 정재 선생을 배치했는데, 소충사 기념관 앞에 조성한 제의단과 같은 맥락이다.

운현전투 현장을 나서서 30번 도로를 타고 성수지맥을 넘어서니 진안 고을 백운면이 나타났다. 고개를 막 넘어서서 백운교에 멈추었다. 차 안에서 저 멀리 팔공산과 천상데미의 산을 찾고 그사이로 흘러 내려오는 데미샘의 섬진강 본류를 만났다. 오늘은 섬진강을 따라가는 기행이라 계획은 데미샘을 오르려 했으나 다른 여정을 위해 데미샘을 먼발치에서 산줄기와 물줄기 공부로 대신하고 섬진강 본류의 상류 위를 다리 위로 넘었다.

백운면을 지나 마령으로 들어섰다. 이 마령 앞에서 마이산 남쪽으로 흐르는 물이 섬진강 본류인 데미샘 물과 합류하여 수선루 앞으로 흘러간다. 마이산이 분수령이 되어 금강과 섬진강을 가른다. 마이산 남쪽을 타고 내려오는 은천이 백운에서 내려오는 섬진강 본류와 합해진다. 마이산 남부매표소 바로 우측에 '이산묘(駬山廟)'라는 사당이 있다.

마이산을 여러 차례 갔지만 이산묘가 눈에 들어온 적이 없었다. 1925년 지어진 것이었는데도 말이다. 이산묘는 연재 송병선과 면암 최익현을 기리기 위해 세운 이산정사가 그 출발이다. 이산묘 남쪽 역암의 바위벽에는 주필대와 마이동천이 새겨져 있고 연재 송병선의 제자 모임인 친친계와 면암 최익현 제자 모임인 현현계 소속의 이름들이 새겨져 있다. 이성계가 머물렀다는 주필대 바로 앞에는 정재 이석용 의병장의 호남의병창의동맹단 결성지 기념비가 세워져 있는데, 글씨는 김대중 대통령 친필이다. 정재는 이곳에 황단을 세우고 고천제를 지내면서 순국을 각오하며 창의의 기치를 내걸었다. 도로 건너 서편에는 고종이

이산묘 주필대 앞에 세워진 호남의병창의동맹 결성지 앞에서 임실교육지원청 교원연수단 2014-12-12

내렸다는 글씨 '비례물동(非禮勿動)'이 암벽에 새겨져 있고 진안지역 독립유공자비가 세워져 있다. 그야말로 이산묘 부근은 성지였다.

　　이산묘 사당 회덕전에는 단군왕검, 태조, 세종 그리고 고종의 영정이 모셔져 있으며 동쪽에는 영모사가 서쪽에는 영광사가 있는데, 영광사에는 34인 애국지사의 위패가 모셔져 있다. 특히 영광사에 모셔져 있는 34인은 우리나라 독립을 위해 온몸으로 일제에 대항하여 절의를 보여준 분들이다. 한 분씩 이름을 불러드리는 것이 후손 된 도리가 아닐까 한다. 들어가서 맨 좌측부터 우측으로 돌아가며 송병선(宋秉璿) · 최익현(崔益鉉) · 조병세(趙秉世) · 민영환(閔泳煥) · 홍만식(洪萬植) · 이상설(李相卨) · 이준(李儁) · 고광순(高光洵) · 기삼연(奇參衍) · 김준(金準) · 민긍호(閔肯鎬) · 이석용(李錫庸) · 전기홍(全基泓) · 고제량(高濟亮) · 김용구(金容球) · 김익중(金翼中) · 오인수(吳仁洙) · 이재명(李在明) · 안중근(安重根) · 홍범식(洪範植) · 김석진(金奭鎭) · 정재건(鄭在健) · 정동식(鄭東植) ·

영광사에 모셔져 있는 연재와 면암. 영광사를 들어가서 맨 좌측의 첫 번째 위패와 영정이 연재 송병선이고, 두 번째가 면암 최익현 선생이다. 2014-12-08

이만도(李晩燾)·장태수(張泰秀)·유도발(柳道發)·김도현(金道鉉)·이회영(李會寧)·황왕석(黃王奭)·이봉창(李奉昌)·김근배(金根培)·윤봉길(尹奉吉)·백정기(白貞基)·설진영(薛鎭永) 등 34인이 배향되어 있다.

2014-12-12

회문산과 추령천에 깃든 선비정신

남원교과통합체험학습연구회와 추령천에 깃든 선비정신의 향기를 찾아 떠난다. 섬진강의 가지 하천으로 순창의 구림면 일대를 돌아 회문산 남쪽으로 흘러가는 구림천, 일명 치천과 추령천을 따라 가을을 담아온 이야기를 펼쳐본다. 임실 덕치면과 순창 구림면의 경계 일중리와 안정리 사이에 미륵정이 있다. 미륵불이 회문산의 역사를 안고서 들어오는 이들을 미소로 맞이한다. 마을을 지켜준 미륵불의 이야기와 지중출현 (地中出現) 흔적을 찾아본다. 석가모니 이후 언젠가 도래할 미륵은 바로 내일의 희망 불꽃이다.

소설『남부군』의 배경지 회문산의 남로당 전북도당 유격대사령부가 있었던 안심마을 입구에서 생태주의와 인문학을 펼쳐든다. 병인박해를 피해 들어온 김난식 그리고 임실 삼혁당 김영원 선생이 동학혁명 후 6년간 머물렀던 곳이 이곳 회문산이다. 산이 깊으면 사람을 품고 사상을 내어준다. 갱정유도회가 창교된 곳이 이곳이니 회문산은 깊고 깊다.

순창의 천재가 사회주의자가 되어 이곳 회문산에 들어와 남부군이 되었다. 그가 훗날 '빨치산 시인'으로 불린 김영이다. 그의 본명은 김웅이다. 김영의 통일을 염원하는 시를 다섯 분이 돌아가며 낭송하는 가을

회문산에서 호정소로 이동하는 연수단 2018-10-13

날, 시인의 삶과 꿈을 생각하며 모두 엄숙해졌다. 절망적인 현대사에서 포기와 냉소가 더 익숙해져 무뎌져버린 가슴에 죽을 때까지 통일을 노래한 시인의 삶은 묵직한 울림을 주고 실천하는 지식인이 되어보고자, 또 편견을 벗어보고자 다짐한다.

한번쯤은
육십 평생에 한번쯤은
나의 고목에도 꽃이 필 수 있을까

꼭 한번쯤은
종다리 되어 하늘을 날고
파란 보리밭에서
뒹굴어보고 싶다

한번쯤은
꿈에라도
한라산 기슭에서 백두산 꼭대기까지
달려가고 싶다

기어코 한번은
내 가슴 속 고드름을 녹여
분단의 벽을 헐어버리고 싶다

아, 생에 한번쯤은
붉은 수의를 훨훨 벗어버리고
철조망이 없는 나라
동족의 가슴에 총을 겨누지 않는 나라에서
살고 싶다[58]

- 김영 「음지-한번쯤은」 전문

호정소 공룡 발자국을 찾아가는 길, 가을이 아침 이슬과 계곡물에
걸리고 들판은 황금 나락으로 물들어가고 있다. 회문산 남쪽 구림천 응
회암 바닥에는 공룡들의 발자국이 남아 있다. 이 깊은 산중에 공룡이라
니…. 발바닥 길이로 공룡 크기를 추측하고 그 값으로 걸음 상태까지
추정해본다. 공룡과 함께 거니는 호정소의 가을은 눈부셨다. 그 눈부심
을 눈에 담고 국화촌 과촌마을의 양 대장을 만나러 금창리로 향했다.
춘계(春溪) 양춘영 의병장은 1906년 면암 최익현과 돈헌 임병찬의

---

58   김영, 『깃발 없이 가자』(안양: 청맥, 1988), 78-79쪽.

328

태인의병에 가담했으며, 이곳 순창의 회문산 일대를 거점으로 1908년 7월 2일 의병을 조직했는데 무기는 총 270정, 칼 300자루를 갖추었고 정예 200명을 선발하여 직접 거느렸다. 이때 참여한 의병의 규모는 총 1,200명이었다. 1909년 12월 3일 김제군 월촌면 봉월리에서 체포되기까지 1년 6개월을 왜적과 대항하여 전투를 벌였다.[59]

1910년 4월 14일 일제에 의해 교수형을 당하면서 그의 젊은 생애는 끝났지만, 구국의 일념으로 목숨을 바친 양 대장의 정신은 살아있다. 그의 이름을 불러주는 후손이 있다면 그는 살아있는 것이다.

자신을 빨치산이었다고 밝히면서 양 대장의 삶과 마지막 순간을 증언해주신 과촌마을 94세 옥천 조옹의 기억[60]은 소중한 역사 자체였다. 회문산 장군봉이 보이는 과촌마을 입구에서 자주통일을 외치며 양 대장의 의로운 순국을 가슴에 담는다.

1894년 12월 2일 전봉준 장군이 이 과촌 서편 순창군 쌍치면 피노리에서 피체된 뒤 용전리를 넘어 금창리 이 길로 끌려가면서 혁명의 물리적 실패를 돌아보았을 공간에도 가을이 와 있다.

그 공간의 시간 속으로 우리가 간다. 사실재 터널을 통과하여 구림천에서 추령천으로 들어선다. 옥정호를 지나고 김개남 장군이 피신했던 너디마을을 호수 너머로 바라본다.

녹두장군 전봉준관에 들어서면 입구에 세워진 석재 안내표지판에 "이곳은 정읍 출신 김경천의 밀고로 동학혁명가 전봉준 장군이 체포된

---

59 창의실기편집위원회, 『항일의병장 春溪 梁公春泳 倡義實記』(이리: 원광사, 1990), 97-102쪽.

60 옥천 조옹과의 인터뷰는 2016년 6월 6일 1시간 정도 이루어졌다. 인터뷰 내용은 대한민국자연생태체험연구회, 「어머니의 강 섬진강에 어려있는 선비정신」, 2018, 53-62쪽에 실려 있다.

순창군 쌍치면 금성리 녹두장군 전봉준관 2016-05-14

곳입니다"라는 글귀를 만나게 된다. 녹두장군 전봉준관에서 이곳을 찾아오는 수없이 많은 사람에게 전달하고자 하는 메시지가 고작 이런 것이라면 오지 않는 게 낫다. 이곳이 담아내야 할 정신은 동학농민혁명의 의의와 이 시대 동학정신인 자주와 통일이어야 한다. 밀고자가 어느 지역 출신의 누구라는 것이 이곳의 핵심이어서는 안 된다. 이곳을 찾아오는 이들에게 자주정신을 채워 넣게 해서 통일로 가는 길을 당겨올 수 있도록 하는 것이 전봉준 장군이 바라는 것이고, 전봉준 장군은 그렇게 해야 한다고 우리를 바라보고 있을 게다.

담양 소쇄원을 세운 양산보는 하서 김인후와 사돈지간이다. 양산보의 아들 양자징은 하서 김인후의 제자다. 남원의 기묘명현 안처순의 증손인 안영은 의병장인데, 그의 장인이 양자징이다. 기묘사화는 호남 땅에 선비정신의 향을 피우게 한 하나의 배경이었다. 1519년 그 뒤로 73년의 세월이 흐르면 임진왜란이다. 고경명, 양팽손, 양대박, 유팽로, 양경우, 안영 등은 창의의 깃발을 세우고 의병으로 나섰다. 남원, 순

하서 김인후가 세운 훈몽재 2018-10-13

창, 담양으로 연결되는 이곳에 선비들의 의리정신이 국란시기 창의로
표출되었다.

　하서 김인후가 이곳 순창 쌍치 처가에 2년간 머물렀던 흔적은 이
곳 복흥과 쌍치에 울산김씨가 정착하게 된 배경이 되었다. 하서의 12세
손 금옹 김원중 등 8인이 일제강점기에 맞서 독립운동을 펼친 곳이 영
광정(迎狂亭)이다. 하서는 인종의 사부였으나 운이 맞지 않아 명종 즉위
와 더불어 소윤 윤원형 일파가 일으키는 을사사화를 피해 장성으로 갔
다가 1548년 처가가 있는 이곳 둔전리에 머물며 그가 세운 것이 훈몽재
다. 정철, 조희문, 기효간 등의 제자를 길러낸 김인후는 문묘에 배향된
18현 중 한 사람이다. 정조의 노론과의 정치적 관계에서 하서 김인후는
정조의 노력으로 문묘에 배향될 수 있었다.

　호남의병의 사상적 · 정신적 스승이던 노사 기정진 선생의 탄생지
순창 복흥 동산마을로 향한다. 동산마을은 일제 이전 조동, 즉 구시동이
었다. 『조선유학사』를 쓴 한상윤이 조선의 몇백 명에 달하는 성리학자

'바른 역사관 정립을 위한 한국사 이해' 초등교원 직무연수. 전북교육연수원, 순창 복흥 동산마을 2016-08-03

중에 학자다운 학문을 이룩한 여섯 명을 꼽았다. 화담 서경덕, 퇴계 이황, 율곡 이이, 녹문 임성주, 노사 기정진, 한주 이진상이 그들이다. 이들은 자신만의 학문체계를 세운 학자들이다. 노사 기정진은 스승 없이 혼자 학문을 세웠다.

주기론과 주리론이 아닌 그가 살던 대내외 환경에 맞는 성리학의 접근이었다. 그것은 유리론이었다. 호남의병의 들불 같은 확산의 출발과 에너지는 노사의 유리론을 바탕으로 한 위정척사사상이었다. 15세 나이로 노사를 찾은 신동 매천 황현에게 시를 써주었고, 화서 제자 김평묵, 영재 이건창은 노사의 사후 담대헌을 찾아 노사의 제자이자 손자였던 송사 기우만과 밤을 새우며 『노사집』을 읽었다. 면암이 제주도 유배와 흑산도 유배 후 두 번을 찾아뵐 정도로 존경했던 노사 기정진이 17세까지 살았던 순창 복흥 조동에서 노사와 성재 기삼연 의병장을 만났다. 스승이 태어난 곳에서 지행합일의 지식인으로 의리를 구국에 투영하여 항일전쟁에 몸을 불사른 성재 기삼연 의병장이 일제에 피체된 곳이 복흥 조동마을이니 우연의 일치일까.

훈몽재를 세운 하서 김인후의 후손인 가인 김병로를 만나기 위해 복흥의 하리마을 낙덕저수지 부근에 있는 낙덕정에 오르니 서산으로 지는 해가 바쁘다. 의병으로 참여하여 면암과 함께하다가 담양에서 신식학문을 익히고 일본으로 건너가 법을 전공한 뒤 조국에 돌아와 독립운동가들과 애국지사들의 변호를 맡았던 그는 해방 후 대한민국 초대 대법원장을 맡았다.

추령천을 따라 정자를 거닐며 만난 선비들은 한결같이 시대가 요구하는 지식인으로서 실천하는 리더십을 발휘했다.

복흥에서 호남정맥을 넘어 담양호를 지나 용추사를 좌측으로 두고 다시 호남정맥을 넘어 강천산 쪽으로 내려간다. 호남의병장들의 총집결지 용추사는 경기·강원의 화서학파와 호남의 노사학파가 연합작전을 도모한 곳이다. 면암 최익현이 그 한복판에 있었다. 추령천의 가을에 선비정신이 물들어간다.

2018-10-13

추령천에 깃든 선비정신 여정

❶일중리 미륵정이 → ❷회문산 → ❸호정소 공룡 발자국 → ❹과촌 양윤숙 의병장 생가 → ❺피노리 녹두장군 전봉준관 → ❻영광정 → ❼훈몽재 → ❽구수동 노사 탄생지 → ❾낙덕정 → ❿가인 김병로 생가

춘계春溪 양춘영 의병장 묘 앞에서

물 좋고 산 좋은 순창 고을
복흥 쌍치 돌고 돌아 나서는 추령천
회문산 역사의 숨결을 씻어 내려오는 구림천
호남정맥의 강천산에서 내려와 옥천 고을을 지나오는 경천
그리고 툭 터진 북쪽의 무이지맥 가닥에서 남으로 내려오는
양지천도 모두 섬진강에 한 가족으로 모여드는 땅

회문산 장군봉 남쪽 아래 구와촌
지금은 과촌이 되어버린 산중 마을에
이 고장 항일의병장 춘계 양춘영 의병장의 생가 터가 있다.

90이 넘은 빨치산 출신 조옹(趙翁)이 전해준 춘계 선생의 삶과
양 대장이 피체되는 과정, 뒷이야기 속의 안타까운 사연들
그리고 해방 이후 빨치산의 중심 무대로 변한 회문산 깊은 산속에서
살아내면서 젊은 시절 빨치산으로 존재해야 했던 개인 조옹의 삶이
아리게 다가서는 구림의 과촌마을

과촌 아래 도로 건너 산비탈에서 인계면 도사리로 이장(移葬)한
춘계 양춘영 의병장의 묘[61]를 그를 만난 지 5년이 되어서야 찾았다.
내비게이션에도 나오지 않는 도사리, 인계면사무소로 수소문했다.

면사무소 공무원 한 분이 트럭을 직접 끌고 나서면서 나를 따르란다.
일도 바쁠 텐데 주소만 알려주면 내가 가겠노라고 해도 극구 직접 현장
으로 나서며 차를 안내한다.

평소 순창-전주 가는 도로에서 눈으로 훑어보며 저것이 춘계 선생
묘인가보다 했는데 바로 그 묘였다. 잠시 묵념을 올리고 과촌과 이곳
도룡리를 이어본다.

동쪽으로 북에서 남으로 무이지맥이 지나가는 평화로운 곳
그 안에 구름 흘러가듯 내려가는 양치천이 눈 아래 내려다보이는
나지막한 언덕 위에 동편을 향해 자리 잡은 묘소
편히 잠들어계신 춘계 양춘영 의병대장
"抗日義兵將 春溪南原梁公春泳之墓
配孺人 道康金氏 袝左 辛坐"라고 쓰여 있다.

3.1독립만세운동과 상해임시정부 수립 100년이 되는
올해는 제사도 제법 지내고
찾는 이들도 또한 얼마는 되겠지
세월은 흘러 어느덧 100여 년

---

61   순창군 인계면 도룡리 1452번지.

춘계 양춘영 의병장 묘. 순창군 인계면 도룡리 2019-02-09

그 땅 그 공기이건만
알아주는 이도, 기억하는 이도 사라져가는
쓸쓸한 무덤가에서

1년 5개월 동안의 항일투쟁을 끝으로
1909년 12월 3일 김제에서 일본군 수비대에 단신으로 붙잡혀
1910년 4월 14일 순국한 36년의 삶 속에서
참으로 외로웠던 의병의 길
그 길에 조용히 눈을 감는다.

2019-02-09

부안 우반동 반계서당

340여 년 전 반계 유형원 선생이 내다본 오늘은 놀랍게도 똑같다. 오늘은 우반동 반계를 찾는다. 그는 『반계수록』을 지은 동기를 다음과 같이 열거했다.

첫째, 그는 현실이 개혁하지 않을 수 없을 정도로 절박하다고 파악하고 있다. 따라서 그는 책을 읽으면서 현실 문제를 해결할 수 있는 방책을 기록, 정리하고 현실에 적용시킬 가능성을 심사숙고해 체계적으로 개혁안을 제시했다.

둘째, 진한(秦漢) 이후의 법제가 개인적인 욕구를 채우기 위해 제정됨으로써 그 모순이 고쳐지지 않아 폐단이 쌓이고 쌓였다. 그래서 마침내는 중국이 오랑캐에 멸망되었고, 우리나라는 외침을 받아 천하의 수치를 당했다.

셋째, 당시 학자와 관료들의 학문 태도와 세태에 대한 불만이었다. 그의 생각에 공직에 있는 자는 이미 과거 시험을 거쳐 진출했으나 세속을 그대로 따름이 편하다는 것을 알 뿐이었다. 또한 재야의 학자는 더러 자신의 수양 공부에는 뜻이 있으나 세상을 다스리는 데에는 전혀 뜻이 없었다. 이러니 이 세상이 다스려질

날이 없어 생민의 피해가 끝이 없다.

문장의 시험을 거쳐 관리가 된 자들은 백성을 다스리는 공부
가 결여되어 있고 재야의 학자는 성리철학만 연구해 자신의 수양
에 전념할 뿐 통치의 학문을 소홀히 하는 것을 비판한 것이다.[62]

오늘날도 그렇다. 각종 고시가 성공을 가르는 세상, 공직사회뿐만
아니라 일반 직장도 마찬가지다. 교육계의 전문직도 예외는 아니다. 오
늘날 교육계에 전문직을 선발하는 제도가 과연 학교 교육목적의 본질
에 맞는 교육철학과 학교경영 그리고 학교 교육과정 등의 철학과 소양
을 가진 자들이 선발되는지는 반계 선생의 지적대로 되돌아볼 일이다.
또한 군역에 있어 지금의 징병제가 과연 합당한 제도인지도 반계의 주
장과 비교해보아야 한다. 반계는 병농일치를 주장하며 공전을 통한 균
전 토지(돈)와 연계했다.

오늘날 국방은 나라가 해야 할 몫이다. 즉, 나랏돈으로 국방을 해
나가야 한다는 의미다. 이 사회는 독신자도 있고 딸을 가진 가정도, 아
들을 가진 가정도, 둘 다 가진 가정도 있으며, 아예 자녀가 없는 가정도
있다. 그런데 국방의무를 남자아이를 둔 가정에만 강제로 부담시키고
있다. (일정액의 월급을 주긴 한다.) 징병을 통해 해결할 수 있는가. 즉, 국가
방위는 나라 전체가 세금으로 해야 한다는 자명한 논리다. 이제 직업군
인체제, 즉 모병제로 가야 할 시점이 왔는데, 이는 이미 340년 전 반계
의 『반계수록』에 국가개혁의 핵심으로 언급되어 있다.

오늘 우리 사회는 반계 선생의 실학사상을 받아들여야 할 점이 많
다. 곰소만이 내려다보이는 우반동 반계서당에 올라 실학을 접하고 반

---

62   한국민족문화대백과.

실학 따라 동학 따라 떠나는 사상과 문화·역사 기행, 전북교과통합체험학습연구회 2014-08-16

반계 유형원의 묘터에서 예를 올리고 있는 대한민국자연생태체험연구회 교원들 2013-05-27

계 선생의 묘소를 찾아 잡초도 제거하고 막걸리도 따라 올리며 오늘 우
리에게 나라의 자긍심으로 서 계신 큰 스승에게 감사의 참배도 드린다.

반계 유형원은 조선 효종 4년(1653) 32세 때 이곳 부안 우동리(우반동)로 이거해 왔다. 선생은 20여 년 동안 우반동에 살면서 깊은 학문연구와 많은 저술활동을 했으며 이곳은 52세(1673) 때 병환으로 세상을 떠나자 경기도 용인의 선영으로 안장하기 전에 잠시 묻혀 있던 곳이다.

「실학 따라 동학 따라 떠나는 사상과 문화 · 역사 기행」을 마무리한다. 연수를 통해 더 넓은 시야로 우리 선생님들이 아이들 앞에 설 때 교실은 더 살아있을 것이다.

2014-08-16

웅치전적지

- 완주 소양, 진안 부귀

9월의 마지막 토요일 전주의 동부지역에 있는 웅치전적지를 찾았다. 일제강점기에 닦은 신작로가 그대로 길로 남아서 더욱 현장감이 넘치는 좁은 길을 대형버스로 진입하는 모험을 하며 곰티, 즉 웅치에 올라섰다.

지역사와 지역문화를 연구하는 전북지역의 교원들로 구성된 전북교과통합체험학습연구회와 남원교과통합체험학습연구회 그리고 부안지역에서 활동하는 '책따라 길따라' 소속 선생님들로 구성된 30명의 연수단이 아침 7시부터 모여 가을이 익어가는 9월의 끝자락에 길을 나섰다.

한반도 중남부에 자리한 진안고원은 북으로 금강을 내어주고 남으로는 섬진강을 내어주는 깊고 넓은 숲을 이루며 서부 평야지대와 동부 백두대간 너머 낙동강 유역과의 경계를 이루는 공간이다. 서쪽 전주의 평야지대에서 동쪽 진안고원으로 넘어가기 위해서는 옛길을 따라 급경사를 차고 올라가야 한다. 구석기 · 신석기 · 청동기시대를 포함하여 고대 시기에도 서쪽의 풍부한 곡식과 동쪽의 산악지대의 특산물을 서로 교환하며 살아왔을 것이다. 고대 어느 시기부터 조선 중 · 후기에

옛웅치를 오르고 있는 완주교육지원청 교원연수단 2020-06-20

옛웅치 전투 현장을 찾은 완주교육지원청 교원연수단 2020-06-20

이르기까지 큰길이던 진안고원의 서쪽 웅치 옛길은 고지도에도 선명하
게 나타난다. 그 고갯마루에서 북으로 한숨 너머에는 조선 후기에 사용
된 것으로 알려진 적천치 길이 있다. 일제강점기에는 이 두 옛길을 두
고 남쪽으로 새로운 신작로를 만들었는데, 곰티재로 넘나드는 길이 그

것이다. 이 신작로는 만덕산 북쪽 사면을 따라 이어지는데, 지금도 비포장으로 남아 있다. 해방 후에도 계속 사용된 신작로 곰티재는 1972년 진안고원으로 넘어가는 새 도로 모래재가 건설되면서 그 역할을 다하게 되었다. 굽이굽이 구부러진 산길을 타고 난 모래재 길이 태어난 지 25년 뒤 그보다 더 안전한 4차선 포장도로가 1997년 완공되어 전주-진안 간을 더욱 편안하게 다닐 수 있게 되었다.

고원을 넘나들던 이 호남정맥과 금남정맥의 산줄기에 또 하나의 소통로가 개설되었는데, 그것이 2007년 준공된 익산-장수 간 고속도로다. 고대로부터 현재에 이르기까지 길의 백화점을 차려놓은 듯 시대와 역사를 대변해주는 이 고개에는 6개의 길이 산을 넘고 있다. 보룡재, 모래재, 적천치, 옛웅치, 곰티재, 고속도로 등 6개의 고갯길이 지나는 이 산줄기 마루에서 소통과 교류가 이루어졌다.

어느 한 시기 무역이 아닌 침략과 그것을 막아내기 위한 목숨을 건 전투가 벌어졌다. 임진왜란 초기인 1592년 7월 7일 시작되어 7월 8일 끝난 옛웅치전투가 바로 그것이다. 왜군 6번대 1만 5천 병력 중 1만여 명을 안코쿠지가 이끌고 금산에서 용담을 거쳐 진안을 지나 이곳 옛웅치를 넘어왔다. 안코쿠지가 이끄는 군대를 맞아 의병장 황박, 해남 군수 변응정, 나주 판관 이복남, 김제 군수 정담, 1천 명의 관군과 의병이 이틀 동안 치열한 혈전을 벌였는데 정담, 이봉, 강운, 김안, 김수, 김정 등 대부분이 장렬하게 순절했다.

웅치전투의 중요성을 권율 장군의 사위였던 백사 이항복이 장인으로부터 전해 들은 이야기를 기록한 다음 내용에서 확인할 수 있다.

대체로 웅치의 싸움은 변란이 처음 일어날 때에 있었으므로, 적(賊)의 기세는 한창 정예했고, 우리 군사는 단약(單弱)한데다 또 건장한 군졸도 없어서 군정(軍情)이 흉흉하여 믿고 의지하기가 어려웠다. 그런데도 능히 죽을 힘을 다하여 혈전(血戰)을 벌여서 천 명도 채 안 되는 단약한 군졸로 열 배나 많은 사나운 적군을 막아 내어 끝까지 호남(湖南)을 보존시켜 국가의 근본으로 만들었으니, 이것이 바로 어려웠던 이유이다. 그러나 이때에는 서로(西路)가 꽉 막히어 소식이 통하지 않았고, 본도(本道)가 패하여 흩어져서 사람들이 대부분 도망쳐 숨어 버렸으므로, 내가 비록 공은 있었으나 포장(褒獎)해 줄 사람이 없어 조정에서 그 소식을 들을 길이 없었다. 그러니 비유하자면 마치 사람이 없는 깜깜한 밤에 자기들끼리 서로 격살(擊殺)한 것과 같았으므로, 공이 드러날 수가 없었다.[63]

한편 서애 류성룡이 남긴 『징비록』에는 당시 웅치전투에서 상당히 많은 전투력을 잃은 일본군대가 조선 군인들의 용맹과 의로운 순절을 기리는 글을 남겼다고 전하고 있는데, 다음과 같다.

왜군은 웅령전투에서 전사한 우리 군사들의 시신을 모아 길가에 매장하고 큰 무덤 몇 개를 만든 다음 나무를 꽂고 이렇게 써놓았다. "조선의 충성스럽고 의로운 자들에게 조의를 표한다(弔朝鮮國忠肝義膽)." 이것은 우리 군사들이 목숨을 바쳐 치열하게 싸운 정신을 가상히 여긴 것이다. 이 때문에 전라도만은 전란으로부터 지켜낼 수 있었다.[64]

---

63 〔한국고전종합DB〕, 『백사집』 「백사별집 4권 잡기」.

64 류성룡(오세진 · 신재훈 · 박희정 역해), 『징비록(懲毖錄)』(서울: 홍익출판사, 2017), 159-160쪽.

금산의 칠백의총, 남원의 만인의총이 있다면 이곳 완주와 진안의 옛 고갯길 웅치에는 천인의총이 있어야 한다. 임진년부터 7년의 전쟁을 승리로 이끄는 데 핵심요소 중의 하나였던 곡창지대 전라도가 1596년까지 온전하게 버텨준 것은 전적으로 이곳 웅치와 북쪽의 대둔산 이치전투의 결과였다. 훗날 행주대첩을 이끈 권율은 스스로 말하기를 행주대첩보다 웅치전투가 더 큰 전투였다고 했다. 이 웅치전적비 앞에서 임진왜란 당시 전주를 포함한 호남이 안전하게 유지되는 데 결정적인 역할을 한 웅치전투와 안덕원전투 그리고 완주 대둔산 인근 이치전투의 승리까지 함께 돌아보았다. 실제로 전투가 벌어졌던 현장은 이곳 웅치전적비가 세워진 곳이 아니라 북쪽에 위치한 옛웅치였음이 최근의 발

완주 소양 곰티재
웅치전적비 앞에서
2019-09-28

웅치전투에서 순절한 김제군수 정담과 제 의병을 기리고 있는 웅치 동편의 창렬사 2020-06-20

굴 결과로 확인되었다.

　비포장 신작로를 타고 내려와 진안 부귀면으로 돌아 정천면을 거쳐 구봉산으로 향하려다가 용담댐을 접하고 있는 정천면 망향동산에 올라 아름다운 용담호의 풍광을 감상했다. 가을이 다가오는 듯 주위 산과 하늘의 구름이 박자를 맞추고 있다.

　"지자요수(知者樂水) 인자요산(仁者樂山)"에서 '이락정(二樂亭)'이라 지었다가 '만송정(萬松亭)'이라는 이름으로 바뀐 뒤 우암 송시열에 의해 '태고정(太古亭)'으로 태어난 수려한 정자와 인근 정천면에서 이전 복원한 고인돌들이 용담의 망향동산에 어우러져 사람들의 발길을 끌고 있다. 동춘당 송준길이 쓴 편액과 우암 송시열이 남긴 태고정기의 사연[65]을 듣고 정천면과 안천면에서 용담댐 아래 송풍리로 이전 복원한 고인돌 무덤 떼를 찾았다. 무덤방의 내부구조와 개석으로 사용한 고인돌까

65　『송자대전』 제141권 기(記)를 참고하기 바란다.

진안 정천면 망향동산에서 바라본 용담댐 2019-09-28

지 함께 살필 수 있는 좋은 공간이다. 석재는 반상변정편마암으로 정천
면 여의곡 일대에 분포하는 암석이다. 전주권 광역상수도를 포함한 새
만금까지 물을 공급하고 있는 용담댐은 1940년 일제가 첫 구상을 했
고, 1967년 건설부가 다시 시도했지만 무산되었는데 1992년에야 비로
소 착공할 수 있었다. 전주 · 익산 · 군산 · 새만금 등 전북지역 주요 도
시민의 생명수가 된 용담댐. 그 물을 내어주는 숲에 감사하고 수자원을
생명으로 여기는 유관 단체에 감사함을 갖고 살아야 하지 않겠는가. 숲
과 강 그리고 바다로 이어지는 자연의 소통로에서 인문학이 형성되는
것을 안다면 강은 자체가 인문학이다.

2020-06-22

전해산기념관

내가 죽은 후에 나의 눈을 빼어 동해에 걸어두라

너희 나라가 망하는 것을 내 눈으로 똑똑히 보리라.

- 1910년 8월 23일(음력 7월 19일) 대구형무소

이 말은 대구형무소에서 순국한 전해산 장군이 최후 진술에서 일본인 재판장을 향해 경고한 것이다. 전해산 장군을 찾아올 때마다 그의 말을 마음에 힘을 주고 읊으면 가슴이 뭉클해지면서 이내 울컥하고 올라온다. 죽음을 눈앞에 두고 당당하게 그리고 저렇게 장엄하고도 서슬 퍼런 칼날로 일제를 꾸짖은 해산 전기홍 의병장의 자세에서 우리는 긍지를 느낄 수 있다.

내가 1997년 남원시에서 장수 번암중학교로 학교를 옮겼을 때 학교 진입로 옆에 있던 전해산장군비각을 본 적이 있다. 그게 전부였고 그저 그런가보다 했다. 그렇게 항일의병장은 아니 의병은 내 가슴에서 비켜 있었다. 오래도록 말이다. 부끄럽게도 그 당시 30대 중반의 내 마음속에는 독립운동도, 항일의병전쟁도 자리하지 못했다. 학생들 가정방문을 하고 밤에 천체관측행사를 하면서 산골짜기 마을에 학생들을 태워다주었어도 그 오가던 유정리길 옆에 전해산 장군 부부의 묘가 쓸

348

전해산장군기념관 해산재에서 참배를 하고 있는 연수단 2017-06-30

쓸하게 자리하고 있었는지도 몰랐다.

　해산은 1879년 전라북도 임실 남면 국화촌 호전동(菊花村 狐田洞)에서 태어났다. 1901년 면암 최익현을 임피 낙영당에서 만나고, 1906년 태인의 무성서원에서 면암이 태인의병을 창의했을 때 함께하고자 찾아갔다. 하지만 무장투쟁에 미흡한 유생들이 대부분임을 알고 돌아와 임실 이석용 의병장의 참모로 활동하다가 전남지역에서 1908년 대동창의단 대장, 호남동의단 대장으로 추대되어 1908년 9월 15일 영광 불갑산전투부터 1909년 4월 25일 영광 덕흥전투까지 총 71회 전투에서 왜병 수백 명을 살상했다. 이후 군대를 해산시킨 뒤 장수 번암 동화리 깊은 골에 잠적하여 후학을 양성하던 중 왜병에게 체포되어 광주에서 사형선고를 받고 1910년 8월 23일[66] 교수형으로 순국했다. 장군이 군대를 해산하고 지은 다음 시에는 당시 망해가는 나라 상황과 실의에 빠진 비

66　국가보훈처 공훈전자사료관과 『임실독립운동사』에는 1910년 7월 18일로 되어 있다.

통한 심정이 담겨 있다.

> 서생이 무슨 일로 갑옷을 입었나
> 먹은 마음 다 틀어지니 한숨만 나오네
> 조정에서 날뛰는 놈의 꼴 통곡만 내고
> 해외에서 밀려오는 적 말도 다 못하네[67]

5일 전에서야 사당의 문을 열었다는 기념관 관장님의 말씀을 듣고 제일 먼저 참배부터 하고 지난 6월 24일 개관[68]한 기념관을 둘러보았다. 얼마나 감사한 일인가. 드디어 전해산 장군의 기념관이 생긴 것이다. 그동안 후손으로 부끄러웠는데, 이제 좀 미안함이 덜하다. 기념관 뒤 개울 건너 산자락 경사면에 부인과 함께 묻혀 있는 장군의 묘소를 찾아 봉분과 혼유석을 어루만졌다. 장군의 시신을 본 부인이 통곡 후 바로 자결하여 두 분이 함께 묻힌 이곳. 오늘은 해산 선생의 기념관이 있어 자랑스럽고 기쁜 날이다.

> 천하에 대의가 세 가지 있으니
> 첫째, 우리 땅은 한 치라도 왜적에게 줄 수 없다.
> 둘째, 우리의 백성은 한 명이라도 오랑캐가 될 수 없다.
> 셋째, 우리의 도의는 하루라도 땅에 떨어질 수 없다.

---

67 최성미 편저, 앞의 책, 188쪽.

68 2014년 6월 24일 전해산장군기념관이 개관했다. 내가 처음 찾은 것은 2014년 8월 27일 이었다.

전해산 장군 동상 앞에서 남원교육지원청 교사 혁신마인드제고 연수단 2017-06-30

전해산 장군 부부 묘. 우측에 세워진 묘비 앞면에는 義士全公垂鏞殉國不忘碑, 뒷면에는 단기 4287년 3월이라고 쓰여 있다. 2014-08-27

    기념관 앞에 세워진 선생의 동상 기단부에 새긴 이 결의에 찬 격문을 읽으며 춘천 의병장 의암 유인석 장군의 처변삼사가 떠올랐다. 우리에게 이러한 분들의 희생이 있었으니 오늘 민주주의 세상에서 당당하게 살아갈 수 있음이다.

2014-08-27

덕유산의 메아리

덕유산 넓은 품 아래 북으로 흘러내린 산줄기에 우뚝 솟은 적상산에 가을이 왔다. 머루와인 동굴, 무주리조트 스키장, 구천동 33경, 반딧불이, 적상산, 태권도공원, 무주 · 진안 국가지질공원. 이 중 '무주' 하면 떠오르는 것은 무엇일까. 한 번쯤 다녀왔을 무주의 속살엔 옹이가 되어버린 역사의 상처가 들어 있다.

덕유산 속에 품고 있는 덕 속에는 선비의 의가 자리한다. 이름값을 하는 것인가. 100년도 넘은 세월이 흐른 지금 덕유산의 품에 다시 안겨 그 속에 서려 있는 의인들의 향기를 느껴본다. 나는 이 아름다운 덕유산을 '의병항쟁 성소'라 칭한다. 치유의 공간이 되어 우리를 자연의 향으로 씻어주는 넓은 품, 그리고 향기 또한 모두에게 감사와 은혜의 공간이다.

「우리 지역 알기」 행정연수로 무주교육지원청 소속 지방행정공무원들의 지역 알기 연수를 시작한다. 내가, 내 삶의 주요 요소인 근무처의 지역 문화 · 역사를 이해하는 것은 업무의 깊이와 업무 속에 담아야 할 정신을 올곧게 피워내는 정수리와 같다. 어찌 이리 날이 좋더란 말인가. 코로나와 같이 살아가야 하는 요즘 마스크를 쓰고 나름 안전조치를 취하고 나서 무주교육지원청을 떠나 남으로 향한다.

남대천에서 바라본 무주읍 2020-10-07

　　남대천을 건너 적상산을 좌측에 두고 무주군 안성으로 향하는 버스 속에서 백두대간, 가야와 신라 그리고 백제 등 고대 국가들의 삶의 투쟁과 세계기록유산 조선왕조실록의 보관처였던 적상산의 태생과 천연요새의 역할 등을 만나보며 깊디깊은 칠연계곡을 향해 달렸다.

　　의병은 우리 역사에서 한 명, 한 명이 꽃이었고 희망이었다. 그 꽃은 동학농민혁명의 거름으로 생명을 유지한 것이었으며, 민중의 미륵이나 다를 바 없었다. 56억 7천만 년은 너무나 멀다. 민중에게는 오늘 그 미륵이 세상에 출현해야 한다. 그 미륵은 반봉건 만민평등의 숭고한 진리를 들고 나선 혁명군이었고, 잔악한 일제를 몰아내주기를 간절하게 염원한 민중이 또다시 희망을 건 것이 의병들이었다. 한 명 또 한 명 그 하나가 숭고한 꽃이었던 의병, 무려 100여 명이 한날한시에 순절한

안성칠연의총. 무주교육지원청 연수단 2020-10-07

우리 의병항쟁사에서 가슴 시리도록 아리게 하는 현장이 안성의 칠연 계곡이다.

　조선 백성 하나라도 남아 있는 한 결코 조선은 망하지 않았던 이 땅의 피와 살 그 민초들. 그들이 함께하는 이 땅이 오늘 저 간악한 이웃 일본과 대등하게 그리고 당당하게 살아내는 한민족의 터전이다. 대한 제국 시위대 군인이었던 신명선은 1907년 8월 1일 군대 해산의 비통함 을 안고 고향 무주로 내려온 뒤 군자금을 모아 의병들을 규합했다.

　1907년 정미7조약이 체결되고 이어서 구한국군이 해산되자, 거의할 것을 결의하고 동지를 규합하여 스스로 의병장이 되었 다. 문금서(文今西)와 함께 부하 150명을 거느리고 무주와 경상남 도 안의(安義) 일대에서 활약했다. 1907년 11월 30일경 황덕화 (黃德化)·황이만(黃二萬) 등 부하 8~9명과 함께 총기를 휴대하고 전라북도 금산군에 사는 음대보(陰大甫)와 김내삼(金來三)의 집에

배골 접전 모퉁이. 1908년 1월 3일 김원일이 순국한 곳이다. 2019-02-26

들어가 의병운동을 위한 군자금으로 금 23냥을 모금했다.[69]

이렇게 의병을 규합하고 군자금을 마련한 신명선 의병장은 이 일대에서 맹활약을 벌인 문태서 의병장과 연합부대를 구성하여 일본군과 전투를 벌였는데, 핵심 전투를 요약하면 다음과 같다.

1908년 정월 초에는 무주군 적상면 방이리 배골마을에서 일본군 수비대를 격퇴했는데 그때의 접전지역을 지금도 접전 모퉁이라고 부르고 있다. 이어 정월 대보름에는 문태서(文泰瑞)의 호남 의병대와 합세하여 무주군 부남면 고창리 옥녀봉 골짜기에서 일본군 수비대를 섬멸하여 적 43명을 사살하고 병기 50자루를 노획하는 등의 전과를 올렸다. 2월에는 진안군 동향면 봉곡(鳳

---

69 〔공훈전자사료관〕, 『독립유공자 공훈록』 1권(1986).

谷)에서 일본군 수비대 10명을 사살하고 총기 9자루를 노획했으며 3월에는 거창군 북상면 월성에서 일본군 수비대와 접전하여 적 10명을 섬멸했다.

1908년 4월 문태서의 호남 의병단과 함께 장수 주재소를 기습했고 추격해 오는 일본군 수비대를 유인하여 농소(農所), 어전(於田), 문성(文城) 마을 등지에서 접전하여 사살 15명, 부상 20명, 총기 25자루를 노획하는 등 성과가 있었으나 의병도 7명이 전사하고 25명이 부상당했다. 그 후 신명선과 의병 대원들은 무주군 안성면 사전리에 주둔하고 있던 일본군 수비대를 습격하기 위해 출전하다 잠복하고 있던 일본군의 기습을 받고 송정골로 향했으나 100여 명 모두 장렬하게 최후를 마쳤다.[70]

신명선 의병장의 순국 터 칠연계곡. 그 안의 칠연의총 100여 위의 영령 앞에 머리와 가슴을 숙였다. 아! 이들의 마지막 숨넘어가는 그 아픔을 보고 있는가? 아니, 보이지 않는가! 그들의 의로운 영혼들을 제대로 불러내어 얼굴을 맞대고 함께 흐느끼자. 그리고 이제 평안하게 영면하시라고 안아드리자. 신명선 의병장과 함께 순절한 100여 명의 혼이 담긴 칠연계곡 안에 그들이 오늘도 끊임없이 토해내고 있다. 나를 향한 사랑 그리고 가족을 지키기 위한 사랑, 나아가 기울어가는 나라를 구해내고자 하는 마지막 몸부림. 그들 의병의 향기가 오늘 아름다운 무주의 가을 하늘에 높이 또 드높이 솟아오른다.

2020-10-07

---

70 전북향토문화연구회,『全北義兵史 下』(전주: 선명출판사, 1992), 99-102쪽.

마을과 함께하는 교육과정을 위한 「무주 깊이 알기」 무주교육지원청 교원연수단, 한풍루 어울터
전일봉 선생상 앞에서 2019-06-15

❶안성칠연의총 → ❷장지현 장군 충신각 → ❸서벽정 → ❹라제통문과 강무경 의병장 →
❺부벽정과 무주보 → ❻한풍루와 전일봉 선생 동상

제4부

제주권

여러분! 제주도 하면 떠오르는 것은?

내가 제주도를 처음으로 찾은 것은 대학교 3학년이었던 1985년 졸업여행 때였다. 제주도는 내가 전공했던 지구과학의 산교육장이었기 때문에 그때 답사했던 서귀포 퇴적층에 대한 기억은 아직도 생생하다. 그 뒤로 6년이 흘러 신혼여행으로 제주도를 다시 찾았다. 이때의 기억은 바닷가가 보이는 성산일출봉 언덕을 걸어 내려왔던 기억밖에 없다. 제주에 대한 그런 기억을 갖고 있던 내가 제주를 가슴으로 받아들인 뒤 2022년 8월 현재까지 총 60회에 걸쳐 제주를 다녀왔다. 이제는 제주사랑인이 되었다. 내게 있어 제주도는 과학교사에서 역사 강사로 삶의 길을 바꾸게 한 하나의 배경이 되었다. 그만큼 제주도는 내 삶을 획기적으로 변화시켰다.

제주도 하면 떠오르는 것은?

여러분에게 지금 "제주도 하면 떠오르는 것 다섯 가지를 써보라"고 한다면 어떻게 대답할 것인가? 다음 빈칸에 실제로 써보기를 바란다. 그래야만 이어서 전개되는 나의 제주도 이야기 속으로 깊게 빠져들 수 있다.

'제주도' 하면 떠오르는 것 다섯 가지는?

1.

2.

3.

4.

5.

이제 여러분이 떠올린 다섯 가지 용어를 '사물 이름', '지형과 지리', '문화와 역사', '현상', '추상적 개념', '기타'(앞의 다섯 가지 영역에 포함되지 않는 경우) 등 여섯 가지 범주로 구분하여 분류해 본다. 여러분이 쓴 제주도 하면 떠오르는 것 다섯 가지는 위의 여섯 가지 범주의 영역으로 분류했을 때 몇 가지 영역에 해당하는가? 제주도는 대한민국의 보배이고 선물이다. 각자 살아가는 동안 제주도는 우리에게 어떤 곳일까. 학생을 포함해서 일반인들에게 제주도는 설렘과 희망 그리고 행복을 주는 곳임에 틀림없다. 코로나19로 인한 불안감과 우울감으로 고통받고 있는 요즘 사람들에게 제주도는 더욱 가고 싶은 곳이다. 아무런 스트레스 받지 않고 쉼을 얻기 위해서, 삶의 분위기를 바꿔보기 위해서, 전문적인 학술연구를 위해서, 맛 기행을 위해서, 오름기행을 위해서, 올레를 걷기 위해서, 자전거를 타고 한 바퀴 돌기 위해서,

제주에서 한 달 살기 등등 제주도를 찾아가는 이유는 수없이 많을 것이다. 제주도의 자연지리 환경과 인문자원을 조금만 관심을 갖고 깊게 들여다볼 수 있다면 앞으로 제주도 여행은 우리들의 삶에 있어 새로운 이정표가 되어줄 것이다. 나는 제주도를 전 국민의 '교과통합교과서'라고 부르고 있다.

2012년도에 내가 남원시에 위치한 용성중학교에서 제주도 교과통합체험학습을 추진하면서 현장적용 전에 설문을 받아본 적이 있다. 위에서 질문한 "제주도 하면 떠오르는 것 다섯 가지를 써보라"는 것이었는데 2학년 한 학급 33명이 응답한 결과에서 보는 바와 같이 돌하르방이 제일 많이 나왔고 그 다음으로 섬, 한라산, 화산, 귤이 차지했다. 33명이 다섯 가지를 생각해낸 것인데, 나타난 용어는 21가지에 불과하였다.

**'제주도' 하면 떠오르는 것에 대한 응답 –
2012년 남원용성중학교 2학년 한 학급 33명**

돌하르방
섬
한라산
화산
귤
동굴
돌
현무암
오름
사투리
등 21가지

반면 2013년에 남원여자고등학교 1학년 1개 학급 24명에 대하여 같은 설문조사를 하였는데 돌하르방 16명, 한라산 12명, 돌(현무암) 12명, 감귤 11명, 한라봉 8명 등으로 나타났다. 중학교 2학년 혼성반과 달리 여학생으로만 구성된 여고 1학년 학생들은 학생 수가 24명인데도 용어는 32가지로 중학생들보다 더 다양한 반응을 보였다.

'제주도' 하면 떠오르는 것에 대한 응답 - 2013년 남원여자고등학교
1학년 한 학급 24명

> 돌하르방(16명), 한라산(12명), 돌(현무암)(12명),
> 감귤(11명), 한라봉(8명), 바람/바다(7명), 초콜릿(6명),
> 해녀(4명), 주상절리/올레/섬/초록색/전복(3명), 여자/
> 용머리해안/배/성산일출봉(2명), 유채꽃/면세점/흑돼지/
> 비행기/오메기떡/말/용암/도깨비길/여행/홍콩/테디베어/
> 박물관/마라도/가파도(1명) 등 32가지

용성중학교 2학년 6학급에 적용한 제주도 교과통합체험학습 프로그램은 2008년과 2009년에 전라북도 수퍼영재[1] 사사교육을 위해 전북자연생태체험연구회 소속 교사들이 개발한 프로그램이었다. 이 프로그램을 적용하고자 하였던 수퍼영재 학생들을 대상으로 사전에 동일한 설문조사를 하였는데 결과는 다음과 같다.

'제주도' 하면 떠오르는 것에 대한 응답 - 2008년 전라북도 수퍼영재
초 5, 6학년과 중 1, 2학년 총 40명

> 돌하르방(20명), 한라산(19명), 귤(14명), 바람(11명),
> 돌/현무암(10명), 바다(9명), 섬(8명), 한라봉(6명), 화산섬/
> 백록담/해녀(5명), 만장굴(3명), 자연유산/비행기/말/
> 식물원/용두암/성산일출봉/수학여행(2명) 등 47가지

---

1   전라북도교육청 산하 각 지역교육지원청 영재교육원과 영재학급 소속 영재학생 중에서
    다시 선발된 160명의 영재학생을 영재교원 40명에게 4명씩 배정하여 1년 동안 사사교육

2008년 9월 26일 초등학교 5학년 4명, 6학년 16명 그리고 중학교 1학년 4명과 2학년 16명 등 총 40명으로 구성된 수퍼영재들에게 실시한 설문 결과, 돌하르방, 한라산, 귤, 바람 등을 가장 많이 떠올렸다. 한편 5가지 중 첫 번째 응답한 용어들만 뽑으면 돌, 한라산, 하르방, 바람, 화산섬, 귤 등의 순이었다.

 우리는 위의 세 설문 결과를 통해 일반 중학생들이나 여고생들 심지어 여러 선발단계를 거쳐 뽑힌 수퍼영재 학생들까지도 제주도에 대한 인식에 있어서 큰 변화가 없음을 알 수 있었다. 제주도 하면 떠오르는 용어는 대부분 단순한 사물 이름이나 지형과 지리의 범주에 해당하는 것들이었다. 제주도의 이미지(가치)가 육지에 있는 학생들에게는 '돌하르방, 한라산, 귤, 돌, 한라봉' 등 극히 제한적인 영역에 머무르고 있음을 알 수 있다. 즉 제주의 문화와 역사, 어떤 현상, 추상적 개념 등의 영역에 해당하는 용어는 거의 없었다. 이와 같은 결과는 중학교에서 고등학교로 진급을 하더라도 특별하게 제주를 깊이 있게 바라볼 수 있는 경험이 없었던 것에 기인할 수 있다.

 이제 앞에서 여러분들이 대답한 다섯 가지를 위의 학생들의 설문 결과와 비교해본다. 어떤 차이점이 있는가. 사실 위의 설문조사는 지금으로부터 대략 10년 전의 상황이어서 그 뒤로 제주도에 대한 인식은 많이 변했을 것이다. 여러분이 응답한 결과와 위의 설문 결과와 많은 차이가 있다면 그것은 제주도를 단순한 관광이 아닌 어떤 목적을 가지고 방문하고 있다는 의미로 해석할 수 있다.

과정을 이수하는 사업이다. 영재교육 담당 교사가 4명 중 1명을 선발하여 최종 40명이 수퍼영재가 되고, 이들에게 교과통합능력 배양과 리더십 함양을 목표로 전북자연생태체험연구회가 주관하여 제주도 교과통합체험학습을 제공한다. 이 사업은 2008년과 2009년 2년 동안에 한해서 실시되었다.

「화산섬 제주의 자연과 사람」교과통합체험학습 후
제주도에 대한 인식 변화

전라북도교육청의 수퍼영재학생들의 리더십과 교과통합능력 배양을 위해서 개발된 체험학습 프로그램을 일반 학생에게 적용했을 때 어떤 변화가 있었는지 살펴본다. 남원시 용성중학교 2학년 6개 학급을 대상으로 테마식 제주현장체험학습(2013. 10. 15~10. 18)을 적용한 후 제주도 하면 떠오르는 것에 대한 설문 결과는 다음 페이지 표와 같다. 설문조사는 체험학습을 다녀온 후 18일이 지나서 이루어졌다.

　　2012년 남원용성중학교 한 학급 학생들을 대상으로 제주도 체험학습을 다녀오기 전에 제주도에 인식에서는 33명이 다섯 가지씩 응답한 용어가 21가지였다. 동일한 학급이 아닌 제한점은 있지만 2013년 제주도 교과통합체험학습을 다녀와서 응답한 용어는 45가지로 두 배가 넘었다. 또한 체험학습을 다녀 온 뒤 18일이 지나서 조사한 응답에서 '4.3사건'을 학급 전체 인원 34명의 50%인 17명의 학생이 5가지 중에 하나로 기억하고 있음을 알 수 있다. 2012년 응답에서는 역사와 관련된 사건이나 용어가 한 가지도 나오지 않았는데, 2013년 교과통합체험학습을 다녀온 뒤 반응에서는 '4.3사건', '순이삼촌', '일본', '진지동굴', '일제강점기', '학살' 등 6가지가 나타났다.

　　그렇다면 수퍼영재 학생들에게는 어떤 변화가 일어났을까. 영재학생들에게는 2008년 9월 26일 사전설문조사가 이루어졌고 현장적용 후 설문조사는 10월 27일 실시되었다. 영재 학생들이 전라북도 전지역에 거주하고 있어서 현장적용 마지막 날 체험학습이 끝나고 바로 이루어진 점이 앞의 용성중학교 설문조사 방법과 차이나는 점이다.

'제주도' 하면 떠오르는 것 5가지 응답 - 제주교과통합체험학습 프로그램 적용 후, 2013년 남원용성중학교 2학년 3반 34명

응답 용어	응답 수	응답 용어	응답 수	응답 용어	응답 수
4.3사건	17	올레	3	자전거	1
동굴	12	진지동굴	2	송악산	1
바다	12	월정리조개모래	2	돌담	1
돌	10	암석	2	용암	1
화산	7	신비도로	2	마그마	1
돌하르방	7	오름	2	학살	1
감귤	6	카트	2	절벽	1
순이삼촌	5	버스	2	풍경	1
한라산	5	조랑말	2	화석	1
성산일출봉	5	현무암	2	배	1
섬	5	초콜릿	2	힘듦	1
한라봉	5	산	2	숙소	1
수학여행	4	해녀	2	배멀미	1
바람	4	일제강점기	1	해안	1
일본	3	이중섭미술관	1	생선	1
계			45가지		

2008년 수퍼영재 학생들의 경우 '제주4.3사건'을 떠올린 경우가 체험학습 전에는 1명이었던 것이 체험학습 다녀온 뒤는 77.5%인 31명이 '제주4.3사건'을 떠올렸다. 체험학습 전에 47가지 용어 중 역사 관련 용어는 '4.3사건' 한 가지였는데 체험학습 후에는 '4.3사건', '학살', '일

'제주도' 하면 떠오르는 것 5가지 응답 - 제주 교과통합체험학습 프로그램 적용 후, 2008년 전라북도 수퍼영재 초 5, 6학년과 중 1, 2학년 총 40명

응답 용어	응답 수	응답 용어	응답 수	응답 용어	응답 수
4.3사건	31	학살	3	삼무도	1
돌	13	일제	3	알뜨르	1
바람	13	말	2	비	1
화산	12	백록담	2	사투리	1
거문오름	11	용암	2	지질용어	1
굴	11	오름	2	삼별초	1
한라산	10	진지동굴	2	목관아지	1
현무암	8	순이삼촌	2	관덕정	1
바다	5	돌담	2	감귤초콜릿	1
산방산	5	몽골	2	풍력발전소	1
동굴	4	관광	2	송악산	1
곶자왈	4	삼다도	2	천지연폭포	1
여자	4	섭지코지	1	성읍민속마을	1
화산섬	3	자연유산	1	김녕굴	1
성산일출봉	3	백년초	1	주상절리	1
섬	3	대문	1		
용머리응회환	3	응회구	1		
계			49가지		

제', '진지동굴', '순이삼촌', '알뜨르', '삼별초', '몽골' 등이 나왔다. 특이한 점은 체험학습 전에 돌하르방을 20명이 선택하였는데 체험학습 후에 단 한 명도 떠올린 학생이 없다는 것이다. 또 하나 세계자연유산에 해당하는 거문오름을 11명이 응답했는데 이는 거문오름 분화구 탐방을 했던 것이 크게 작용한 것으로 보인다.

제주도 교과통합체험학습 프로그램이 영재 학생들의 리더십 함양에 미친 영향

제주도 교과통합체험학습 프로그램이 영재 학생들의 리더십 함양에 미친 영향을 알아보기 위해 체험학습 적용 후 "자신이 사회의 리더가 되었을 때 가져야 할 가장 큰 덕목은 무엇이라고 생각하는가?"라는 항목에 대해 서술식으로 기술하도록 하였는데 38명이 응답하였다. 먼저 중학교 1, 2학년들의 응답을 살펴본다.

질문에 대한 응답 방식이 서술형이었음에도 불구하고 20명 중 19명이 응답하였다. '생명존중'이라고 응답한 경우 1학년 1명, 2학년 4명 등 총 5명으로 26.3%를 차지하였다. '역사를 제대로 안다'와 '역사인식' 등 역사와 관련된 내용으로 응답한 경우가 1학년 1명, 2학년 4명 등 총 5명으로 26.3%를 차지하였는데 이는 생명존중과 동일한 비율이다. 기타 응답수가 1명인 경우 서술한 내용이 모두 이타심의 표현과 관련된 내용들이었다. 중학교 수퍼영재 학생들은 제주도 교과통합체험학습을 통해 생명존중과 역사의식이 지도자가 가져야 할 가장 큰 덕목으로 인식하고 있음을 보여주고 있다. 이는 제주4.3사건을 통해 생명이 소중하다는 의식을 갖게 되었음을 알 수 있고, 역사의식이라고 반응한 경우는

자신이 사회의 리더가 되었을 때 가져야 할 가장 큰 덕목에 대한 응답 - 2008년 전라북도 수퍼영재 중학교 1, 2학년 20명

중학교 1학년		중학교 2학년	
항목	반응 수	항목	반응 수
생명존중	1	생명존중	4
역사를 제대로 안다	1	역사인식(반복되지 않게)	4
민란이 발생되지 않게	1	민주주의	1
남을 먼저 이해	1	포용과 사랑	1
		양심(강하고 곧은 바른 생각)	1
		다른 의견 수용	1
		개인 욕심 버림	1
		억울한 이가 없게 하는 마음	1
		평화	1
계	4	계	15

일제강점기와 태평양전쟁 하의 제주지역에 남아있는 여러 상처들을 직접 체험학습을 통해 가슴으로 받아들인 결과라 할 수 있다. 다음은 초등학생들의 경우를 살펴본다. 전체 학생 20명 중에서 19명이 질문에 응답하였다.

초등학교 수퍼영재들의 경우 '생명존중'이 12명으로 전체 63.2%를 차지하고 있다. 반면 중학교 수퍼영재 학생들과 달리 역사에 대한 항목은 19명 중 1명만이 응답을 하였으며, 이타심에 해당하는 것은 '사랑', '이해심', '협동' 등 3가지였고 '안전과 발전', '냉철한 판단력', '지혜' 등의 내용이 표현되었다.

**자신이 사회의 리더가 되었을 때 가져야 할 가장 큰 덕목에 대한 응답 - 2008년 전라북도
수퍼영재 초등학교 5, 6학년 20명**

초등학교 5학년		초등학교 6학년	
항목	반응 수	항목	반응 수
생명	1	생명존중	11
사랑	1	안전과 발전	1
이해심	1	냉철한 판단력	1
		지혜	1
		우리의 역사	1
		협동	1
계	3	계	16

　　초 · 중 40명의 영재 학생들에게 체험학습을 적용한 후에 "제주
도를 다시 가고 싶은 욕구가 있는가?"라고 물었는데, 매우 그렇다(22
명, 55%), 그렇다(18명, 45%), 그저 그렇다(0명, 0%), 다시 가고 싶지 않다(0
명, 0%)는 반응을 보였다. 4일 동안의 꽉 짜인 일정에 기록활동을 병행
하는 체험학습이었는데도 영재 학생들은 참가자 40명 전체가 모두 제
주도를 다시 가고 싶다고 응답하였다. 이는 제주도나 육지에 있는 학교
단위의 제주도 현장체험학습이 가야 할 방향을 어떻게 설정해야 하는
지를 암시하고 있다. 또한 일반인들 역시도 제주도 여행 시 계획된 여
정을 제공한다면 제주도가 계속 다시 찾고 싶은 관광지가 될 수 있음을
말해주고 있다.

　　마지막으로 영재 학생들에게 "제주의 자연과 사회 · 문화 역사를
통합적인 관점에서 상호 연관지어 기술하시오"라는 질문에 응답한 두
학생의 글을 소개하면서 설문 결과를 마무리하고자 한다. 이 설문은

'제주의 지질과 화산, 제주의 지리와 기후, 제주의 식물과 동물, 제주의 촌락과 생활, 제주의 문화와 문학, 제주의 역사, 제주의 관광과 산업'이라는 7개 영역의 용어를 제시하고 서술형으로 응답하게 하였다.

제주의 지질은 화산활동과 밀접한 관련이 있다. 왜냐하면 제주는 화산활동으로 만들어졌기 때문이다. 제주는 보통 현무암으로 이루어졌는데, 이런 돌로 돌담을 만들었다. 제주는 화산활동으로 이루어졌는데 제주의 중심에는 한라산이 있다. 그리고 남쪽에 있기 때문에 대체로 따뜻하다. 그러나 사면이 바다이기 때문에 바람이 매우 많이 불어온다. 그렇기 때문에 식물은 바람을 막기 위해 크기가 작다. 해안동굴은 바다와 불을 대비할 수 있게 진화했다. 일본은 제주에서 우리나라 육지로 건너가려고 했다. 제주는 그래서 일본에게 매우 심한 일을 당했다. 살기 어려운데 일본에게까지 당해서 어려운 일이 많았다. 그래서 제주에는 섬기는 신이 많다. 제주에는 다양한 동물과 식물이 살기 때문에 요즘에는 이런 환경으로 관광산업에 이용하고 있다.[2]

- 남원 도통초 6학년 고강산

시초에 제주가 화산섬이기 때문에 모든 것이 달라졌다. 북위 33도에서 생긴 제주는 현무암으로 인해 마을이 해안가에 생기고 섬이기 때문에 바람이 많아졌다. 왜의 침략을 자주 받게 되었다. 육지와 떨어져 독자적인 문화를 형성하게 되었다. 돌이 바닥이라 물동이를 머리에 이지 못하고 물허벅을 등에 메었고 바람이 세고 돌이 많아 돌담을 쌓게 되었다. 바람이 세어 말을 줄인 사투리가 발달하게 되었다. 바람이 세어 지붕을 새로 묶기도 했다. 오름은 말을 기르기 쉬워 말이 길러졌고, 이 때문에

2   전북자연생태체험연구회, 『화산섬 제주의 자연과 사람 그 탄생과 적용 보고서』, 2009, 257쪽.

몽고가 제주도를 탐내기도 했다. 제주의 곶자왈은 남부와 북부의 중간에 위치하고 습기도 많아 식물이 자라기가 쉬워 울창한 숲을 이루기도 한다. 아주 옛날 흐른 용암은 굳어 용암동굴을 만들고 바다로 나가 척박한 환경에서 강인하게 살아가는 투물러스를 만들게 되었다. 또한 제주도는 일본과 가까이 위치하고 있어 일본이 태평양 전쟁을 치를 때 많은 희생을 당한 곳이기도 하다. 하지만 살기 힘든 환경에서도 꿋꿋이 견디고 무고하게 학살당해도 견딘 제주도는 지금 아름다운 경관으로 평화의 섬으로 불리운다.[3]

— 전주 서신중 2학년 문소현

이 설문은 제주 교과통합체험학습 프로그램을 마치고 제주공항에서 비행기를 기다리며 작성한 것이다. 제주도에 관한 교과통합적 표현에서 읽어낼 수 있듯이 영재 학생들의 교과통합 능력을 배양하고 또한 리더십을 함양하고자 했던 목적은 어느 정도 달성되었다고 할 수 있다.

아마도 이 글을 읽고 있는 독자들은 궁금할 것이다. 도대체 그 제주 교과통합체험학습 프로그램이라는 것이 무엇인지 말이다. 이제 다음 글에서 내가 왜 제주도를 '전국민 교과통합교과서'라고 부르는지 안내하고자 한다. 제주도를 연구하고 현장 연수를 진행하면서 60회째 답사를 하게 된 이유도 알게 될 것이다. 이 글에 인용한 설문조사 통계는 내가 제주대학교 탐라문화연구원에서 주최한 '제주문화의 신비 워크숍'에서 발표했던 글[4]에서 옮겨왔음을 밝힌다.

---

3 위의 책, 260쪽.

4 제주대학교 탐라문화원 · 전주대학교 행정대학원 글로컬창의학과, 「'화산섬 제주의 자연과 사람' 교과통합체험학습 프로그램 개발 및 적용」, 『제주생활문화 원형의 이해와 적용』, 2018, 100-132쪽.

추가로 위의 글에서 설문조사가 이루어졌던 2012년과 2013년을 기준으로 약 10년이 흐른 2022년 3월 초에 남원여자고등학교 1학년 한 학급과 용성중학교 2학년 한 학급의 제주도에 대한 인식의 변화를 알아보기 위해 다시 동일한 설문조사를 하였다. 10년의 시간이 흐른 뒤 여자고등학교 1학년과 중학교 2학년 한 학급의 제주도 인식에는 어떤 결과가 나타났을까?

'제주도' 하면 떠오르는 것에 대한 응답 - 2022년 남원여자고등학교 1학년 한 학급 19명

감귤(한라봉)(18명), 돌하르방(16명), 바다(11명),
한라산(7명), 초콜릿(5명), 해녀/해산물/흑돼지(4명),
섬(3명), 펜션(2명), 4.3사건/감귤라이언인형/기념품가게/
남원/동백꽃/레몬즙/말/바람/비행기/사투리/산수유/
삼다수/새우/여행/주황색/초장/카페/태풍/현무암/화산/
효리네민박(1명) 등 총 31가지

2013년의 경우 '돌하르방, 한라산, 돌(현무암), 감귤, 한라봉, 바람, 바다' 순이었다면 2022년의 경우는 '감귤(한라봉), 돌하르방, 바다, 한라산' 등 그 순서만 다를 뿐 비슷함을 할 수 있다. 다만 2022년의 경우 역사 관련 용어로 '4.3사건'이 하나 나타난 것이 특이하다 할 수 있다. 반면 용성중학교 2학년 한 한급을 대상으로 2012년 조사할 때는 '돌하르방, 섬, 한라산, 화산, 귤' 등의 순서였다면 2022년 3월의 경우는 다음과 같았다.

374

'제주도' 하면 떠오르는 것에 대한 응답 - 2022년 남원용성중학교 2학년 한 학급 18명

돌하르방(14명), 한라봉(13명), 한라산/현무암(11명),
초콜릿/바다(6명), 귤/삼다수/섬/비행기(2명), 오렌지/
놀이공원/주황/빵/백록담/해녀/말고기/레드향/배/화산/
한국땅/돌/흑돼지/흑우/해산물(1명) 등 총 25가지

위에서 보는 바와 같이 10년의 시간이 흘렀음에도 그때나 지금이나 제주도를 인식하는 것에 큰 변화가 없음을 알 수 있다. 돌하르방, 한라봉, 한라산, 현무암 등의 단순 사물을 떠올리고 있는 결과는 앞의 남원여자고등학교 1학년 여학생들의 반응과 거의 같음을 보여준다.

제주도 현장체험학습을 의도적으로 목적을 두고 프로그램을 개발해서 적용하지 않는 한 10년의 시간이 흘러도 제주도에 인식의 변화는 크게 달라지지 않았음을 알 수 있다. 설문에 응답한 학생들이 10년 동안 성장해오면서 가족여행이나 또는 학교에서 체험학습으로 제주를 다녀왔을 텐데도 제주도의 인식에 큰 변화가 없다는 것은 강한 인상을 남기는 체험학습보다는 대부분 단순 관광의 범주를 벗어나지 못했기 때문이라고 해석할 수 있다.

제주도는 지질과 화산, 지형과 지리, 신화와 전설, 문화와 문학, 역사와 인물, 평화와 인권 등 자연지리와 인문을 통합해서 체험하고 학습할 수 있는 살아있는 교과통합교과서이다. 거기에다 제주도는 많은 국민들이 자비를 들여서 한 번쯤은 찾아가는 곳이다. 이렇게 두 가지 조건이 자연스럽게 만나는 기회를 교육적으로 활용할 수 있다면 제주도는 전 국가적으로 국민들의 의식수준을 향상시킬 수 있는 훌륭한 학교 밖의 학교가 될 수 있다.

2008년~2009년 전라북도 수퍼영재 학생들과 2012년 · 2013년 두 해에 걸쳐 남원용성중학교 일반 학생들에게 적용했던 제주 교과통합체험학습 프로그램은 하나의 예가 될 수 있다.

화산섬 제주는 내게 선물이었다

화산섬 제주라는 곳: 자연지리와 인문의 통합적 만남

제주(濟州)를 늘상 마음에 두는 사람들, 찾고 또 찾아가는 그들은 제주의 참맛을 아는 사람들일 것이다. 제주는 국내 육지와는 다르게 섬 전체가 화산활동에 의해 형성된 땅이다. 제주의 360여 개에 달하는 화산은 화산활동의 형태나 화산체를 구성하는 입자들의 특징에 따라서 분석구, 응회구, 응회환, 용암돔, 피트 크레이터, 마르 등 6가지 형태로 나눌 수 있다. 이들 중 분석구가 대부분을 차지하는데, 분석구(噴石丘, scoria cone)는 마그마가 폭발할 때 물을 만나지 않아야 가능한 화산체이다. 유네스코 세계자연유산인 거문오름은 대표적인 분석구이다. 다음으로 제주도의 해안가 부근에 주로 분포하는 응회구(凝灰구, tuff cone)와 응회환(凝灰環, tuff ring)은 마그마가 수중에서 폭발할 때 만들어지는데 역시 세계자연유산인 성산일출봉과 우도는 응회구에 해당하고 송악산은 응회환에 해당한다. 제주도 서남쪽 대정읍에 있는 산방산과 같은 형태는 용암돔(Lava dome)이고 삼굼부리와 같이 푹 꺼진 형태는 함몰분화구(pit crater)라고 한다. 서귀포 삼매봉 북쪽에 위치한 하논은 마르(Maar)분화구인데 마그마와 지하수의 접촉으로 인한 수성화산 폭발로 인해 만들어

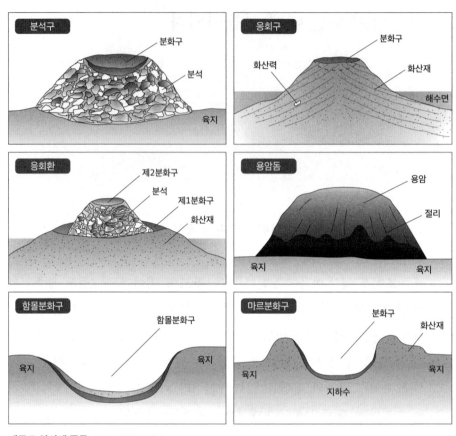

제주도 화산체 종류 2008, 장현근 작도

진다. 하논 마르분화구는 현재 논농사가 행해지는 곳이다.

이렇듯 제주도는 여러 화산체를 가지고 있는 화산백화점이라고 할
수 있다. 특히 분석구가 형성되면서 쏟아져 나온 용암에 의해서 형성
된 용암동굴은 제주도의 상징을 나타내는 것 중의 하나이다. 이 용암동
굴을 형성한 용암류가 흘러가면서 만들어 놓은 곶자왈은 다양한 식생
을 품고 있는 생태계의 보고이자 제주의 허파이며 제주인의 생활도구
를 제공해주는 원천이다. 반면 천혜의 공간인 곶자왈과 용암동굴은 제

구름 속에서 태어나는 듯한 한라산과 제주도 2020-01-09

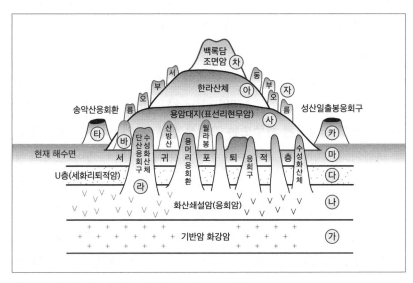

제주도를 구성하고 있는 암석의 수직적인 분포도 2008, 장현근 작도

선흘곶자왈. 세계지질공원의 명소 중의 하나로 탐방로가 개설되어 도틀굴은 물론 먼물깍 연못까지 안전하게 답사를 할 수 있게 되었다. 2017-08-07

주4.3의 전개과정에서 수 많은 제주인이 죽임을 당한 희생지가 되었다. 또한 용암동굴과 해안가 조개 모래 그리고 바람과 비가 조합을 이루어 만들어 낸 용암동굴 내의 석회생성물의 신비는 아픈 역사를 간직한 이곳에 세계자연유산이라는 선물을 안기었다.

제주도가 바다 위의 섬으로 존재한 것은 지질학적으로 그리 오래되지 않았다. 지금으로부터 180만 년 전 얕은 바다 아래 땅속에서 마그마 폭발로부터 형성된 제주도는 그래서 신생의 땅이다. 따라서 용암류로 뒤덮인 지표면은 아직 충분하게 풍화가 이루어지지 않아 토양이 풍부하지 않다. 이로 인해 제주인들은 식량생산에 어려움을 겪을 수밖에 없었다. 부족한 토양에 섬이라는 지형적 특성 때문에 연중 불어오는 바람은 토양을 지켜내기 위해 돌담과 나무들을 조성해야 했다. 태풍으로 인한 인명피해 또한 극심할 수밖에 없었다. 바다를 배경으로 어업활동을 해야 하는 상황 그리고 수없이 찾아오는 자연재해로부터 오는 공포와 두려움은 제주인에게 절대자인 신의 필요성을 절박하게 만들었다. 제주에 만팔천이나 되는 신의 존재와 신당이 곳곳에 분포하는 이유를 쉽게 짐작할 수 있게 한다. 바다 한가운데에서 솟아나 생긴 화산섬 제주는 독립된 공간이었고 육지와 격리된 특징으로 천지왕본풀이의 창세신화와 설문대할망의 창조신화 그리고 삼성혈의 개국신화를 가지고 있는 신들의 섬이 되었다.

도처에서 나타나는 뱀으로 인해 칠성신을 섬겨야 했을 것이다. 한편 외부 문명의 이입과정을 통해 수렵에서 농경사회로 변화되는 과정을 담은 세경본풀이에는 자청비와 문도령 및 정수남이 등장한다. 제주의 고을과 마을이 형성되는 과정에도 여러 신들이 나타나는데 소천국과 금백조가 그들이다. 이들 사이에서 태어난 자녀들이 제주도 전역의 고을과 마을 그리고 개인의 집에 좌정하는데 그 신들을 모신 곳이 신당이다. 마을의 토지와 주민의 안전을 관장하여 수호해 주는 신의 좌정처인 본향당, 피부병신의 좌정처인 일뤠당 그리고 풍농신의 좌정처인 여드렛당이 대표적인 신당이다. 제주도가 갖는 지리적·지형적인 특성과 기후요소는 이 땅에 사는 사람들에게 거대한 자연과 함께 호흡하며 겸손한 자세로 섬김의 미덕을 갖게 했다. 자연에 순응하면서 자연의 변화에 맞게 생명을 지켜나가는 안전장치로서의 신에 대한 섬김은 어쩌면 당연한 것이었다.

영등할망은 제주의 바람이 낳은 대표적인 신이다. 제주의 기후에 맞게 실 생활 속에서 자연과 일체화를 이룬 영등할망은 제주인들에게 가장 친숙한 신일 것이다. 매년 2월 초하루에서 보름까지 이어지는 영등할망굿을 통해 신을 모셔와 함께 축제를 벌이고 또 떠나보내는 의식을 통해 풍등과 풍어를 숨~었던 민속행위는 제주인의 자연에 대한 경외와 겸손 그리고 기원이 담겨있다. 실제로 이 시기에 바람이 매우 강

칠머리당에서 영등굿이 진행되고 있는 모습. 뒷산이 사라봉이다. 좌측 아래에 산지등대가 위치한다. 이 사진을 통해 옛 칠머리당의 위치를 알 수 있다. 제주칠머리당 영등굿 전수관 전시물, 2017-03-20

송당본향당. 제주시 구좌읍 송당리 산 199-1. 민속자료 제9-1호. 송당본향당은 송당리 마을 주민들의 생산, 물고(物故), 호적(戶籍), 장적(帳籍)을 관장한다. 당신은 금백조이며 전하는 당신본풀이에 의하면 "웃손당 금백주, 셋손당 세명주, 알손당 소로소천국이 좌정해 있으며 이 당에서 아들 애기 열여덟, 딸 애기 스물여덟, 손자 애기 368이 가지가지 송이송이 벌어졌다."고 전한다. 제사일은 1월 13일 신과세제, 2월 13일 영등손맞이, 7월 13일 마불림제, 10월 13일 시만곡대제 등이다. 이 당의 당굿은 1986년에 제주도무형문화재로 지정되었고 당은 2005년에 제주도 민속자료로 지정되었다. 2008-02-20

삼양동 선사유적지 족장 모형과 부족장 움집. 탐라성립기 중 전기와 중기에 해당하는 시기의
유적이다. 2020-01-15

해 어업행위를 하면 목숨을 잃을 수 있기에 그 위험을 사전에 차단시키
고자 한 지혜가 들어있음도 알 수 있다. 특별히 산지천 부근에서 행해
지는 칠머리당 영등굿은 유네스코 세계무형유산에 등재되어 제주인만
을 위한 것이 아닌 인류의 유산이 되었다.

유네스코 3관왕의 영예를 안고 있는 제주도는 고대 시기 독립국이
었던 탐라가 근 천년의 꿈을 펼쳤던 곳이다. 별(星)의 나라였던 탐라의
문화적 역사적 유산이 오늘 제주도의 인문 자원을 풍부하게 하는 배경
이 되었다.

탐라가 역사의 뒤로 밀려난 뒤 제주는 육지에 복속되며 착취와 수
탈의 땅이 되었고 조선 후기에는 1825년(순조25) 출륙금지령이 해제되
기까지 약 200여 년간 출륙금지되어 섬 자체가 감옥이 되어버리기도
했다. 왜 그랬을까. 앞에서 언급했던 것처럼 신생의 화산섬 제주는 자연
환경적으로 토양이 부족했다. 즉 토지척박, 자연재해, 과다수취뿐만 아

니라 말 사교역 금지에 따른 제주경제의 기반붕괴에 의해서 15~17세기 출륙 제주 유민들이 등장하게 된 것이었다.[5] 이렇게 해서 제주의 백성들이 유리하여 육지의 고을에 옮겨 살게 되자 당연히 제주목, 정의현, 대정현의 세 고을의 군액이 감소하였다. 이에 1629년(인조 7)에 조선 조정은 도민(島民)의 출입을 엄금하게 된 것이었다. 제주인들의 출륙금지령 정책이 나온 것이었다.[6] 일제강점기에는 수탈의 상징이 되었고 특히 태평양 전쟁 중에는 전쟁의 막바지에 이르러서 미군과 일본군의 마지막 전장으로 변해 절체절명의 위기의 상황으로 내몰리기도 했다. 해방 이후부터 한국전쟁이 진행되는 동안에 발생한 4.3사건은 제주에 형언할 수 없는 상처를 남겼다.

돌과 바람 그리고 여자 삼다三多의 극복과 속살

우리가 일상적으로 알고 있는 제주 삼다도(三多島)는 돌, 바람, 여자이다. 세 가지 요소 각각에 대하여 조금만 깊이 생각하면 삼다도를 쉽게 말할 수 있는 용어가 아니다. 육지의 땅은 수십억 년에서 젊게는 수천만 년의 세월의 풍파를 만난 것이어서 그만큼 자연으로부터 풍화와 침식을 오랫동안 받았기 때문에 토양이 풍부하지만 제주는 기껏해야 180만 년밖에 되지 않았다. 또한 제주도의 산은 모두 각기 화산 폭발로 형성된 것이다. 이러다 보니 화산암류나 화산쇄설물들이 쌓여서 된 화산체뿐이다. 척박한 땅이었고 까만 화산암들로 뒤덮여 있는 이 땅에서 밭

---

5   이영권, 『조선시대 해양 유민의 사회사』(파주: 한울, 2013), 117-125쪽.

6   『인조실록 21권』, 인조 7년 8월 13일 을축 3번째 기사 1629년 명 숭정(崇禎) 2년.

화산 폭발에 의해 형성된 한라산, 돌로 만들어진 돌하르방, 산담과 연대, 제주돌문화공원 2010-01-25

을 만들고 드물게 논도 만들어 농사를 짓고 제주 문화를 이룩해온 제주
인들의 삶이 얼마나 고단했을지는 쉽게 짐작할 수 있다. 바윗덩어리와
돌들을 걷어내고 토양을 가두어 농토를 만드는 과정에서 돌은 제주인
들이 사투를 벌여야 하는 대상이었다. 반면 그 돌을 활용해 가옥을 짓
고 돌담을 쌓고 성벽을 만들어 제주를 방어하는 데 긴요하게 쓰이는 등
없어서는 안 되는 유용한 자원이 되기도 하였다. 오늘날 이 돌들은 경
제적으로 엄청난 부를 가져다주었지만 그리 오래지 않은 시기에 이 돌
들은 제주인들에게는 고난과 노동의 대명사였다. 특히 일제강점기에는
화산암 덩어리와 돌들을 제거하며 일주도로(지금 1132번 도로)를 냈고, 알
뜨르, 정뜨르, 진뜨르 등 일제의 군사비행장 건설을 위하여 삽과 곡갱
이를 가지고 돌들과 전쟁을 벌이며 처참한 삶을 살아야 했다. 제주만의
볼거리인 까만 돌담을 흑룡만리라고 표현하지만 어찌 보면 그것은 고
통만리이다. 흑룡만리 돌담은 척박한 자연환경 속에서 오늘의 제주를
일궈낸 수 많은 제주사람들의 땀과 눈물의 결정체라고 해도 과언은 아

닐 것이다. 따라서 제주 삼다 중 하나인 돌은 제주인들의 삶을 대변하는 대변자이다.

위도 33° 부근에 위치한 따뜻한 남쪽의 섬 제주도는 겨울에 정말 따뜻할까. 그런 날도 있지만 그렇지 않은 날도 많다. 한겨울에 한 번쯤 제주도를 방문한 적이 있는 사람이라면 제주의 겨울이 육지 못지않게 춥다는 것을 경험해보았을 것이다. 거기다가 눈까지 휘몰아치면 얼른 바람을 피해 따뜻한 아랫목에서 발을 녹이고 육지로 돌아 가고픈 마음까지도 들게 한다. 사면이 바다에 둘러싸인 지형상의 이유로 바람은 늘 끼고 살아야 한다. 자연의 현상인 바람은 제주의 생활 곳곳에 영향을 미쳤다. 보금자리인 집의 구조, 먹거리를 생산하는 밭의 토양을 보호하기 위한 돌담과 나무식재, 사람 간의 소통에 필요한 말의 변형, 앞에서 언급했던 바람의 신 영등할망을 통한 신앙의 존재 등 실로 먹고 사는 분야뿐만 아니라 정신세계의 영역까지도 영향을 미쳤음을 알 수 있다. 바람이 제주 사투리 형성에 어떻게 영향을 끼쳤을까. 바람이 세차게 불어대는 공간에 대고 속삭이듯이 표준말로 격식을 갖추어 대화하는 것은 불가능하다. 따라서 바람을 극복하며 짧고 간결하게 소통할 수 있는 제주 사투리가 있어야 하는 것은 당연한 것이다. 물론 근원적으로 제주 사투리는 육지와 격리되어 있는 섬이라는 지리적 요인과 조선 후기 약 200년 동안의 출륙금지령에 의한 외부와의 차단이 크게 작용했을 것이다. 한편 바람은 제주인의 삶에 고난만을 가져다 둔 것이 아니라 선물을 안겨주기도 하였다. 대표적인 것이 세계자연유산이다. 한라산천연보호구역, 거문오름용암동굴계, 성산응회구 등 세 가지가 '제주화산섬과 용암동굴'이라는 이름으로 유네스코 세계자연유산으로 등재되어 있다. 이 중에서 '거문오름 용암용굴계'는 용암동굴내에 형성되어 있는 석회생성물의 신비로움이 결정적인 역할을 하였다. 그것의 생성과정에

바람부는 제주, 제주돌문화공원 답사 중인 임실교육지원청교원연수단 2009-01-13

반드시 있어야 할 것이 바람이었다. 바람이 없었다면 제주에 안겨준 세계자연유산은 불가능했을 것이다. 또한 이러한 바람을 이용한 풍력발전은 섬 제주가 가지는 기후의 특성을 활용하는 것이기도 하다.

제주에는 왜 여자가 많다고 하였을까? 제주에 여자가 많다는 이야기는 언제부터 나왔을까? 그리고 실제로 여자가 많을까? 이 질문에 대한 답은 사실 간단하지 않다. 일례로 1948년 음력 12월 18일 4.3사건의 진행 과정에서 단일사건으로는 가장 많은 희생자를 낸 북촌리 양민 학살사건에서 한 마을 사람 436명의 목숨을 앗아간 광풍이 불던 시기에 "왜 그 마을에 여자가 많냐"라고 질문하면 답은 명료하다. 그렇지만 제주 삼다도(三多島) 이야기가 나오면서 제주에 여자가 많다고 한 것은 제주의 자연환경과 이를 극복하면서 형성된 제주의 생활에서 그 유사한 답을 찾는 것이 합리적이지 않을까 한다. 조선시대 제주출륙 유민들이 발생한 원인 중에 하나가 과다수취였다. 진상품 부담과 관리들의 수탈

물질을 떠나기 전의 해녀들의 모습, 성산 수마포 해안가 2017-01-12

그리고 부역 등은 제주 남자들을 유민으로 만드는 배경이 되었으니 제주에 남자들이 줄어들고 상대적으로 여자들이 많게 되었으리라는 것은 쉽게 짐작할 수 있다. 또한 위험을 무릅쓰고 여자들이 바닷속에서 전복 등 해산물을 채취하게 된 배경도 이로부터 출발함을 알 수 있다.

　　제주 현지인들이 그들의 터전인 밭과 바다에서 살면서 여자들이 제주에 많다고 하지는 않았을 것이다. 밭에서 풀을 매고 바다에서 물질을 해야 하는 화산섬의 특성상 여자들이 쉽게 눈에 띌 것이다. 그만큼 제주 여성들은 화산섬에서 살아내기 위하여 육지의 여자들보다 몇 갑절 고생을 더 감내해야만 했을 것이다. 우리는 제주 여성들의 그 길고 험한 삶으로부터 오늘의 제주가 평화의 섬으로 자리매김되었음을 볼 수 있어야 한다. 제주의 제 삼다인 '여자가 많다'는 말 속에 담겨있는 제주의 속살을 볼 수 있다면 제주를 제대로 사랑하는 사람이 될 수 있다. 실제로 제주의 인구 분포에서 여자가 남자보다 많은지 다음 기사를 만나본다. 2021년 10월 말 기준 제주시가 발표한 통계 현황을 보면, 제주특별자치도 인구는 69만 7,647명으로 집계됐다. 이 가운데 내국인은 67만 6,569명(30만 6,741세대), 외국인은 2만 1,078명이다. 내국인 가운데 남자는 33만 9,195명, 여자가 33만 7,374명으로 남자가 1,821명 더 많은 것으로 조사됐다.[7]

일제강점기와 태평양 전쟁하의 제주 그리고 평화의 섬 제주도

'화산섬 제주'라는 용어에서 느낄 수 있듯이 제주의 자연생태와 지리적 특성을 이해하게 되면 제주에 형성된 사회문화적인 특성과 그 땅에 누적된 역사를 자연스럽고도 통합적으로 바라볼 수 있게 된다.

독립국 탐라(國)가 사라지고 육지의 하나의 주(州)가 되어 제주로 변한 땅, 중앙 정부에서 파견되는 제주의 수령 즉 목민관들이 누구냐에 따라서 제주인들의 생활은 달라졌다. 제주 특산품을 진상하기 위하여 일 예로 말 진상을 살펴보면 화산섬이어서 토양이 부족한데도 어렵게 개간한 토지를 식량생산이 아닌 말을 기르기 위하여 초지로 만들었다. 그러니 그만큼 더 궁핍하게 살아야 했다. 만약 말을 잘못 관리한 경우는 그 관리자의 부인까지도 팔아야 하는 경우도 있었으니 몽골의 직접 지배를 받을 때나 고려시대 이후 일개 주로 전락한 때나 제주의 지리적 특성은 제주인의 삶을 어렵게 만들었다.

제주도는 고려 말부터 격리된 섬, 절도(絶島)라는 환경으로 인해 중앙 정부의 유배지로 활용되었다. 제주 유배인들은 제주 사회에 성리학

---

7   오을탁 제주본부 기자, 시사저널, 2021. 11. 24.

을 퍼뜨리며 제주 사회를 변화하게 만들었고 그 유배인들의 영향을 받은 제주 지식인들은 민중봉기에 선두에서 제주 사회의 변혁을 이끌었다. 제주의 민중봉기를 이끌었던 강제검, 방성칠, 이재수, 김달삼(이승진), 이덕구 등은 육지에서 넘어왔거나 제주에 유배 온 거물들의 후손이거나 또는 영향력을 받은 사람들이었다.

일제강점기 제주는 그 어느 곳보다 일제의 수탈이 심했다. 이에 1918년 법정사 무오항일투쟁이나 해녀들의 일제에 대한 저항이 이어졌다. 1937년 중·일 전쟁 시기에는 제주가 일제의 전략거점이 되어 군사적으로 중요한 곳이 되었고, 1941년 태평양 전쟁이 발발하고 1945년 일제의 패망 시기에 이르는 동안 제주는 연합국과 일제 양쪽에 지정학적으로 핵심지역이 되어 그야말로 태평양전쟁의 마지막 전장터로 내몰렸다. 20만이 넘는 제주인이 오키나와에서처럼 일제의 옥쇄작전에 동원되어 죽음으로 내몰리는 상황에 처했다. 히로시마와 나가사키에 원폭이 투하되면서 일본은 항복했고 태평양전쟁은 끝이 났다. 실로 극적으로 모면한 아슬아슬한 순간이었다. 그 위기의 상황 속에서 천우신조로 제주도는 지켜졌지만 일제가 구축한 군사기지들은 생생하게 살아남아 그때의 긴박했던 역사를 기록하고 있다. 제주 전역에 파헤쳐진 700여 개의 진지 갱도와 동서남북을 포함한 다섯 곳의 해안가 자살특공진지, 제주 서남쪽 대정현 알뜨르 비행장 주변의 군사요새, 모슬봉, 단산, 산방산, 월라봉으로 이어지는 방어선에 조성한 진지 그리고 송악산, 동알, 셋알, 섯알 등에 거미줄처럼 조성한 지하갱도 등은 망국의 제주도가 어떤 상황에 내몰렸는지를 여실히 보여주는 예이다.

이후 해방을 맞은 제주는 육지의 어느 곳보다도 자치조직이 활성화되었고 사회주의 성향의 토착 지식인들의 영향력 또한 큰 곳이었다. 미군정 통치 기간에 발생한 4.3사건은 우리 민족 역사에 씻을 수 없는

알뜨르에 진열해 놓은 일제의 무기들, 제주4.3평화공원 지하전시물 2008-07-24

알뜨르에 남아 있는 일제군사시설 비행기 격납고 2007-01-15

오점을 남겼다. 이 4.3사건으로 근 3만에 가까운 죄 없는 사람들이 학살
되었다. 그들이 억울하게 희생된 뒤에는 빨갱이로 색칠해져 숨죽이며

살아야 했고 평생동안 말할 수 없는 원통함을 가슴에 담고 살며 속병을 앓아야 했다. 일제에 의한 조선의 멸망은 해방 뒤에도 그렇게 힘없는 백성들의 피를 빨아갔다. 결국 국제정세의 흐름과 민족을 염려한 지도자들의 노선 차이는 분단된 민족에게 같은 핏줄끼리 총부리를 겨누고 서로 죽이는 잔혹한 역사를 안겼다. 그 전쟁 와중에 섯알오름에서는 또다시 학살이 빚어졌고 제주 4.3은 그렇게 모질게도 끝나지 않았다. 1978년 현기영의 『순이삼촌』이라는 한 편의 소설은 이 제주 사회에 여명을 밝혔고 암울했던 역사를 기억해내며 가해자들의 학살극을 만천하에 드러나게 하는 기폭제가 되었다. 드디어 2008년 제주 봉개동 거친오름 옆에 4.3평화공원이 조성되었고 2014년 4월 3일 국가추념일로 제정되어 희생자의 넋을 위로하고 그들의 누명을 벗게 할 수 있었다. 사건이 발생하고 한 갑자 흐른 뒤에서야 그 진실이 밝혀지고 역사 속에 제자리를 잡을 수 있었다.

1945년 해방되기 이전 태평양전쟁 상황 속의 제주가 처했던 상황이나 지금이나 제주 인근 해역은 지정학적으로 미·중 패권전쟁의 한복판에 놓여있다. 또한 마라도 남쪽 이어도 부근은 제7광구와 연관되어 석유 매장량이 막대한 것으로 알려져 있다. 일본의 극우주의자들이 정권을 잡은 지금, 센카쿠열도를 두고 중·일 두 나라는 영토전쟁을 벌이고 있다. 한편 중국은 간헐적으로 이어도를 자기들 관할수역이라고 대놓고 주장하고 있다. 제주도의 지정학적 위치가 과거나 지금이나 변함없이 중대한 상황에서 우리는 제주 해군기지 건설을 둘러싸고 첨예하게 대립한 바 있다. 과거의 역사 속에서 제주의 중요성을 조금만 이해하고 있다면 신태평양전쟁 상황 속에서 우리가 제주를 국가안보 차원에서 어떻게 접근해야 하는지는 답이 나와 있다. 바다 영토와 대륙붕 자원을 지켜내는 데 해군력은 절대적인 것이다. 역사를 잊은 민족은 불행했던 역사를 또 맞이할 수밖에 없다. 태평양 전쟁 시 제주의 위기를 기억해야 하고 제주에 뻥뻥 뚫린 일제의 군사요새들을 제대로 보지 못한다면 또다시 그 역사는 반복될 것이다.

전 국민 교과통합교과서 제주도를 제대로 만나야 한다

자연생태와 지리적 사고를 바탕으로 하는 사회 · 문화 · 역사 교과통합교육은 우리 나라가 미래를 준비하는 강력한 지혜이다. 나는 이 교과통합교육을 신실학운동의 방편으로 활용하고 있다. 제주는 전 국민의 필독 교과통합교과서이다. 그 필독 교과통합교과서인 제주의 가치를 학생은 학생대로 일반인은 일반인대로 제주를 통합적으로 체험할 수 있다면 이보다 더 효과 있는 교육장소와 교육내용은 국내에는 없다고 주장한다.

제주도는 지질과 화산, 제주도 화산지형과 오름, 제주도 허파 곶자왈, 빌레와 곶자왈 용암에 의한 람사르 습지생태, 세계자연유산 거문오름 용암동굴계를 따라 펼쳐진 자연자원과 인문자원, 제주 4.3과 문학, 신들의 섬 제주, 유배지 제주에 영향을 미친 유배인의 삶과 유배문화, 별나라 탐라의 칠성대와 천문, 일제강점기와 태평양전쟁하의 제주의 역사, 유네스코 선물의 땅 제주, 평화의 섬 제주와 이어도, 급변하는 동북아 정세와 신 태평양전쟁 등 소주제들이 교과통합적으로 연계된 인문자원의 보고이다. 생태주의 사상을 근간으로 하여 자연생태와 지리를 통합적으로 연결하면 '화산섬 제주'의 사회 · 문화 · 역사를 순리적으로 깨달을 수 있게 된다. 그래서 제주도는 교과통합체험학습의 결정판이라고 해도 과언이 아니다. 제주에서 펼쳐지는 제주 속살과의 만남

거문오름 분화구 내에 있는 곶자왈의 모습. 한겨울 눈이 내린 곳에 숨골에서 따뜻한 수증기가 올라와 녹색 식물이 왕성하게 자라고 있다. 2009-01-13

을 통해서 우리는 자연을 사랑하고 생명을 소중하게 여기며 지도자가 가져야 할 덕목이 사랑을 품은 책임감임을 터득할 수 있다. 또한 일제에 의해 파헤쳐진 태평양전쟁의 흔적들과 그 속에서 숨겨간 가엾은 민초들의 울부짖음을 통해 나라의 소중함은 물론 역사의식을 함양할 수 있다. 이제 제주도를 다시 바라보고 가슴으로 만날 준비가 되었다.

「화산섬 제주」 교과통합체험학습 프로그램

전 국민의 휴양지이며 대한민국 내에서 현장체험학습지로 가장 많은 학생들과 일반 국민들이 찾는 제주도를 전국민 교과통합교과서로 활용할 수 있다면 제주도는 자연사랑, 인간사랑, 역사의식 함양의 산 교육장으로서 살아있는 '학교 밖의 학교'가 될 수 있다.

제주 교과통합체험학습은 '자연생태와 지리적 사고를 바탕으로 사회·문화·역사 등을 교과통합적으로 체험하는 학습'[8]이다. 그동안 일반 학생과 영재 학생, 그리고 교원들을 포함한 다양한 단체들을 대상으로 현장 적용을 진행해온 결과 다음 같은 결과를 얻을 수 있었다.

첫째, 교과통합체험학습 적용 결과 적용 전보다 제주도 인식에서 두 배에 이르는 다양한 용어들을 표현하고 있다.

둘째, 교과통합체험학습 적용 결과 사물이나 지형 등 단순한 것에서 역사와 문화 관련 용어들의 기술 비중이 증가하였다.

셋째, 교과통합체험학습 적용 결과 체험학습 참가자의 일반학생 50%, 영재학생의 경우 77.5% 학생이 '제주4.3사건'을 제주도 하면 떠오르는 것으로 인식했다.

---

8   장현근, 「지역자원의 콘텐츠 개발과 활용방안 연구」, 석사학위논문, 2019, 9쪽.

대정읍 보성초등학교 동계정온유허비 앞에 선 대한민국자연생태체험연구회 교원들. 이 연구회 전신인
전북자연생태체험연구회가 영재학생들을 위한 「화산섬 제주의 자연과 사람」 교과통합체험학습
프로그램을 개발하였다. 2013-01-14

영재사사교육 교과통합체험탐구프로그램, 송악산 해안가 일제 진지동굴 앞에서 전라북도교육청
수퍼영재들 2010-01-28

넷째, 교과통합체험학습 적용 결과 제주도를 다시 찾고 싶게 하는 욕구를 촉발하게 하였다.

다섯째, 교과통합체험학습 프로그램을 영재학생에게 적용한 결과, 중학생의 경우 사회 지도자가 가져야 할 가장 큰 덕목으로 생명존중과 역사의식을 각각 26.3%, 초등학생의 경우 63.2%가 생명존중을 기술하였다. 이는 『화산섬 제주의 자연과 사람』 교과통합체험학습이 영재학생들에게 생명존중과 역사의식 등 리더십 함양에 큰 영향을 주는 것으로 나타났다.

여섯째, 사회과 교사들에게 제주 교과통합체험연수 프로그램을 적용한 결과 교육내용과 교육방법 그리고 교육과정 편성 등 3가지 항목에서 모두 100% 만족의 우수평가 반응이 나왔다.

일곱째, 전공 제한 없이 모든 교과 교사들에게 교과통합체험연수 프로그램을 적용한 결과 교육내용 97.1%, 교육방법 85.3% 그리고 교육과정 편성 82.4%의 우수평가 결과가 나왔다.

결론적으로 『화산섬 제주의 자연과 사람』 교과통합체험학습 프로그램은 학생의 경우 일반 학생이나 영재 학생 모두에게 체험학습 결과 역사의식 함양이나 리더십 함양에 긍정적인 반응을 얻을 수 있었다. 교사들의 경우 일반교과 전공 교사들보다 사회과 전공 교사들에게 연수 프로그램의 교육내용이나 교육방법에 있어 효과가 더 높게 나타남을 알 수 있었다.

「화산섬 제주의 자연과 사람」 교과통합체험학습 프로그램이 영재 학생의 리더십 교육이나 학교 현장체험학습에 널리 활용된다면 교과통합능력 배양과 리더십 함양에 긍정적 효과를 거둘 수 있을 것이다. 제주 4.3이나 태평양전쟁과 같은 인문자원들을 효과적으로 활용한다면 비극적인 남북분단의 출발과 오늘 분단고착의 원인을 바로 볼 수 있

전라북도교육연수원 「교과서 밖의 역사 연수」 탐라신화공원 2017-10-27

는 눈을 갖을 수 있다. 나가 독도와 이어도의 중요성을 태평양 전쟁 당시 제주도가 처했던 역사적 경험을 통해서 효과적으로 인식할 수 있으며 그에 걸맞게 자주국방이 우리에게 얼마나 중대한 요소인지도 깨달을 수 있다. 신태평양 전쟁과 다름없는 작금의 국제정세에서 제주도는 우리나라와 민족에게 미래를 읽게 하는 교과통합교과서이다.

　　내가 제주도를 깊이 있게 연구하기 시작한 것은 2006년 전북대학교 대학원 교육과정에서 양우헌 교수와 함께 한 제주답사 때부터였다. 이후 2008년에서 2009년까지 두 해 동안 전라북도교육청이 수퍼영재 사사교육 일환으로 전북자연생태체험연구회에 의뢰하여 개발한 「화산섬 제주의 자연과 사람」 교과통합체험탐구 프로그램이 태어날 때 이 프로젝트의 개발위원장을 맡으며 보다 더 깊게 제주도를 만날 수 있었다. 그 뒤로 계속된 나의 제주 사랑은 제주의 자연지리 환경과 인문자원을 통합적 관점에서 깊게 연구할 수 있게 해주었다. 2022년 여름 현재까지 60회에 이른 제주답사를 토대로 하여 「화산섬 제주의 자연과 사람」을

「화산섬 제주의 자연과 사람」 교과통합체험연수, 송악산 해안가 일제 갱도진지에서,
전북교과통합체험학습연구회·책따라 길따라·오픈스 교원연구회 연합연수단 2017-01-13

「화산섬 제주」라는 이름으로 바꾸어 체험학습 프로그램을 만들었다.
여기에 세 종류의 프로그램을 여정로 중심으로 소개하고자 한다.

「화산섬 제주」 2박 3일 체험학습 프로그램

제1일차 : 「제주 역사와 4.3 그리고 문학」

❶사라봉 해안가와 모충사 → ❷점심 식사(삼양동 서흘포가든) →
❸삼양동 선사유적지 → ❹제주4.3평화공원 → ❺제주돌문화공원 →
❻북촌초등학교 → ❼4.3유적지 너분숭이와 순이삼촌기념비 →
❽저녁 식사(함덕 뜰채) → ❾함덕 숙박(아이미 함덕 비치호텔 또는 제주시 숙박의
경우 제주퍼시픽호텔)

제2일차 : 「세계자연유산 거문오름 용암동굴계」

❶거문오름 세계자연유산센터 4D 영상(신들의 섬 제주) → ❷탐라신화공원 →
❸선흘곶자왈과 4.3유적지 도틀굴 → ❹점심 식사(선흘곶식당) →

❺김녕사굴 모래 체험 → ❻월정리 해안가 → ❼서귀포 퇴적층 화석탐사 →
❽산방산 숙소 이동 → ❾담모라 리조트(저녁 및 아침 식사)

제3일차 :「일제강점기와 태평양 전쟁 하의 제주」

❶산방연대 → ❷하멜표류비 → ❸송악산 해안가 자살특공진지 →
❹송악산 외륜 일제진지 → ❺셋알오름 지하 갱도진지 → ❻셋알오름 고사포진지 →
❼섯알오름 학살터 → ❽점심 식사(모슬포 동성식당) → ❾제주 이동 → ❿공항 수속

「화산섬 제주」 3박 4일 체험학습 프로그램

제1일차 :「제주 역사와 4.3 그리고 문학」

❶사라봉 해안가와 모충사 → ❷점심 식사(삼양동) → ❸삼양동 선사유적지 →
❹제주4.3평화공원 → ❺제주돌문화공원 → ❻북촌초등학교 →
❼4.3유적지 너분숭이와 순이삼촌기념비 → ❽저녁 식사(함덕뜰채) →
❾함덕숙박(아이미 함덕 비치호텔 또는 제주시 숙박의 경우 제주퍼시픽호텔)

제2일차 :「세계자연유산 거문오름 용암동굴계」

❶거문오름세계자연유산센터 4D 영상(신들의 섬 제주) → ❷탐라신화공원 →
❸선흘곶자왈과 4.3유적지 도틀굴 → ❹점심 식사(선흘곶식당) → ❺대섭이굴 →
❻김녕사굴 모래 체험 → ❼용천동굴 → ❽월정리 해안가 → ❾천년의 숲 비자림 →
❿다랑쉬 오름 → ⓫저녁 식사(성산 만조식당) → ⓬숙박(성산코업시티호텔)

제3일차 :「제주의 자연과 사회·문화」

❶성산마을제단 → ❷시와 바다의 거리 → ❸오정개 → ❹우뭇개 해안 →
❺수마포해안가 일제 특공진지 → ❻터진목 4.3유적지 →
❼제주1번 올레걷기(수마포-광치기여) → ❽점심 식사(성읍 정의골식당) →
❾이중섭 거리 → ❿서귀진성 → ⓫서귀포 퇴적층 → ⓬하논 마르분화구 →
⓭황우지 열두 굴 → ⓮법환동 막숙물통 → ⓯강정해군기지 →
⓰논짓물 갯깍 주상절리대 → ⓱저녁 식사(모슬포 동성식당) →
⓲숙박(담모라 리조트)

제4일차: 「일제강점기와 태평양 전쟁 하의 제주」

❶산방연대 → ❷하멜표류비 → ❸송악산 해안가 자살특공진지 →
❹송악산 외륜 일제 진지 → ❺셋알오름 지하 갱도진지 → ❻셋알오름 고사포진지 →
❼섯알오름 학살터 → ❽점심 식사(모슬포 동성식당) → ❾동계 정온유허비 →
❿제주 이동 → ⓫공항 수속

「화산섬 제주」 4박 5일 체험학습 프로그램

제1일차: 「제주 역사와 4.3 그리고 문학」

❶사라봉 해안가와 모충사 → ❷점심 식사(삼양동) → ❸삼양동 선사유적지 →
❹제주4.3평화공원 → ❺제주돌문화공원 → ❻북촌초등학교 →
❼4.3유적지 너분숭이와 순이삼촌기념비 → ❽저녁 식사(함덕뜰채) →
❾함덕숙박(아이미 함덕 비치호텔 또는 제주시 숙박의 경우 제주퍼시픽호텔)

제2일차: 「세계자연유산 거문오름 용암동굴계」

❶거문오름세계자연유산센터 4D 영상(신들의 섬 제주) → ❷탐라신화공원 →
❸선흘곶자왈과 4.3유적지 도틀굴 → ❹점심 식사(선흘곶식당) → ❺대섭이굴 →
❻김녕사굴 모래 체험 → ❼용천동굴 → ❽월정리 해안가 → ❾천년의 숲 비자림 →
❿다랑쉬 오름 → ⓫저녁 식사(성산 만조식당) → ⓬숙박(성산코업시티호텔)

제3일차: 「제주의 자연과 사회·문화」

❶성산마을제단 → ❷시와 바다의 거리 → ❸오정개 → ❹우뭇개 해안 →
❺수마포 해안가 일제 특공진지 → ❻터진목 4.3유적지 →
❼제주1번 올레 걷기와 사구생태계(수마포-광치기여) →
❽점심 식사(성읍 정의골식당) → ❾이중섭거리 → ❿서귀진성 → ⓫서귀포퇴적층 →
⓬하논 마르분화구 → ⓭황우지 열두 굴 → ⓮법환동 막숙물통 → ⓯강정해군기지 →
⓰논짓물 갯깍 주상절리대 → ⓱저녁 식사(모슬포 동성식당) →
⓲숙박(님보라 리조트)

제4일차 :「일제강점기와 태평양 전쟁 하의 제주」/「대정 바람 앞에 선 유배인」

❶산방연대 → ❷하멜표류비 → ❸사계리 사람발자국 화석지 →
❹송악산 해안가 자살특공진지 → ❺송악산 외륜 일제 진지 →
❻셋알오름 지하 갱도진지 → ❼셋알오름 고사포진지 → ❽섯알오름 학살터 →
❾점심 식사(모슬포 동성식당) → ❿대정삼의사비 → ⓫추사적거지 →
⓬동계 정온유허비 → ⓭정난주 마리아 묘역 → ⓮수월봉 지질공원 →
⓯고산리 선사유적지 → ⓰제주 이동 → ⓱저녁 식사(하르방밀면) →
⓲숙소(제주시 퍼시픽호텔)

제5일차 :「제주성 안의 유배길과 칠성대」

❶칠성대 제1도 → ❷제주목관아 → ❸관덕정과 월대 →
❹제주성 안의 유배지(이익-최익현-송시열) → ❺칠성통과 산지천 광장 →
❻해병대기념탑 → ❼동문재래시장 → ❽충암 김정유배지 → ❾오현단 →
❿광해군유배지 → ⓫점심 식사(만세국수 삼성혈점) → ⓬공항 이동

사라봉에서 너분숭이까지

새벽을 가르며 '화산섬 제주의 자연과 사람' 기행을 시작한다. 중등 사회, 지리, 도덕, 역사과와 초등 교사로 이루어진 전북교육연수원의 「국토기행을 통한 역사 바르게 알기」 연수가 시작된 것이다.

먼저 사라봉 북쪽 해안가에서 제주도 지질을 통한 제주 형성과 사라봉의 지층구조를 살폈다. 사라봉에 올라 칠머리당의 영등굿을 만나 제주의 바람을 극복하기 위해 바람의 신 영등할망을 환영하고 환송하

비행기에서 바라본 사라봉과 제주항 2016-08-10

며 바람과 함께 삶을 시작하는 제주인의 지혜를 배웠다.

화산섬 방어의 핵심 군사시설인 사라봉수가 있는 사라봉에는 일제 강점기 정뜨르 군사비행장 방어의 동쪽 요새가 구축되어 있다. 사라봉의 갱도진지와 분석구의 실체를 살피고 봉수대를 지나 정상의 정자에 올라 제주목 관아를 내려다보았다. 그리고 영주십이경(瀛洲十二景) 중의 하나인 사봉낙조(沙峰落照)를 그려낸다. 사라봉을 내려와 만덕 할망의 의녀반수 김만덕 의인묘, 고사훈 의병장을 포함한 제주의 항일의병을 기리는 의병항쟁기념탑, 그리고 독립자금 모금활동으로 체포되어 대구 형무소에서 순국한 순국지사 조봉호기념비를 돌아보며 제주인의 노블레스 오블리주와 선비정신을 돌아보았다.

관덕정 뒤뜰에 있는 천문 관측의 흔적인 월대는 1735년 김정 목사에 의해 수축되고 '선덕대(宣德臺)'로 개명된 것을 확인했다. 28개의 기둥을 가진 제주의 보물인 탐라형승(耽羅形勝) 관덕정(觀德亭) 내부의 화려한 그림들을 보았다. 동쪽으로 눈을 돌려 화북 · 초천 그리고 어등포에서 제주목사를 찾아오는 유배인들 속에서 광해군을 만나본다. 인조반정 이후 강화도로 유배된 뒤 무려 6번이나 이배(移配)되어 최종적으로 제주도에 도착하여 1641년 숨을 거두고 이곳 관덕정에서 장례를 치른 불운의 왕 광해군을 중앙로 부근 유배지와 연계하여 살폈다. 광해군의 외교를 돌아보며 오늘 대한민국이 국제관계 속에서 어떤 외교를 펼쳐야 할지 반면교사로 삼을 만한 면을 이야기했다.

관덕정과 관계있는 제주의 역사를 탐라의 성주청으로부터 4.3사건의 이덕구 유격대장 시신 공개까지 돌아본 뒤 사계오름 식당으로 이동했다. 식사 후 제주 성안의 유배길을 따라 이익 · 최익현 · 송시열 등의 유배지를 돌고 제주시 칠성통에서 칠성대의 흔적을 찾았다. 칠성대는 삼성혈과 함께 탐라 역사문화의 산물로 보고 있다. 칠성대[9]는 관덕로에 세 곳, 중앙로에 세 곳 그리고 칠성로에 한 곳 등 총 일곱 곳에 그 위치를 표시하고 비석을 세워놓았다.

산지천을 넘고 4.3사건과 관련하여 귀신 잡는 해병대의 애환을 들으며 동문 재래시장에서 빙떡을 맛보고 시장 안의 갈림길에서 김진구와 김춘택 부자 유배지, 충암 김정 적거지와 판서정에 이어 제주 오현단을 찾아 충암, 청음, 우암, 규암, 동계 등 오현[10]의 실체를 만났다. 그리고 중앙로를 타고 내려가다가 국민은행 건물터에 표지석을 세운 광해군 적거지에서 1623년부터 시작된 그의 유배의 삶 속에서 압록강 너머 후금과 산해관 너머 망해가는 명나라를 소환하여 긴 이야기를 풀었다.

중앙로 사거리에서 서쪽 관덕정 방향으로 좌회전하여 운양 김윤식

전북교육연수원의 「국토기행을 통한 역사 바르게 알기」 연수단 2014-09-18

9 　칠성도 위치는 제1도: 관덕로 8길 30, 제2도: 관덕로 4길 12, 제3도: 관덕로 26, 제4도: 중앙로 63, 제5도: 중앙로 30, 제6도: 칠성로길 30, 제7도: 중앙로 7길 등에 있다.

10 　충암 김정, 청음 김상헌, 우암 송시열, 규암 송인수, 동계 정온 등 5명을 말한다.

함덕 북촌초등학교를 찾은 「국토기행을 통한 역사 바르게 알기」 연수단 2014-09-18

유배지 표지석 앞에서 1885년 을유감계의 조·청 간도영유권 분쟁의 아쉬움을 접했다.

꽉 짜인 일정을 소화해내면서 일행은 봉개동의 제주4.3평화공원으로 향했다. 공원 내 제주4.3평화기념관에서 박제동 화백의 「송아지」 영상을 시청하고 지하 동굴전시관에서 태평양전쟁의 전개 과정을 살펴며 제주에 불어 닥친 전운과 전쟁 준비 그리고 해방을 돌아보았다. 이어서 4.3사건 발생 배경과 전개 과정 및 오늘의 교훈을 해원의 폭낭 앞에서 함께 생각해보았다. 현기영 소설 『순이 삼촌』의 증언자 김석보의 증언을 지하 전시관 영상물로 확인했는데, 이는 다음에 찾아갈 북촌초등학교와 너분숭이를 연계하고자 함이었다.

조천 함덕의 북촌초등학교에서 있었던 1948년 음력 섣달 열아흐레의 비극의 현장과 옴팡밭 그리고 순이삼촌문학기념비를 어루만지고 436위 영령의 가없은 역사를 생각하며 함께 위로하고 넋을 추모했다. 오늘을 사는 우리 교사들이 살아있는 지식인들이 되자고 다짐하며

너분숭이 순이삼촌기념비 앞에선 전북교과통합체험학습연구회 교원연수단 2017-01-10

애기돌무덤을 아리게 바라보며 함께 시를 낭송했다. 「제주의 4.3과 역사 그리고 문학」이라는 첫날의 연수 주제를 되새기며 박수와 함께 하루 여정을 마무리했고, 저녁 식사 후 3분임으로 나누어 평가회와 향후 발전 방향에 대해 함께 고민했다. 『제주역사기행』 저자이자 제주 출신 사학자 이영권 선생과의 만남을 통해 생동감 있는 토론 시간을 가진 것은 참으로 뜻깊은 일이었다. 기나긴 제주의 하루가 새벽의 서우봉을 기다리며 함덕 모래사장의 파도소리와 함께 지고 있었다.

2014-09-18

사라봉에서 너분숭이까지 여정

❶사라봉 해안가 → ❷산지등대 → ❸칠머리당 → ❹모충사(의녀반수김만덕의인묘, 의병항쟁기념탑, 순국지사조봉호기념비) → ❺관덕정 → ❻제주성안의 유배길과 칠성대 → ❼오현단 → ❽제주4.3평화공원 → ❾북촌초등학교 → ❿너분숭이

제주 4.3평화공원을 가자

존경하는 도민과 유족 여러분, 그리고 국민 여러분.

55년 전, 평화로운 이곳 제주도에서 한국 현대사의 커다란 비극 중의 하나인 4.3사건이 발생했습니다. 제주도민들은 국제적인 냉전과 민족분단이 몰고 온 역사의 수레바퀴 밑에서 엄청난 인명피해와 재산손실을 입었습니다.

저는 이번 제주방문 전에 4.3사건 진상규명 및 희생자 명예회복에 관한 특별법에 의거해 각계 인사로 구성된 위원회가 2년여의 조사를 통해 의결한 결과를 보고 받았습니다. 위원회는 이 사건으로 무고한 희생이 발생된 데 대한 정부의 사과와 희생자 명예회복, 그리고 추모사업의 적극적인 추진을 건의해왔습니다.

저는 이제야말로 해방 직후 정부 수립과정에서 발생했던 이 불행한 사건의 역사적 매듭을 짓고 가야 한다고 생각합니다. 제주도에서 1947년 3월 1일을 기점으로 하여 1948년 4월 3일 발생한 남로당 제주도당의 무장봉기, 그리고 1954년 9월 21일까지 있었던 무력충돌과 진압과정에서 많은 사람이 무고하게 희생됐습니다.

저는 위원회의 건의를 받아들여 국정을 책임지고 있는 대통령

제주4.3평화공원 2020-01-15

으로서 과거 국가권력의 잘못에 대해 유족과 제주도민 여러분에
게 진심으로 사과와 위로의 말씀을 드립니다. 무고하게 희생된
영령들을 추모하며 삼가 명복을 빕니다. 정부는 4.3평화공원 조
성, 신속한 명예회복 등 위원회의 건의사항이 조속히 이루어질
수 있도록 적극적으로 지원하겠습니다.[11]

　　진상조사결과위원회는 정부에 4.3평화공원 조성에 적극적으로 지
원해야 한다고 건의했다. 그 결과물이 우리 눈앞에 보이는 제주4.3평
화공원이며 기념관이다. 1948년 4월 3일 그로부터 30년이 흐른 1978
년 현기영의 소설『순이 삼촌』이 세상에 모습을 드러내고 그로부터 다
시 30여 년의 세월이 흐른 2008년 제주에는 이 나라 역사에서 영원히
기억될 공원이 하나 완공되었다. 제주4.3평화공원이 그것이다. 그때의

11　제주4.3사건에 대한 대통령 발표문 중에서 부분 발췌(2003. 10. 31, 대통령 노무현).

상처와 지난날의 아픔이 아직도 가슴에 남아 그 후유증이 가시지 않았지만, 제주4.3평화공원은 위령(慰靈) · 추념(追念)공원의 공간과 나아가 용서와 화해, 평화로 승화하여 제주를 평화의 섬으로 상징될 수 있도록 살아 숨 쉬는 삶의 현장으로 자리하게 된 것이다.

제주4.3평화공원은 희생자들의 넋을 위무(慰撫)하고 역사적 의미를 되새겨 명예회복 및 평화와 인권의 성지로서 화합과 상생의 정신으로 승화 발전시키는 교육의 장이다. 나를 지키기 위한 생명이 소중한 세상을 만들기 위해서는 나부터 노력해야 한다. 이곳을 그 존엄한 생명사랑의 공간으로 활용해야 한다. 그러기 위해서는 이곳을 의도적으로 활용하는 방법이 필요하다. 나는 이곳을 여러 차례 방문하며 그때마다 현장체험학습 하는 학생들의 견학하는 모습을 바라보며 안타까움을 많이 느꼈다. 엄숙한 분위기는커녕 경쟁하듯 휙 하고 돌아보고 나가는 경우가 대부분이었다.

이곳을 찾기 전에 일제강점기와 태평양전쟁 시기 제주의 위기상황에 대한 역사적 배경을 사전학습을 통해 파악해야 하며, 또한 소설 『순이 삼촌』을 읽고 소감문이나 독후감을 써보게 하는 활동을 통해 좀 더 가슴에 와닿을 수 있도록 해야 한다. 체험학습을 진행하는 교사들은 학급별로 인솔하여 차분하게 이곳의 의미를 담아갈 수 있도록 지도해야 한다. 직접 안내할 수 없는 경우라면 사전에 기념관 해설사의 도움을 요청하여 학급 단위로 진행될 수 있도록 했으면 한다.

도착하면 먼저 영상관에서 다큐멘터리나 애니메이션 등의 영상물을 시청한 뒤 지하 전시관을 활용하고, 밖으로 나와 희생자 각명비를 둘러보며 참가자들과 함께 비를 닦아드리는 행사를 통해 봉사활동과 연계한다면 효과적인 체험학습이 될 것이다.

내가 학교에 적을 두고 있었을 때인 2012년과 2013년 두 해에 걸

희생자 각명비를 닦아드리는 남원용성중학교 현장체험학습단 2013-10-15

비설(飛雪) 모녀 조각상 2020-01-15

쳐 2학년 6학급을 대상으로 제주도 교과통합체험학습을 실시했을 때 4.3평화공원과 사전에 협의하여 봉사활동으로 잡고 미리 헝겊들을 챙겨가서 각명비를 닦아드리는 활동을 한 적이 있다.

4.3평화공원 희생자 각명비를 돌아보는 군산교육지원청교원연수단 2020-08-03

　각명비가 세워진 곳에서 좀 더 중앙으로 내려가 분화구를 상징하는 곳에 있는 중앙의 위령탑에서 함께 추모할 수 있는 시간을 가지고 난 뒤 이곳 위령탑에서 안치환이 작사·작곡한 노래 「잠들지 않는 남도」를 다 같이 부르며 희생자들의 넋을 위로하고 어루만져주면 어떨까.

　외로운 대지의 깃발 흩날리는 이녁의 땅
　어둠 살 뚫고 피어난 피에 젖은 유채꽃이여
　검붉은 저녁 햇살에 꽃잎 시들었어도
　살 흐르는 세월에 그 향기 더욱 진하리
　아~ 반역의 세월이여
　아~ 통곡의 세월이여
　아~ 잠들지 않는 남도 한라산이여

각명비 아래 주차장 부근에 조성해놓은 비설(飛雪) 모녀 조각상[12]을 통해 내가 그런 상황에 놓였다고 가정하고 엄마와 딸의 희생을 마음으로 담아보는 자세를 가져본다.

---

12 봉개동 토벌작전에 나선 군인들에게 쫓기던 중 총에 맞아 희생된 모녀를 추모하기 위한 모녀상 '비설(飛雪)'.

너분숭이 기도

연수단이나 체험학습을 안내할 때 너분숭이에 오면 다 함께 묵념을 한다. 함께 마음으로 할 수 있는 묵념은 스스로를 존엄하게 하고 자존감을 높일 수 있는 소중한 행위다. 이제 눈을 감고 이곳에 떠도는 영혼들을 위해 기도한다.

일동 묵념.

불행했던 시기에 태어나 역사의 어둠속에서 왜 죽는지도 모르고 스러져간 가엾은 영혼들이 있습니다. 살려달라고 애원하는 것이 아무 소용도 없었고 그저 그렇게 처참하게 차마 눈을 감지도 못하고 숨겨간 슬픈 영혼들이 이 너분숭이에 아직도 머물러 있습니다. 떠도는 영혼 중에는 어린아이들도 있습니다. 돌무덤에 덮여 있는 애기 영혼들은 꽃을 피워보지도 못하고 스러져갔습니다.

우리 지도자들이 잘못하여 아무 죄 없는 이들을 처참하게 학살한 현장이 바로 이곳입니다. 우리 현대사의 비극의 현장입니다. 생각이 다르다는 이유 하나로 북촌리 주민들을 잔인하게 학살한 이들은 우리 국가의 우리 군인들이었습니다. 진보와 보수로 갈라진 이 땅 위의 현실에서 그리고 남과 북으로 갈라진 민족의 현실에서 그토록 지우고 싶고 생

너분숭이 436 영령 위령비 앞에서 참배하는 전북자연생태체험연구회 소속 교사들 2008-07-25

각하고 싶지 않은 아픈 역사가 되풀이되고 있음을 느끼고 있습니다. 생각이 다르다는 이유로 상대방에게 위협을 가하는 행동들이 또다시 나타나고 있습니다.

　살아있는 우리는 다시는 이러지 말아야 합니다. 이념이 다르다고 생각이 나와 다르다고 생명을 해치는 일을 반복해서는 안 됩니다. 이곳에 누워계신 가엾은 영혼들을 여러분의 따뜻한 사랑으로 가슴 안에 꼭 안아주기를 바랍니다. 저들의 슬픈 눈물을 닦아내어 환하게 웃을 수 있게 함께 기도해주시기 바랍니다.

　우리 민족의 분단 상황과 급변하는 국제정세 속에서 미래를 내다보는 현명한 지식인들이 되게 해주시고 두 눈을 부릅뜨고서 또다시 강대국에 끌려다니지 않게 도와주시기를 간절하게 바랍니다. 그리고 이 같은 아픈 역사를 또다시 만들지 않겠다고 다짐합니다. 그러기 위해 늘 깨어나 마음으로 또 몸으로 행동하는 산 자가 되겠습니다.

　이곳에 떠도는 슬픈 영혼들에게 다짐합니다. 당신들의 억울함을

너분숭이 4.3유적지 위령비 앞에서 전북교육연수원 행정공무원 「제주역사와 생태」 연수단
2020-11-16

기억합니다. 당신들의 한 맺힌 응어리를 가슴으로 받아냅니다. 이제 그 원을 풀어내시고 저 하늘에서 영면하시기를 가슴 깊이 기도합니다.

　　바로.

세계자연유산 화산섬과 용암동굴
- 거문오름 용암동굴계의 신비를 만나다

자연과 인간의 삶 이 둘의 관계는 지금 올라오는 태풍을 보면 쉽게 이해할 수 있다. 예전이야 자연에 순응하며 불가항력의 상황에 체념과 섬김의 자세로 자연의 위대함을 접했지만, 오늘날은 인공위성의 관측과 고도의 과학적 방법을 동원하여 자연재해를 예측하고 극복하려고 끊임없이 노력하고 있다. 그 자연과 인간의 삶의 고리를 단적으로 보여주는 곳이 화산섬 제주다.

육지와 격리되어 있고 어느 정도의 넓은 땅을 가지고 있는 제주는 그래서 고대 독립국 탐라가 가능했고 연합국과 일제의 태평양전쟁 당시 그 지정학적 위치로 인해 치열한 전쟁터로 내몰렸다. 오늘 태평양을 두고 벌어지는 미·중·일의 패권전쟁도 그때나 변함이 없다. 그래서 이어도가 주목된다.

해방 후 제주에서 벌어진 4.3사건도 일제강점기의 후속(後續)된 영향이었고, 크게는 미·소의 한반도 점령이 1차적 원인이다. 또한 미 군정기의 실패한 정책과 대한민국 정부수립 이후 이승만 정권이 선포한 계엄령과 중산간 마을 소개령에서 기인한다. 남로당 제주도당이 단선·단정 반대와 통일정부 수립을 기치로 내걸며 무장봉기한 4.3사건

거문오름 분화구 내부는 울창한 숲이 우거져 있다. 2008-05-02

은 죄 없는 선량한 민초들을 약 3만 명이나 죽음으로 내몬 비극이었다.

거문오름은 세계자연유산이 되어 수없이 많은 국내외 탐방객이 줄을 잇고 있다. 거문오름은 수십 km를 북동쪽으로 달려 바다에 이르며 그 생명을 다하지만, 그 이동 통로에 제주의 허파인 선흘곶자왈을 만들어 제주사람들에게 가옥, 선박 그 외의 건축재 및 생활도구에 필요한 목재와 각종 식물을 제공했다.

제주말로 빌레 용암이 흘러가며 만든 용암동굴인 만뱅디, 도틀굴, 반못굴, 목시물굴, 대섭이굴 등이 곶자왈 속에 숨겨져 있어 4.3사건 당시 이곳을 아는 주민의 피난처가 되어주었으나 1948년 11월 하순 그 광풍의 화염을 피해가지는 못했다.

겨울에도 곶자왈 속의 용암동굴들은 어느 정도 고온을 유지하여 사람들이 숨어 있을 수 있는 환경을 제공했다. 그러나 그 곶자왈은 그

가여운 사람들을 끝내 품어내지 못했다.

「국토기행을 통한 역사 바르게 알기」 연수단은 둘째 날 이른 아침 서우봉 산책을 시작으로 식사 후 서우봉 북동쪽 일제 자살특공 진지인 진양부대를 배치했던 갱도를 찾아 주인 잃고 상처 난 이 땅의 신음을 들었다. 그리고 거문오름 대신 선흘곶자왈부터 교과통합 답사를 시작했다.

세계자연유산 거문오름 용암동굴계를 따라 화산섬 제주의 자연과 그 속의 역사를 만났다. 곶자왈은 덤불을 의미하는 곶과 자갈 등의 바위로 어우러진 공간을 말하는 제주어다. 8시에 버스를 타고 중산간 선흘1리 사무소를 찾아 선흘곶자왈의 반못에서부터 답사를 시작했다. 제주에서 물이 고인 습지를 보는 일은 쉬운 일이 아니다. 파호이호이 용암이 흘러가며 빌레를 만들어 물을 가둔 반못에 수련이 화려하게 피었다.

작년 8월 여름에 들렀을 때 뱀을 두 번이나 만났을 정도로 곳곳에 뱀이 많다. 풀밭은 늘 조심해야 한다. 도틀굴을 찾아가는 길은 늘 어렵다. 지금이야 길도 나고 표지판도 세워져 있지만, 예전에는 코앞까지 들어갔다가 포기하고 나오기 일쑤였다. 선흘리 주민의 넋이 떠도는 도틀굴은 1948년 11월 25일 선흘리 주민이 숨어들었다가 군인들이 수류탄을 넣고 진입하여 굴 밖으로 끌어낸 뒤 15명 이상을 총살한 곳이다.[13] 선흘곶자왈을 나온 연수단은 동백동산의 람사르습지 구역을 확인하고 곶자왈의 생태를 관찰하면서 척박한 암괴 토양에 뿌리를 내린 제주인을 생각했다.

대섭이굴의 천연동굴 내부로 들어가 독립영화 「지슬」을 떠올렸고,

---

13 이영권, 『제주역사기행』(서울: 한겨레신문사, 2005), 326쪽; 제주도교육청, 『아픔을 딛고 선 제주』(제주: 일신옵쇄인쇄사, 2004), 190쪽.

선흘곶자왈 안의 대섭이굴을 답사하고 있는 연수단 2014-09-19

선흘곶자왈의 동백동산 2008-05-02

4.3 당시 이 동굴에 들어왔던 피난민이 되어보기도 했다. 모든 불빛을
끄고 칠흑 같은 어둠의 환경을 만들어 생존을 위한 침묵도 시도해보았
다. 기온이 낮은 동굴 속까지 모기의 공격이 이어지는데, 마치 2차 세계

김녕사굴 위의 모래에 염산을 반응시켜 실험하고 있는 연수단 2014-09-19

김녕사굴 벽면의 석회 생성물 2014-09-19

김녕사굴 바닥의 석회 생성물 2014-09-19

대전 당시 일제의 가미카제의 공격을 떠올리게 했다.

세계자연유산을 잉태한 거문오름이 품은 곶자왈과 용암동굴, 그 속의 신비스러운 석회 생성물의 생성 비밀을 풀기 위한 과학적 탐구와 추리를 시작했다.

거문오름 용암동굴계를 따라 만장굴을 지나 같은 동굴의 줄기인 김녕사굴의 비밀의 담을 넘었다. 용암동굴의 천장과 벽 그리고 바닥 면에는 보석 같은 석회 생성물이 즐비하다. 용암동굴 천장의 틈에서 떨어지는 탄산수소칼슘 용액이 다시 탄산칼슘으로 변하며 보석이 되어 소복하게 자리 잡은 신비로운 동굴 진주들의 덩어리들을 발견하곤 탄성을 지른다. 전봇대 공사를 하다가 발견된 용천동굴 안의 호수와 형언할 수 없을 정도로 아름답게 동굴 곳곳에 펼쳐놓은 석회 생성물들. 바로 이것이 제주에 세계자연유산을 선물한 것이다. 용암동굴 속에 형성된 석회 생성물은 세계적으로도 희귀하다. 무엇이 이 미지의 경이를 만들었을까. 답은 검붉은 화산 모래 사이의 출처를 알 수 없는 밝은 하얀 모

월정리 해안가 모래를 루페로 확대하여 관찰하고 있는 전북교육연수원「학교 밖 역사 기행」
교원연수단 2017-10-26

월정리 해안가 모래의
확대(40배) 모습, 모래가
전부 조개부스러기이다.
2017-10-26

래에 있다. 해안으로부터 중산간을 향해서 김녕사굴까지 날아온 정체 불명의 흰 모래가 동굴 위를 덮고 있다가 빗물에 녹아 흰 모래들을 녹이고 그 녹은 물이 동굴의 틈새로 흘러들어 다시 물과 이산화탄소를 날려보내고 진한 성분이 세월의 축적과 함께 만들어놓은 자연의 위대함이 바로 석회 생성물이다. 육지의 석회암 지대에서 볼 수 있는 석회동굴이 이곳 제주도 용암동굴 속에서 탄생한 것이다. 이 신비로움이 제주도에 세계자연유산을 선물한 것이다.

월정리 해안가 하얀 모래사장에서 휴대용 확대경과 염산반응을 다시 시도하여 신비를 벗겨낸다. 이로써 거문오름 용암동굴계 세계자연유산의 위대한 탄생 비밀과 그 과정을 받아들이며 자연의 경이에 머리를 숙인다. 마그마, 거문오름, 용암동굴, 바닷가 조개 모래, 거기에 강한 바람과 빗물의 화학적 반응 그리고 기다림의 세월까지 이 모든 것이 하나 되어 이루어진 우연한 비밀 공간에서의 만남이 세계자연유산의 잉태와 출산이다.

2008년 처음 찾은 뒤로 6년의 세월이 흐르면서 월정리 해안가 모래사장 주변은 급격하게 바뀌었다. 관광지로 각광을 받으며 많은 카페들이 들어서면서 도로에서 육지 쪽으로 형성된 사구(沙丘)들이 대부분 사라졌다. 조개 모래로 이루어진 이 사구는 제주에 세계자연유산이라는 선물을 선사해준 원천이다. 이 원천이 사라지면 아무리 바람이 분다 해도 이곳에서 떨어져 있는 용암동굴 위로 날아갈 모래가 없어지게 된다. 그렇게 되면 용암동굴 속에 석회생성물은 더 이상 만들어지지 않는다. 인간의 욕심과 개발로 인해 그 긴 세월의 과정이 담긴 자연의 선물은 까만 현무암의 튜물러스에 부딪히며 사라지는 파도처럼 산산이 부서져 사라져 버릴 것이다. 해안가 사구를 지켜내는 것은 제주를 지키는 것이다. 그래야 세계자연유산을 후손들에게 아니 인류에게 물려줄 수

월정리 해안가 사구와 주변 2010-01-26

월정리 해안가 사구와 건물들 2019-04-17

있기 때문이다. 인간의 부에 대한 끝이 없는 욕심은 자연을 망가뜨리고
그 순환을 막는다. 우후죽순처럼 생겨난 카페들은 조개 모래가 쌓여있
던 사구를 퍼내고 그 자리에 세워졌다. 이 얼마나 안타까운 일인가. 건

축허가를 내주는 담당 공무원들이 세계자연유산 거문오름용암동굴계의 생성과정 속에 담긴 과학적인 배경지식을 알고 있었다면 월정리 해안가의 사구는 지켜질 수도 있었다고 생각한다. 인문학적 사고는 자연과학적인 소양을 기본으로 한다. 생태환경에 대한 무지가 자연을 파괴할 수 있음을 보여주는 사례가 월정리 해안가이다.

2014-09-19

거문오름 용암동굴계 신비를 만나다

❶서우봉 일제 생도진지 → ❷선흘곶자왈 → ❸대섭이굴 → ❹김녕사굴 → ❺용천동굴 → ❻월정리 해안가

오정개 이만 삼천 원어치

해홍삼 大와 小
뿔소라 작은 거와 큰 거
물질해 올라온 생물이
좌판에 올라와 선을 보고 있다.

나름 정감 있게 거리를 좁히려
마음 담아 건네지만
그저 이만 삼천 원어치
물질 값만 되돌아온다.

수심 이십 미터
차디차고 무거운 물속
이리저리 녀석들을 캐내며
참고 또 참아내며 버티던 숨

호이호이 숨비 소리로 몰아 내쉬어
첫울음 터뜨려 세상 여는 갓난아기 생사처럼

막힌 숨통 열어 죽을 고비 넘나들며
삶을 잇는 물질 또 해녀질

그 소라와 해삼
이만 원어치와 소주 한 병 삼천 원
그놈들은 숨죽이듯 미동도 없고
좀 전 물질하던 줌녀들의 생사의 순간은
파도 끝 포말 되어 휴 하고 돌아온다.

이거 말해 달라
저거 말해 달라
보채보지만
딱 이만 삼천 원어치인가 보다.
갈증 나고 허기진
내 욕심은 아랑곳하지 않고
이만 삼천 원어치에서 멈춰버린
줌녀의 물속 이야기

허기사
이만 삼천 원으로
칠십육 년에서 물질 시작한 스무 살을 뺀
오십육 년의 삶을
넘보려 하는 것은
염치없는 짓이지.

수마포 해안가에서 물질을 떠나는 해녀들 2017-01-12

그 값에 물질 냄새나 풍기는 것이 되랴
훔쳐 들으려 해도
딱 다문 소라가 되어버린
해녀 입을 바라만 볼 뿐

성산 뒤편 오정깨[14]
간이 해녀 쉼터에 땅거미가 내려앉는다.
등 뒤에 우도는 아까부터
이러는 나를 공짜로 훔쳐보고 있다.

2018-02-21

---

14   오정개를 해녀는 '오정깨'라고 발음한다. 오정개는 성산일출봉 북쪽에 있는 포구다.

터진목의 기억

삭(朔)을 하루 앞에 두고
성산 서편 깊숙하고도 둥그런 만 안으로
북동에서 돌아 들어온
태평양의 바닷물이 배부른 복어 모양
꽉 차올랐다.

고도(孤島)의 외로움을 이기지 못해서인가
아니면 태초부터 돌고 돌아
저 바닷물을 끌고 다닌 달의 윤회의 산물인가
고성리와 신양리를 향한
그리움이 쌓이고 또 쌓여서
절도(絕島) 성산의 터진목을 이어 육계사주(陸繫砂洲)로 만들고는
외로움을 놓아버렸다.

1940년대 초 오늘 삭쯤
성산 농변의 바닷불이 저 터진목을 밀고 넘어왔을 터이다
그 뒤로 터진목은 막힌목 되어버린 후

만조 때 지름길을 알았던 수마포 앞 조수의 물길이
그의 길을 잃어버렸다.

우뭇개를 지나 오정개를 돌고
성산항 포구를 통해 오는 물길이
터진목을 대신한 지 어느덧 78년을 넘어섰다.

성산만으로 들어온 바닷물이
북서에서 비스듬히 들어와 터진목 방파제에 부딪힌 뒤
무늬를 만들며 꿈틀댄다.
옛길의 존재조차 기억하지 못하는 바닷물이
터진목에서 감히 넘어보려고도 하지 않고
살랑거리다 꼬리를 내리고 만다.

성산만을 빙 돌아 한 바퀴
성산리 오조리 고성리 신양리 마을
4.3 불길에 터진목에서 사라져간 영혼들

원통함과 학살 없는 저 너머 해맑은 세상으로 갈 수 있도록
막힌 목을 헐어 숨통을 트여내자 다시 터진목으로

탁 트인 터진목으로 힘차게 나가
저 먼 그리움의 세상으로 솟아올라
넘실넘실 평화의 새로 날아가자

성산일출봉에서 내려다본 육계사주. 성산리에서 고성리로 이어져 있다. 사진에서 가장 좁은 부분이
4.3 희생지 터진목이다. 우측에 성산만으로 들어오는 입구가 있다. 2018-02-17

하늘 끝으로 한없이 한없이 해원(解冤)을 이뤄

너울너울 떠나가기를

두 손 모은다.

2018-02-15

십이 년 지기 정의골 식당

정의현성 남문 안 이백여 미터에 자리한 정의골 식당
장모님이 1982년부터 운영해온 식당을 옮겨
성읍 우물터 옆에 1992년부터 새로이 문을 연 이곳
식당 벽면에 걸린 메뉴판이 이십 년째 되었다는데
그때부터 변하지 않은 가격표 그대로란다.

삼십 년 전 신혼여행 뒤로 쉰아홉 번째 찾아든 제주
첫 발을 디딘 이후 올해로 십이 년
"사장님 저 왔습니다." 올 때마다 똑같은 인사를 건네는 집
제주 지인 중 가장 오래된 십이 년 지기 정의골 식당

제주 고사리나물에 흑돼지 양념불고기
쑥 빈대떡에 손바닥만 한 양은 주전자에 딸려 나오는 좁쌀 막걸리
따끈하게 김을 내는 된장 미역국까지
나무 탁자 위에 한 상 가득 잔치를 편다.

이른 아침 성산 수마포 해안가 모래밭과

일제 자살특공진지를 오르락 거리고
광치기여까지 길고 긴 사구길을 푹푹 빠져가며 걸어온
지친 연수단의 피로를 가볍게 녹아내리게 만드는
정의골 주인의 정감어린 미소

메뉴에 포함된 좁쌀 막걸리는 연수 중에 마실 수 없어
음료수로 대체되어 정겨운 맛이 덜하지만
제주 고사리나물을 뜸뿍 넣어 맛갈스럽게 익어 나오는 흑돼지 주물럭
쌈에 풍선만 한 입이 이리 불룩 저리 불룩거린다.

다른 사람 몰래 옆구리를 찔러
나를 식당 옆방의 통로로 끌고 나온 주인은
빙그레 웃으며 알다모를 종이컵을 건넨다.
밥 먹다 말고 무슨 일인지 둥그레 쳐다보는 내게
어서 마시라며 누가 들을까 봐 입 모양만 달싹거린다.

십이 년 지기의 우정은 3일째 이어지는 강의로 진이 빠져 있을
나의 갈증은 물론 내가 지금 절실하게 원하는 것이 무엇인지를
경험으로 알고 있음이다.

이건 우리 일행이 도착하기 전부터 작전을 짜놓고 있었음이 분명하다.
나를 따로 불러내 일행 몰래 거사를 저지르기로 작정을 한 것이
틀림없다.

그 자리에서 연거푸 두 컵을 더 따라주는 주인의 맘 씀씀이에 빙긋 웃

정의골 식당 전문특선요리 2021-01-29

음으로 답한다. 다시 돌아와 앉은 식탁의 내 옆 지기들 세 사람은 아무
런 내색을 하지 않는다.

식사가 어느 정도 마무리되는 시간에 일어서서
정의골 식당의 판촉원이 되어 제주 고사리와 감귤 판매의 홍보를 하면
종이컵 세 잔의 십이 년 지기 빚은
순식간에 탕감되어 사라진다.

다들 떠난 빈 식당에 들러
스르륵 문을 밀어내고 씨익 웃으며
다음에 다시 오마 눈인사하고 나서는 길
정의골 온기가 머리 뒤로 따뜻하다.

2020-11-18

서귀진과 하논 그리고 황우지 해안 열두 굴

월정리 해안가로 나온 연수단은 처음으로 환한 세상을 만났다. 이른 아침 서우봉 일제 갱도진지를 출발하여 곶자왈 숲속과 천연동굴을 포함한 제주시 동북부 지역의 산속만 다니다가 보석빛 바닷가에 다다르자 "와, 바다다!"를 외친다. 성산응회구의 수마포 해안가의 일제 자살특공대진지는 시간관계상 생략하고 곧바로 성읍의 정의골 식당에서 점심을 먹고 빗길을 달려 서귀포시에서 새롭게 발굴조사와 복원을 마친 서귀진성 터를 찾았다.

3성 9진성 25봉수와 38개 연대로 360도 방어 체제를 구축한 제주의 군사시설 중 하나인 서귀진(西歸鎭)의 성(城)이 최근에 복원되었다. 남극노인성을 바라보면 장수를 가져온다는 믿음이 전해져온다. 이 서귀진에서 바라보는 남극노인성은 더욱 의미를 지니는데, 제주에서는 이를 '서진노성(西鎭老星)'이라고 하여 영주 12경 중의 하나로 여겼다. 세종 임금은 이 노인성을 관측하기 위해 천문학자 윤사웅을 제주로 보내기도 했고,[15] 서울의 성 남쪽에 단을 마련하고 노인성 대제를 지내기

---

15   민족문화추진회, 『연려실기술 XI』(서울: 민족문화문고간행회, 1982), 62-63쪽.

서귀진성에서 바라본 서귀포 앞바다와 섶섬 2019-01-12

도 했다.[16] 제주도 방어시설인 서귀진성을 복원했으니 이제 이곳에서
노인성을 관측하는 문화행사를 열고 세종의 노인성 관측에 대한 열망
을 함께 만나보면 서진노성의 문화콘텐츠는 더욱 빛을 발할 것이다.

　　제주는 별의 나라다. 특히 탐라는 별과 아주 밀접하다. 빗길을 뚫
고 제주 남부 서귀포에 들어와 서귀진을 찾고 곧바로 유네스코 지정 세
계지질공원으로 등재된 신생대 약 100만 년 전 서귀포 퇴적층의 화석
탐구를 실시했다.

　　사회, 지리, 도덕, 역사 및 초등 교사로 이루어진 연수단의 특성상
과학은 어렵게 다가오지만 그래도 눈으로 보이는 화석탐사에 모두 진
지하다. 산호, 가리비, 각종 바다생물과 조개화석, 그리고 동물들이 살
다간 구멍에 남긴 생흔화석 등이 살아서 움직이고 이암, 사암, 역암, 사

16　『세종실록』 32권 8년 5월 19일(임자) 5번째 기사.

서귀포 퇴적층에서 화석탐사를 벌이고 있는 연수단 2017-01-12

신생대 서귀포층의 가리비 화석. 화석 옆의 비교 척도는 8cm 크기이다. 2020-08-05

층리에 점이층리까지 퇴적암이 교실 밖 야외 현장에서 살아 움직인다. 모처럼 신이 나는 과학시간의 학생으로 돌아간 모습이다.

 마그마가 주위의 밀도와 온도의 관계 속에서 지상으로 솟아오를 때 지하수와 만나 폭발하면 엄청난 구덩이를 만드는데, 이를 '마르분화구'라고 한다. 거대한 마르가 서귀포시 호근동에 있는데, 일명 '하논'이다. 큰 논이라는 뜻이다. 제주에서 논농사하는 곳이다. 누렇게 익어가는

하논 마르분화구 내 벼농사 현장 2017-01-12

벼들이 덮인 거대한 논의 펼쳐짐에 모두 탄성을 자아낸다. "제주에 쌀
농사가 없다"고 가르쳤는데, "바로 수정해야겠다"고 하는 선생님의 소
리가 들려온다. 고대 기후와 식생의 타임캡슐 하논. 한때 야구장으로 건
설하려다 취소한 이곳을 조선시대 논으로 만들기 이전의 호수로 복구
하려는 움직임도 있다고 하니 기대해볼 만하다. 동양 최대의 마르분화
구 하논의 미래 모습이 더욱 궁금해진다.

　　하논 마르 남쪽 분화구 사면에 있는 삼매봉의 해안가에는 황우지
열두 굴이 존재한다. 일제 자살특공 갱도진지가 이곳에 구축되어 있
다. 일제는 태평양전쟁 말기에 제주 전역에 걸쳐 수없이 많은 갱도진지
를 만들었다. 특히 서우봉, 성산, 삼매봉, 송악산, 수월봉 등 다섯 곳에
는 모터보트나 어뢰정을 개조한 자살특공무기를 만들어 연합군의 함대
가 제주해안을 공격해올 때 이를 자살특공으로 막아내려고 했다. 황우
지 해안 열두 굴이 바로 자살특공 갱도진지다. 이곳은 모터보트를 개조
해서 만든 진양부대를 숨겨놓았던 진지다. 얼핏 보아서는 찾을 수 없는

삼매봉 남쪽 해안가의 황우지 해안 열두 굴. 일제 자살특공 진지이다. 2020-01-11

황우지 열두 굴 일제갱도진지, 대한민국자연생태체험연구회 교원들 2013-01-15

이곳의 군사시설을 찾아 미끄러지는 바위 면을 손을 짚어가며 다녀왔다. 제주 전역을 이렇게 뚫어놓은 일제의 욕심 끝은 결국 패망이었다.

또다시 반시간 정도를 서쪽으로 달려 산방산 앞에 다다랐다. 용머리 응회환과 산방산의 선·후 관계를 밝히고 산방연대에 올라서 주변 지형을 조망했다. 북쪽으로 월라봉, 군산, 동쪽으로 화순발전소, 범섬, 남쪽으로 용머리 응회환과 형제섬, 마라도 송악산, 동알, 셋알, 섯알, 서쪽으로 단산, 모슬봉 등 주위의 오름들을 살피었다. 이들 산은 제주도 서남부에 위치하는데, 모두 군사요새로 이루어져 있다. 1945년 3월 이오지마가 함락당하고 뒤이어 6월 오키나와가 연합군에 의해 점령당하자 일제는 이곳 제주도 서남부에 집중적으로 군사 시설을 배치하고 요새화했다. 내일 답사에서 이들 지역을 밟아볼 것이다. 하루의 긴 여정을 뒤로 보내며 휴식을 취한다.

2014-09-19

서귀진과 하논 그리고 황우지 해안 열두 굴

❶성읍 정의골식당 → ❷서귀진성 → ❸서귀포 퇴적층 → ❹하논마르 →
❺삼매봉 일제 갱도진지 → ❻산방연대

일제강점기와 태평양전쟁 하의 제주

전북교육연수원 「국토기행을 통한 역사 바로 알기」 연수와 함께한 제주기행 3일 중 마지막 날의 일기를 기록한다. 화순항이 보이는 산방 연대에 올라서면 제주의 남서부가 한눈에 들어온다. 정면으로 용머리 응회환이 남태평양으로 달려나가고 약간 우측을 바라보면 멀리 송악산이 낮은 자세로 사람들을 불러모으고 그 동쪽으로 돌출된 절울이 해안가 좌측으로 마라도까지 눈에 들어온다.

사계리 해안을 지나 사람 발자국, 사슴, 돼지 심지어 코끼리 발자국 화석까지 나타나는 귀한 퇴적층을 지나면 오늘의 숙소인 송악산 리조트가 파도 소리를 보듬으며 형제도를 바라보고 있다.

아침 8시 「일제강점기와 태평양전쟁 하의 제주」를 만나기 위해 제주 서남부 대정현 알뜨르 답사를 시작한다. 송악산 입구에는 항공사진으로 부착한 안내도가 있어 이 지역 일대를 태평양전쟁 당시 일제가 어떻게 요새화했는지를 확인할 수 있다. 해안가 자살특공 갱도진지, 송악산 중턱의 지휘본부 벙커, 응회환의 고리를 따라 구축한 갱도진지 요새와 40여 곳의 출입구, 셋알오름 지하터널 요새와 정상의 고사포 진지, 섯알오름 고사포 진지와 분화구 내 탄약고 터, 비행기 격납고, 알뜨르 비행장까지 이 지역 전체가 군사요새라고 해도 과언은 아니다.

섯알오름 능선에서 바라본 모슬봉과 알뜨르의 일제강점기 비행기 격납고 2020-01-17

대정 알뜨르에 조성된 일제강점기 군사시설. ❶ 일제 지하벙커, ❷ 셋알오름 일제 동굴진지,
❸ 셋알오름 고사포 진지, ❹ 송악산 해안 일제 동굴진지 알뜨르 현지 안내판, 2019-01-13

송악산 해안가 일제 갱도진지 앞에 선 「국토기행을 통한 역사 바르게 알기」 연수단. 갱도진지 절벽이 무너져 내려 매몰되어 있다. 2014-09-20

　　일제가 제주도 서남부에 집중적으로 군사시설을 배치한 이유는 무엇일까. 이것을 알기 위해서는 태평양 전쟁 말기인 1945년 초의 연합군(미군)과 일본군의 전쟁상황을 이해해야 한다. 1941년 12월 7일 일본군의 진주만 공습으로 발발한 태평양 전쟁은 초기에 일본군에게 유리하게 전황이 전개된다. 그러다가 1942년 6월 초의 미드웨이 해전을 계기로 미국이 전세를 바꾸어나간다. 이 뒤로 양 진영은 1943년과 1944년 두 해 동안 태평양 전역에서 치열한 공방전을 벌이다가 괌과 사이판 그리고 필리핀 해역을 미국이 되찾으면서 일본은 패망의 길로 접어들게 된다. 이렇게 되자 일본군은 본토 방어를 위한 '결(決)7호 작전'[17]을 준비하게 된다.

17　결1호는 홋가이도(北海道)·지시마(千島), 결2호는 토호구(東北), 결3호는 간토토(關東), 결4호는 토카이(東海), 결5호는 츄부(中部), 결6호는 규슈(九州), 결7호는 제주도 방면이다.

1945년 2월 9일 일본방위총사령관은 미군과의 본토 결전에 대비하여 7개 방면의 육·해군 공동작전을 준비한다. 그 가운데 하나가 제주도 방어 작전계획이며 이른바 결7호작전이다.[18]

일본군 대본영(大本營)은 미군이 결1호인 홋가이도와 결7호인 제주도 방면으로 상륙작전을 벌일 것으로 판단한다. 이에 따라서 제주도에 일본군을 집중적으로 배치하는데 심지어 만주에 있던 관동군까지도 제주도로 이동시키게 된다. 이러한 이유 때문에 제주도 서남부 대정의 알뜨르를 중심으로 하는 지역에 대규모의 군산시설을 구축한다. 그것은 미군이 제주도에 상륙할 경우에 제주의 서남부 송악산을 두고 좌우 방향의 해안가로 상륙할 것이라는 가정했기 때문이다.

1945년 4월 15일 채(砦, 토리데)부대로 명명되는 제58군 사령부가 신설편성되며 일본 본토의 부대를 비롯하여 만주의 관동군 등을 포함하여 종전 직전까지 4개월 사이에 무려 7만 5천여 명에 달하는 병력이 제주도에 집결하며 전역을 요새화한다. 종전이 되지 않았다면 8월 하순에 일개 사단(120사단) 약 1만 명가량이 서부지역에 증강 배치될 예정이었다. 대본영은 미군의 제주 상륙을 기정사실화하고 8월 5일 제120사단에 제주 파견을 명령하고 8월 20일에 제주 상륙을 계획하고 있었다(部隊編制槪要).[19]

1944년 여름에 괌과 사이판을 회복한 미국은 B29 폭격기로 일본

---

18   조성윤 편, 『일제 말기 제주도의 일본군 연구』(서울: 보고사, 2008), 200쪽.

19   위의 책, 201쪽.

본토의 공습이 가능한 상태에 이르렀고 그에 따라 우리가 잘 아는 도쿄 대공습을 1945년 3월 10일에 감행하였다. 이후 미군은 3월 26일에는 이오지마(硫黃島)를 함락시켰고, 6월 25일경에는 오키나와마저 점령한다. 이제 일본 본토는 미군의 코앞에까지 이르게 되었다. 일본 본토로 향하는 미군의 다음 목적지는 제주도였다. 전쟁 초기 일본의 우수했던 비행기 조종사들이 태평양에서 미군에 의해 점차로 궤멸되자 일본군은 자살특공대를 운용하게 된다. 우리가 지금껏 답사하였던 제주도 북쪽의 서우봉 해안가, 동쪽의 성산수마포 해안가, 남쪽의 황우지 열두 굴, 서남쪽의 송악산 해안가 가이텐 진지동굴, 그리고 마지막으로 서쪽 수월봉 해안가에서 만나게 될 진지들은 모두 미군의 함선들을 향해 바다로 돌진하여 자폭하는 자살특공대를 위한 군사시설이다. 제주도 서남쪽의 군사시설의 배치는 남쪽 바다 쪽으로 돌출된 송악산으로부터 그 안쪽의 동알 · 셋알 · 섯알 오름에 집중적으로 이루어졌는데 특히 셋알과 섯알 오름의 정상에는 고사포진지를 구축하였고 셋알오름의 지하에

셋알오름 정상 고사포진지의 「화산섬 제주」 교원연수단. 뒤로 모슬봉과 단산이 보인다. 2019-01-13

셋알오름 지하의 군사 요새. 트럭이 드나들 수 있는 폭이다. 장수 번암중 체험학습 2019-04-19

는 바둑판식의 거대한 지하요새를 만들었다. 알뜨르 비행장 주변에는 비행기 격납고를 조성하였고 알뜨르 북편으로 서에서 동으로 자리하는 모슬봉, 단산, 산방산, 군산 등의 산에는 갱도진지를 구축하였다. 일제가 제주도 서남쪽에 이와 같이 해안가, 알뜨르, 그리고 내륙 쪽으로 위치한 오름에 이르기까지 단계적이면서 체계적인 군사시설을 배치한 것은 미군의 상륙을 전략적으로 방어하기 위한 작전에서 비롯된 것이다. 이는 이오지마 전투뿐만 아니라 일본군과 미군 그리고 원주민을 포함하여 도합 20만 명이 숨겨간 오키나와 전투에서의 교훈이 반영된 것이다. 제주도를 방어하기 위한 결7호 작전은 해안결전이나 후퇴배치 내륙결전 등 두 가지 전술전략 측면에서 운용될 수 있었다.

　　두 전술전략에 대해 제17방면군과 제58군사령부는 갈등을 일으킨다. 제17방면군 참모본부에서는 1945년 초부터 해안결전을 주장했지만 현장에서는 실패할 가능성이 많은 해안결전보다는

어승생악(1,169m) 정상에 구축한 일제 군사진지 2017-03-22

내륙결전을 지향하고 후퇴배치를 위한 진지구축을 진행시키고 있었다. 오키나와전에서도 현지군은 참모본부의 의지에 반하여 내륙결전을 선택했다(츠카사키, 2004;256). (중략) 미군 상륙과 동시에 타격을 입히려는 전술보다는 상륙을 허용하고 장기간 게릴라식 방어 전략을 선택한 것이다. 제1방어선이 무너지면 제2방어선으로 이동하고 최후에는 한라산 (어승생악을 중심으로) 전체를 이용하여 장기간의 전투로서 미군에 타격을 주려는 전술전략을 취한 것이다.[20]

내가 2007년부터 제주도 서남부에 집중적으로 분포하는 일제강점기 군사시설을 조사하고 찾아다니면서 셋알오름 지하 갱도 내부를 답사할 수 있었던 것은 이 산 주인(김성진 이사, 셋알카트 대표)의 배려 덕분이

---

20   조성윤 편, 앞의 책, 203-204쪽.

송악산 해안가 가이텐 진지 갱도 속에서 경기도 고양교육청 영재교육원 영재 학생들에게 태평양 전쟁사를 안내하고 있다. 2010-08-21

었다. 영재 학생들의 체험학습을 위해 열정적으로 연구하는 육지 사람의 모습에 이곳 주인은 내게 진지 요새로 들어가는 출입문의 열쇠를 아예 따로 내주어 언제든지 자유롭게 출입할 수 있게 해주었다. 그 뒤로 전라북도 수퍼 영재들의 리더십 함양과 교과통합능력 배양을 목적으로 2008년과 2009년 두 해에 걸쳐 이곳의 체험학습을 진행하였고 이들 수퍼 영재를 지도하는 영재 교원들을 대상으로 역시 두 해 연수를 진행했다. 그 뒤로 광주과학고 영재 학생들과 경기도 고양교육청 영재 학생들에게도 동일한 체험학습을 제공했다. 제주도 서남부 지역의 체험학습은 「일제강점기와 태평양 전쟁하의 제주」라는 주제로 진행하고 있다.

　전체적인 군사배치 구조를 익힌 뒤 해안가로 내려갔다. 자살특공 진지로 가는 길엔 오래전에 이곳에서 촬영했던 드라마 「대장금」 안내판이 서 있다. 2006년 이곳을 처음 찾았을 때 일본인 관광객이 이곳을 많이 찾아왔던 기억이 난다. 송악산 해안가에 뚫려 있는 가이텐 자살특

448

셋알오름 지하 갱도진지를 찾아가는 전북교육연수원 「국토기행을 통한 역사 바르게 알기 교원연수단」
2014-09-20

모슬포경찰서에 의해 예비검속된 252명이 학살당한 셋알오름 분화구. 태평양전쟁 시기 일제의
탄약고였다가 미군정에 의해 폭파되었던 곳이다. 2020-01-12

공대 갱도진지를 찾았다. 이곳에 배치되었던 자살특공대는 '인간어뢰'
라고 불렸다. 다른 지역의 모터보트를 활용한 자살특공진지와 달리 이

곳의 갱도진지는 그 길이가 상당하다. 어뢰정 형태를 가진 무기의 구조 상 더 깊게 조성해야 했을 것이다. 처음 이곳을 밟았을 때와 달리 지금 은 해안가 절벽이 많이 무너져 내려 갱도진지를 관찰하는 것이 쉽지 않 다. 무엇보다 계속되는 붕괴로 인해 언제 다시 무너져 내릴지 모르는 상황이니 해안 절벽 가까이는 접근해서는 안 된다.

유럽의 산업혁명 결과가 우리에게 어떤 결과로 다가왔는지, 뻥 뚫 린 우리의 역사 상처, 갱도진지 앞에서 간략하게 살펴보았다. 유럽의 산 업혁명 그리고 제국주의는 일제의 조선 식민지 지배로 이어졌고 이곳 송악산 해안가 갱도진지는 태평양전쟁 전개 과정 중의 하나였다. 곧바 로 송악산의 외륜(外輪)을 따라 일제 갱도진지가 들어 있는 응회환의 날 개를 따라 게릴라 작전의 비밀 진지를 찾으며 서쪽 해안가로 향했다. 송악산 서쪽 해안가에 다다르면 가파도와 마라도가 손아래 잡힐 듯하 다. 어제의 비로 깨끗해져 시야가 선명하여 두 섬이 더욱 가깝게 느껴 진다. 국토 최남단 마라도를 바라보며 그 너머에 있는 이어도를 그려냈 다. 이어도를 두고 벌이는 동북아 3국의 입장, 그리고 이어도의 전략적 가치와 바다 영토의 중요성을 살펴본 다음 중국의 태평양 진출과 이에 맞서는 미국의 저지 전략에서 미·일 동맹의 관계 등도 함께 다뤘다.

한편 제주 해군기지에 대한 서로 다른 견해와 미래 자주국방과 해 양영토를 수호하기 위한 최소한의 안보 차원 자구책 등도 태평양전쟁 당시 제주의 중요성을 소환하여 함께 바라보았다. 송악산과 동알 사이 의 넓은 구릉이 있는 이 부근을 중국 자본이 매입한다고 하여 논란을 불러왔고, 제주에서는 이 유적지를 지켜내자고 했다. 현재는 보류상태 라는 현지인의 이야기를 듣고 다소나마 한숨을 돌렸다.

동알, 섯알 그사이의 셋알오름 속 지하 전역의 요새를 함께 돌며 제주가 얼마나 아파했는지를 눈으로 가슴으로 보았다. 이어 오름 정상으로 올라가 고사포 진지에서 빙 둘러앉아 다음 섯알오름 학살 터로 가기 전에 보도연맹의 실체에 대한 안내를 하고 그 잔인했던 학살의 현장 속으로 들어갔다.

국민보도연맹(國民保導聯盟)은 1949년 4월 좌익 전향자를 계몽·지도하기 위해 조직된 관변단체다. 6.25전쟁으로 1950년 6월 말부터 9월경까지 수만 명 이상의 국민보도연맹원이 군과 경찰에 의해 살해되었다. 1949년 말에는 전국적으로 30만 명이 가입되어 있었는데, 주로 사상적 낙인이 찍힌 사람들을 대상으로 했고, 거의 강제적이었으며, 지역별 할당제가 있어 사상범이 아닌 경우에도 등록되는 경우가 많았다. 희생자가 몇 명인지도 알 수 없었다.[21] 1950년 우리의 군경에 의해 무차별 학살하여 마산, 부산, 거제도 앞바다에 수장해버린 영혼들의 시신이 대마도 해안에서 무수히 발견되었다.

국민보도연맹은 제주에도 예외는 아니었다. 4.3사건 광풍이 한국전쟁으로 이어지며 희생자가 속출했다. 바로 얼마 전 이 국민보도연맹 피해자의 재심 결정[22]이 발표되었다. 억울한 죽음, 한 맺힌 영혼들의 기쁨의 눈물을 꿈꾼다.[23] 한국 현대사의 비극, 해방 이후 벌어진 제주 4.3

---

21 한민족문화대백과.

22 한국전쟁 때 '보도연맹원'이라는 이유로 군사재판을 받고 사형을 당한 이들의 유족들이 "당시 재판이 잘못됐으니 재판을 다시 받게 해달라"며 낸 재심 청구가 법원에서 받아들여졌다. 재판 없이 사형을 당한 보도연맹 유족들이 국가를 상대로 낸 손해배상청구소송에서 이긴 적은 더러 있었으나, 재판을 거쳐 사형을 당한 이들에 대한 재심 개시 결정은 처음이다. 한겨레신문, http://www.hani.co.kr(검색일: 2014. 8. 29).

23 한국전쟁 당시 국민보도연맹원으로 사형을 당한 부산 지역 희생자 2명에게도 무죄 판결을 내렸다. 2020년 6월 1일 부산지법에 따르면 지난달 29일 형사5부(권기철 부장판사), 형사6부(최진곤 부장판사)는 국방경비법 위반사건 재심 선고공판에서 박태구(당시 28세), 정동룡(당시 22세) 씨에게 각각 무죄를 선고했다. 이에 앞서 2020년 2월에 창원지법 마산지원 형사부는 마산지역 보도연맹 6명의 유족이 제기한 국방경비법 위반사건 재심에서 무죄를 선고했다. 오마이뉴스, http://www.ohmynews.com(검색일: 2020. 6. 1).

셋알오름 고사포진지에서 섯알오름 학살 터로 이동하는 전라북도교육연수원 「교과서 밖의 역사」 연수단 2017-10-28

섯알오름에서 참배를 마친 「화산섬 제주」 연수단 2019-01-13

사건과 이어지는 한국전쟁 그리고 보도연맹 희생자들. 일제로부터 이어지는 비극의 연쇄극은 지금도 완전히 끝난 것이 아닌 진행형이다. 그들의 희생터가 섯알오름이다. 태평양전쟁 당시 일제가 이곳에 탄약고

동계 정온의 유허비 앞에서 현명한 지식인이 되자는 다짐을 했다. 전북교과통합체험학습연구회
교원연수단 2017-01-13

를 지었고 해방 후 미군정에 의해 폭파되었던 섯알오름 분화구는 한국
전쟁 당시 보도연맹과 관련하여 무고한 양민 252명이 군인들에 의해
학살당한 곳이다.

　1950년 6월 25일 한국전쟁이 발발하자 내무부 치안국의 지시에
따라 모슬포경찰서 관내에서 예비 검속한 344명 중 계엄사령부에 송치
된 252명을 동년 7월 16일과 8월 20일 법적 절차 없이 모슬포 주둔군
이 집단 학살 암매장한 사건이다.[24]

　알뜨르에 떠도는 우리네 아버지 할아버지들의 절규가 언제 끝날
것인가. 지금도 이념적으로 대립하고 있는 우리의 현실은 극단적 상황
에 내몰릴 경우 지난날의 광풍이 또다시 불어올 것이 눈에 보인다.

24　이 글은 연수가 진행되었던 2014년 9월 20일 이후 2015년 8월 20일(음력 7월 7일) 예비
　　검속섯알오름희생자유족회에서 세운 명예회복진혼비에서 발췌한 것이다. 유족회가 국
　　가상대 손해배상청구소송에서 2015년 6월 24일 승소를 이끌었고 그에 따른 진혼비를 설
　　립한 것이다.

일제 비행기 격납고 현장과 중·일전쟁의 중간 기착지로 쓰인 알 뜨르 비행장을 빠져나와 대정현성 담밖에 세워진 대정 삼의사비를 만났다. 추사의 유배와 그의 제자 강도순, 강도순의 증손 강문석과 그의 다른 이름 김달삼. 그 김달삼을 다시 사용한 강문석의 사위 이승진은 4.3사건 당시 유격대 대장 김달삼이었다. 이승진은 중종 때 기묘사화로 인해 유배 온 이세번의 14대손이다. 제주의 지식인은 이렇듯 육지로부터 유배 온 유배인들의 후손이거나 그들의 영향을 받은 사람들이 많았다.

오늘 우리는 어떤 사상과 정신을 마음에 새길 것인가. 제주는 왜 이토록 많은 아픔을 간직하고 있는 것일까. 동아시아 역사를 가른 명·청 교체기에 불운의 임금이었던 광해군이 이곳 제주에 유배 와서 세상을 떠났다. 그와 대척점에 있었던 동계 정온은 광해군이 강화도로 유배를 가자 서울로 돌아갔고, 병자호란 당시 남한산성에서 끝까지 화친을 반대하며 자결까지 시도했다. 다른 주전파와 달리 그는 대책을 가지고 전략을 내세우며 주전론을 펼쳤다. 그가 유배 왔던 이곳 대정현의 보성초등학교에 유허비가 세워져 있다. 제주의 역사는 중앙 역사와 연결되어 일제강점기와 태평양전쟁 그리고 해방 후 4.3사건과 한국전쟁의 역사 속에서 피맺힌 아픔을 고스란히 간직하고 있다. 이 모든 과정에는 지도자의 리더십이 얼마나 중요한가를 교훈으로 품고 있다. 한 나라의 운명을 결정짓는 부분에서는 광해군의 지혜를 본받아야 하고, 이 시대를 살아가는 지식인들에는 동계 정온과 지천 최명길의 성리학적 사고와 양명학적 사고에서 그 교훈을 얻어야 할 것이다. 그래야만 시대를 통찰하고 미래를 내다볼 수 있으며, 그 미래를 위해 오늘을 부단히 준비하는 현명한 지식인이 될 수 있을 것이다. 그것이 전쟁이 없는 평화를 위한 것이며 나아가 분단을 극복하고 통일을 이루는 길이 답이 될

섯알오름 예비검속 희생자 추모비 앞에서 더 이상 아픈 역사를 만들지 말자며 희생자들의 넋을 위로하는 「화산섬 제주」 기행 교원연수단 2018-01-14

수 있다. 내가 제주도를 전 국민의 교과통합교과서로 활용하고자 하는 목적도 여기에 있다.

섯알오름

대정현 상모리 너른 알뜨르에
마그마가 솟구쳐 바닷물을 만난 뒤
산산이 부서져 치켜 솟아 내려앉은 화산재가
동알 셋알 섯알 세 봉우리 만들었다.

나라 잃고 주인 바뀐 알뜨르에
서해 건너 중국 땅 상해 폭격 위해
일제의 군사비행장 들어서고
북쪽 모슬봉 남쪽 송악산 이곳저곳
갱도진지와 요새들로 가득가득 넘쳐나고
섯알오름 분화구엔 탄약고 자리했다.

하와이 진주만을 시작으로
태평양 전역 불바다 되어 활활 타오르고
괌 사이판 필리핀 주인 뒤바뀌며
이오지마 지나 오키나와 이십만 명을 앗아간 전쟁의 끝이
제주로 다가섰다.

송악산 동편 절울이 해안가 자살특공대 갱도진지
이중화산 외륜 속 섬뜩하게 뚫어놓은 갱도진지
셋알오름 지하 바둑판처럼 구축한 군사요새
모슬봉 단산 산방산 월라봉 군산에 일렬로 뚫은 방어진지
죽창 들고 총알받이 앞장선 소년대 청년대 장년대의 제주인들

화산섬 제주에 마그마 폭발하듯
터져나가기 일보 직전 히로시마 나가사키 원폭으로
간신히 불바다 면한 제주도
해방되자마자 이 땅을 점령한 미군정
셋알오름 일제의 탄약고를 폭파시켜 흉측스런 구덩이 되었다.

제2차 세계대전과 태평양전쟁 속에서
가까스로 불바다 면한 제주에 4.3광풍으로 불바다 되었으니
그 전쟁이나 이 전쟁이나 매한가지
태평양전쟁 중에 미국과 소련에 의해 그어진 38도선
남북이 갈라지고 이 땅에서 벌어진 세계전쟁인 한국전쟁

보도연맹 요시찰자 산사람 등으로 낙인찍힌 사람들
서울 대전 대구 부산으로 후퇴하며 내린 국군의 명령에
예비검속되어 새벽에 트럭에 실려 셋알오름 탄약고 터로 끌려와
252명이 탄약고 구덩이에 묻혔다.

죽으러 가는 길임을 안 뒤부터
하나씩 하나씩 그리고 또 하나씩

섯알오름 학살터의 예비검속 섯알오름 희생자추모비 2020-01-12

떨어뜨린 고무신짝 죽음을 남긴 표시
공포에 질려 눈물도 말라버린 죽음의 길

학살 이후 6년 만에 수습된 유해들은
섯알오름 분화구 폭파된 탄약고 웅덩이 속에 뒤엉켜
한 몸으로 한 할아버지 되어버렸다.

인성리 스물일곱 한의사 이만배
신도리 마흔두 살 양신하의 큰형님 양기하
백 할아버지 모두 한 조상으로 백조일손(百祖一孫) 되어
사계리 동산에 모셨다.

아, 섯알오름

'백 할아버지의 한 자손'이라는 의미로 조성된 백조일손지지(百祖一孫之地). 대정면 상모리 586-1번지에 위치한다. 2008-08-06

작디작은 오름으로 그 무거운 역사를 보듬고서
오늘도 통곡을 멈추지 않고
한 켤레 또 한 켤레 이 땅에 떨어지고 있는
고무신을 바라보며 두려움에 떨고 있다.

2020-01-19

유적지로 조성되기 전의 섯알오름 예비검속 학살 터를 찾은 전북자연생태체험연구회 2007-01-25

섯알오름 예비검속 희생자 추모비 앞에서 명예회복진혼비가 세워지기까지의
과정을 설명하고 있는 양신하 백조일손유족회 고문 2019-01-13

그 섬을 내려놓으며

백팔십만 년의 시간 켜켜이
화산과 지리와 식생이 어우러져 지층을 이루고
그 속에 사회 · 문화 · 역사 · 문학이
비로소 화석으로 드러난다.

천지왕본풀이 설문대할망 삼성혈을 지나
탐모라로 틀을 형성하고
명월진을 거쳐 목호의 난과 광해군 유배지까지
강제검 뒤로 대정 삼의사의 이재수와
무오법정사와 세화리 해녀들의 항일투쟁

절울이 해안가 스산히 뚫린 태평양전쟁의 상흔
무자년 너분숭이와 섯알오름 속에 백조일손
그 뒤로 반 주갑의 세월 지나 다시 만난 순이 삼촌

또 그만큼의 세월 너머 무자년 4.3평화공원을 배경 삼아
드디어 평화의 섬 제주라네.

송악산 해안가 일제 동굴진지 2006-09-20

곶자왈 너른 자연 위로 세계자연유산
제주 화산섬과 용암동굴을 낳았구나.

세계유산을 통한 자연사랑
그 아린 4.3을 통한 생명사랑
일제강점기와 태평양전쟁의 상흔을 통한
나라 사랑과 역사의식을 함양하며
제주의 과거와 오늘을 통해 우리의 미래를 준비하고자
이 긴 터널을 지나왔다.

짓누르던 그 많은 사람의 넋과 한
태평양 이름 모를 섬에서 사라져간
우리의 할아버지와 아버지의 영혼들을 볼 수 있었기에

462

평화의 시기에 진실한 역사의 만남은
우리 미래의 준비임을 알기에
이제 그만 그 미안함을
그리고 제주를 마음에서 내려놓는다.

2009-12-18

송악산 해안가 진지동굴에서 전라북도교육연수원 「교과서 밖의 역사 연수」 교원연수단 2017-10-28

송악산 해안가
진지동굴에서
전라북도교육청 영재교원
「교과통합체험연수」
2008-11-30

제5부

강 따라 떠나는 인문학 기행

동진강에 흐르는 아리랑 1
- 임실 강진, 정읍 산내, 임실 운암

보와의 만남
생명을 기르기 위한 동맥
그 보(洑)와 수로(水路)는 선한 길로 가면 다수의 행복이나
악한 길로 가면 개인의 착취와 독점으로 흘러 민중의 봉기를 야기했다.

광주지역의 문흥중 · 용두중 · 북성중 · 용북중 · 금호중앙중 · 양산중 · 일신중 · 우산중 · 운암중 · 문산중 · 일곡중 · 문화중 · 일동중 · 살레시오중 · 서강중 · 숭일중 · 신용중 · 양산중 등 18개 중학교 영재학생들이 모여 구성된 지역 공동 광주문흥중 영재학급 영재 리더십 캠프로 혁명의 강 「동진강에 흐르는 아리랑」 교과통합체험학습을 진행했다.

50명이 넘는 체험학습단이 버스 두 대로 이동하며 따사로운 봄날, 자연 · 지질 · 지리 · 수리 · 동학농민혁명 · 항일의병 · 일제강점기 수탈현장 등을 돌며 눈으로 가슴으로 그리고 힘찬 구호로 자주와 통일도 외치며 리더십과 책임감을 키워가는 여정이다. 최홍선 · 이기행 · 이미영 영재학급 담임 선생님과 오순재 · 김혜숙 강사 그리고 북원태학이 함께 팀 티칭으로 진행하는 영재캠프다.

혁명의 강 「동진강에 흐르는 아리랑」 교과통합체험학습 사전교육, 광주 문흥중영재학급 2019-03-30

　　임실군 강진면 회문리 희여티 동편으로 버드나무 새순과 응회암 바윗덩이가 조화를 부리며 자연하천의 생태계를 보여주는 곳에 설보 (雪洑)가 놓여 있다. 이 보는 1634년 시작되어 1639년 완성되었는데, 운학(雲壑) 조평(趙平)의 꿈에 나타난 선인의 계시에 의해 갈천의 눈길 따라 보를 세우고 20리 길을 파고 보 도랑을 건설했다.[1] 이로써 회문리 앞 수만 평 황무지를 옥토로 바꿔 고을 사람들의 삶을 풍요롭게 만드는 데 큰 역할을 했다. 그의 선정을 기리기 위해 송사 기우만이 쓴 설보비가 남아 있다. 여기 섬진강의 강바닥은 해발 130여 m 남짓이다.

　　오늘 체험학습은 그야말로 보와의 만남이다. 이곳 희여티에서 북으로 산을 오르면 섬진강 다목적댐이다. 발원지 데미샘에서 수십 km 흘러온 운암강을 막아선 댐의 상부가 해발 200m를 나타낸다. 고여 있거나 막힌 물의 수면은 그 자체로 등고선이다. 이 작은 깨우침으로 댐

1　　임실군지편찬위원회, 『임실군지 1: 임실의 역사』(전주: 신아출판사, 2020), 277-282쪽.

에 가둬진 드넓은 물의 수면을 사방팔방 산으로 밀어내 등고선으로 삼아 수위를 가늠한다. 서편 호남정맥 산줄기 너머 칠보수력발전소 부근이 해발 54m니 유역을 바꿔 물을 넘기면 자체로 수력발전이 가능하다.

> 1639년 인조 때 세운 회문리 설보
> 1927년 준공한 낙양리 취입수문
> 1929년 준공한 운암제
> 1940년 착공한 섬진강 다목적댐
> 1966년 바닷물을 막아 세운 계화도 제1방조제
> 2010년 4월 27일 준공한 새만금방조제

이 모든 것이 보와 유사한 수리시설이다. 오늘 이들을 찾아 이틀 여정으로 섬진강과 동진강을 따라 산을 넘고 물을 가르며 우리 산하를 비로소 눈과 머리로 소화해낼 것이다. 섬진강 다목적댐을 출발하여 종성리 산호수 마을 입구에서 청주성 전투 패전 이후 은신하고 있는 너디 마을의 동학농민혁명군의 김개남 장군과 종송리의 성리학자 임병찬을 만났다. 혁명군과 성리학자의 사상적 충돌을 만나보고 이곳 회문산 서편 숲으로 돌아온 전봉준 장군을 통해 어머니 역할로 품어내는 숲의 의미를 살폈다.

근처 옥정리 주변에 수장된 일제강점기에 건설된 운암제의 위치를 찾아 옥정호 수면까지 직접 내려가 현장을 찾았다. 볼 수 있으면 좋으련만 20m 아래 수장되었다는 말은 실감 나지 않은 허공에 뜬 말이다. 그래도 이 물속에 있다는 것만으로 역사는 내 안으로 들어온다.

추령천을 지나며 정읍 산내 능교를 지나 임실군 운암면 마암리 안산암과 회문산 응회암을 실습으로 확인하고 동진강 유역의 태생적 수

1929년 준공된 운암제. 가뭄 때 드러난다. 2015-10-20

1929년 준공된 운암제가 물속에 잠겨 있는 곳 2019-04-06

자원 부족 문제가 이곳 호남정맥이 화산활동에 의해 높이 쌓이면서 섬
진강과 격리되어 발생했음을 과학적으로 풀어냈다.

2019-04-06

동진강에 흐르는 아리랑 2

– 임실 운암, 정읍 산외, 칠보, 태인

호남! 그 이름으로 도도히 맥을 이어가는 호남정맥을 넘어서면 이제 비로소 동진강 유역에 들어선다. 임실 운암과 정읍 산외를 가르는 경계지역에는 섬진강과 동진강을 나누어놓는 호남정맥이 자리한다. 중생대 백악기 화산활동으로 형성된 응회암으로 이루어진 이 산줄기가 서편의

호남정맥이 갈라놓은 섬진강 유역의 옥정호, 전북영재교원연수 2015-10-03

동진강 유역의 물 부족을 가져온 자연과학적인 배경이 되었음을 암석 판별을 통해 접근해보았다.

고대 시기로부터 관문 또는 국경 역할을 했을 가는정이를 넘어 운 암취수구에서 내려오는 섬진강 물을 만났다. 1927년 호남정맥 아래 자연의 국경이 되게 한 응회암을 뚫어 만든 운암방수구는 이제 동진강의 변형된 발원지 데미샘이다.

1931년 유역 변경된 물을 활용하여 건설한 운암발전소를 찾아 커다란 콧구멍 두 개로 폐허가 되어버린 송수관의 흔적을 만나고 김개남 장군 고택 터와 묘역으로 옮겼다. 집은 사라지고 빈터에 들꽃들이 피어나고 있는 곳. 집터 뒤로 시누대와 나이 든 감나무가 사람이 살았던 터였음을 말해주고 있다.

광주에서 영재교육을 받고 있는 학생 50여 명이 동학농민혁명의 현장을 밟았다. 짧지만 굵었던 김개남 장군의 삶을 그리고 청주에서 너디마을로, 다시 너디에서 종성리를 거쳐 전주에서 처형되고 서울로 갔다가 지방으로 내려온 그의 사후 모습을 그려본다.[2] 동학농민혁명군의 절절한 반봉건 신분 타파와 반외세 자주독립의 세상은 오늘도 유효한 시대적 정신이며 사명이다.

1945년 4월 준공한 1호 발전기가 있는 칠보수력발전소를 찾아 유역변경 수력발전을 배우고 계화도 청호저수지로 보내는 67km의 동진강 도수로의 비밀통로를 확인한 뒤 태인의 피향정(披香亭)으로 향했다. 호사유피(虎死留皮)와 인사유명(人死留名), 유방백세(流芳百世)와 유취만년(遺臭萬年) 그리고 백세청풍(百世淸風) 등의 고사성어는 이곳 피향정과 절묘한 한 몸이다.

---

2   장현근, 『동진강에 흐르는 아리랑』(성남: 북코리아, 2019), 138-142쪽.

섬진강과 동진강을 나눈 호남정맥의 암석을 관찰하는 영재 학생들 2019-04-06

춘우정 김영상 선생을 모신 필양사에서 선비정신과 영재 학생들의 리더십이 상통함을 배우고 있다. 2019-04-06

영재교육을 받고 있는 학생들에게 요구되는 리더십과 바른 인성은 피향정에서 그 핵심적인 요소를 깨우칠 수 있다. 아름다운 향기는 백세에 이른다는 유방백세는 피향정 21기의 비석 중 우측 끝 홍범식 군수의 애민선정비에 접목하고, 유취만년의 비는 좌측 끝의 조규순 영세불망비에 비교한다. 그리고 피향정 건물 안의 조병식의 시문 편액 역시 어떤 향을 피우고 있는지 그의 삶과 시를 읽어보며 평가해본다.

성황산에서 벌어졌던 전봉준 장군의 일본군과의 마지막 전투에서 숨져간 의로운 희생에서도 유방백세의 향기는 영원하리라. 다시 칠보로 돌아온 일행은 후송정, 송정, 시산사, 필양사와 김영상선생순국비 등을 돌아보며 선비정신과 영재들이 가져야 할 리더십이 동일한 것임을 배웠다. 동진강에서 태어나 만경강에서 투수 순절하려다 실패하고 금강변 군산감옥에서 8일간 단식투쟁으로 순국한 김영상 선생을 모신 필양사 앞에서 하루 동안의 영재캠프를 마무리했다.

칠보의 태산선비문화체험관에 여장을 풀어놓고 잠시 휴식을 취한 다음 저녁 식사 시간을 맞추기 위해 고현동 향약이 있는 남전마을 길을 산책하듯 걸으며 불운의 조선 6대 왕 단종의 정비였던 정순왕후의 탄생지를 돌아보았다.

2019-04-06

동진강에 흐르는 아리랑 3
- 정읍 태인, 신태인, 김제 부량, 부안 백산, 군산 옥도

선비문화의 향이 짙게 피어나는 고현동 동편마을에 아침이 찾아든다. 한옥의 문을 열고 아침 단장을 위해 잠시 걸어가는 길, 자욱하게 깔린 안갯속에 여명의 잔재가 몽롱한 기운을 뿌려놓았다.

차량 두 대로 움직인 58명이 단잠을 자고 일어나 시골 어른들이 차려준 칠보의 아침 밥상에 감사하며 앉았다. 광주지역 영재 학생들의 둘째 날 발걸음은 무겁다. 인성과 리더십 함양에 목표를 두고 답사지에서 만나는 선열들의 선비정신을 오늘의 감각에 맞춰 이들 영재 학생들의 가슴에 심어주는 것이 쉬운 일은 아니다.

무성서원에서 태인의병으로 첫 수업이 시작되었다. 산외 · 칠보 · 태인이 어떤 곳인가. 1894년 도강김씨 김개남 장군이 이끌던 동학농민혁명군의 밑바탕이 된 혁명의 땅이다. 그 땅 위에서 병오년(1906) 창의의 깃발을 들어 올린 것이 태인의병이다. 그 출발지에서 조용하게 이 시대 새로운 혁명의 깃발을 올린다. 무성서원 명륜당에서 깃발을 들어 올리는 이 시대의 창의 연설에 영재 학생들 모두 눈빛으로 함께한다. 면암의 절박한 호소가 학생들의 가슴에 들어가 앉는다. 나를 찾고 주변을 돌아보며 이 사회와 국가의 현실 그리고 국제정세를 돌아보며 오늘

태인의병 창의지 무성서원에서 선비정신과 리더십을 배우고 있다. 2019-04-07

촛불과 새로운 창의의 함성을 이끌어냈다. 잔잔하지만 강렬하다.

이제 출발이다. 태인 낙양리 취입수문에서 일제 수탈의 기간시설과 그들이 세운 비석, 그리고 일본인 토목기사들의 이름이 새겨진 기념비를 돌아보고 식민지근대화론의 허구를 짚어냈다. 신태인 도정공장 창고의 등록문화재 앞에서 근대문화유산에 대한 바른 접근과 이해, 다크투어리즘과 도시재생 등 최근의 관광과 문화유산에 대한 공부를 추가로 했다. 호남선 철도의 신태인역 앞에서 제국주의 침략 상징인 철로와 수탈의 쌀들이 모여들었던 도정공장 터를 찾았다. 우령교에서 김제간선수로를 넘고 동진강을 건너 정읍천을 건너기 전에 두물머리에 조성해놓은 인공토산(土山) 위 전망대에 올라 호남평야를 울타리 친 산줄기와 물줄기들을 엮어 지리를 살폈다.

동고서저(東高西低)의 전형을 보여주는 전북 서부의 호남평야. 그 평야의 가운데 지점에서 동쪽 산악지역에서 내려오는 동진강과 남쪽 내장산에서 내려오는 정읍천이 하나로 합쳐진다. 이곳 두 하천이 합류

정읍천이 동진강에 합류되는 두물머리 만석보 전망대 2019-04-07

되는 바로 그 지점에 만석보(萬石洑)가 있다. 배들평야와 백산, 사방이 한눈에 들어오게 두물머리 위에 거대하게 쌓아 올린 토산은 분명히 동학농민혁명의 그 보(洑)를 당당히 내려다보라는 의미다.

　이제 화호리 구마모토의 화호지장과 다우에의 흔적이 남아 있는 수탈 현장으로 깊숙하게 들어간다. 곳곳에 세월의 무게를 이고 아직도 존재감을 드러내고 있는 일본식 가옥들이 이곳이 수탈의 상징인 일본인 대지주들의 주거지였음을 알게 한다.

　원평천 아래로 잠관을 설치하여 일제강점기에 건설한 김제간선수로가 광활 간척지로 흐르게 하는 벽골제 제방에 올라섰다. 고대 수리시설의 귀한 유적을 일제는 쩍 갈라 밀어내 파괴하고 그곳을 수탈의 수로로 바꾸어놓았다. 330년 백제인이 최첨단 공법을 동원하여 축조한 이 거대한 저수지 제방 위에서 저 동편으로 아련하게 흘러가는 산줄기 너머에 있는 운암호와 운암제 그리고 어머니의 강인 섬진강의 강물을 생각한다.

330년에 축조된 벽골제 제방을 일제가 파괴하고 쌀 수탈을 위해 건설한 김제간선수로 2021-10-14

벽골제 부근 식당에서 점심을 먹고 혁명의 강 「동진강에 흐르는 아리랑」의 인문학 기행에서 문학 영역인 소설 『아리랑』을 비로소 함께 한다. 문학관에 들어가기 전에 통과의례로 『아리랑』의 의의와 역할 그리고 우리에게 던지는 메시지를 읽고 이틀의 여정이 『아리랑』과 어떤 관련이 있는지 통합적으로 접근했다. 주인공 송수익의 삶과 그가 걸어간 길이 오늘의 지식인들이 가야 할 방향의 하나임도 무게를 두고 강조한다. 내가 동진강을 '혁명의 강'이라 칭한 것도, 또한 「동진강에 흐르는 아리랑」이라고 이어간 것도 모두 오늘의 현실을 직시하고 통일을 향한 아리랑이 되게 하고자 함이다.

이곳 조정래아리랑문학관에서 만날 수 있는 조정래의 다음 글은 내가 이곳 동진강 유역에서 품어내보고자 하는 목적과 서로 그 맥을 같이하고 있다.

478

조국은 영원히 민족의 것이지 무슨 무슨 주의자들의 소유가
아니다. 그러므로 지난날 식민지 역사 속에서 민족의 독립을 위
해 피 흘린 모든 사람들의 공은 공정하게 평가되고 공평하게 대
접되어 민족통일이 성취해 낸 통일조국 앞에 겸손하게 바쳐지는
것으로 족하다. 나는 이런 결론을 앞에 두고 소설 『아리랑』을 쓰
기 시작했다. 그건 감히 민족통일의 역사 위에서 식민지 시대의
민족 수난과 투쟁을 직시하고자 하는 의도였다. 역사는 과거와
의 대화만이 아니다. 미래의 설계가 또한 역사다. 우리는 자칫 식
민지시대를 전설적으로 멀리 느끼거나 피상적으로 방치하는 잘
못을 저지르기 쉽다. 그러나 민족분단의 비극이 바로 식민지시
대의 결과라는 사실을 명백히 깨닫는다면 그 시대의 역사를 왜
바르게 알아야 하는지도 알게 될 것이다.[3]

아리랑문학관에서 문학작품이 사회에 기여하는 역할을 돌아보며
이틀 동안 넘나들었던 동진강을 다시 건너 우측으로 부안 백산을 바라
본다. '앉으면 죽산 서면 백산'의 그 창의의 현장을 듣는다. 운암강을 떠
나 동진강으로 시집온 데미샘 물이 그 긴 여정을 내려놓고 평화롭게 앉
아 모내기를 기다리며 쉬고 있는 청호저수지가 창밖으로 들어온다.
　바람모퉁이 쉼터를 지나 새만금홍보관에 들러 새만금간척지를 우
측의 석불산과 계화산으로 이어지는 계화도 제1방조제를 가늠하고 다
시 기네스북에 오른 33.9km 대역사를 일군 새만금방조제를 달린다. 가
력배수갑문을 지나 신시배수갑문을 통과하여 신시도 광장에 세워진 새
만금기념탑을 돌아보고 "대한민국! 영원하라!"를 힘차게 외쳐본다.

3　　조정래, 『아리랑』(서울: 해냄, 1995), 2-3쪽.

신시도 새만금방조제 기념탑 앞에서 광주문흥중 영재학급 2019-04-07

　　이제 혁명의 강 「동진강에 흐르는 아리랑」 1박 2일의 대장정을 마무리한다. 운암제 너머 새만금방조제까지 자연지리, 수리시설, 역사문화 세 영역의 콘텐츠를 답사하며 교과통합 스토리텔링의 하나의 모범을 완성했다.

제6부

우리의 삶터:
전라도 역사탐방

동학농민혁명의 정신을 따라서 1

- 부안 백산

전북교육연수원이 주관하는 「한국사, 눈으로 배우고 가슴으로 이해하는 한국사」 교원연수를 진행하기 위해 전주월드컵경기장에서 모여 첫 답사지 부안 백산을 향하여 달렸다. 2005년 해남과 진도 사이에 있는 울돌목 해협에서 명량해전을 안내하기 시작하면서 공식적인 역사 강의를 시작한 이래 15년째 과거 역사 속에서 살아가고 있다.

오늘의 주제는 우리의 삶터, 전라도 역사 탐방 '동학농민혁명의 정신을 따라서'다. 아침밥을 먹으면서 동학에 어떻게 접근할 것인가를 생각하다가 나의 지금의 삶을 역사 속에서 찾아보는 것으로 시작하기로 했다. 동학, 의병, 경술국치, 일제강점기, 독립운동, 태평양전쟁과 38도선, 한국전쟁과 분단 고착, 친일파와 현대사, 한일기본조약, 남·북·미 화해 분위기 속에 볼턴과 아베 신조 등으로 이어지는 오늘까지 그 역사 속에서 '일본'이라는 용어를 생각했다.

고대로부터 중세를 지나 근현대사로 이어지는 역사 속의 우리 민족은 이웃해 있는 나라 일본과는 결코 잊을 수 없는, 아니 잊어서는 안 되는 관계다. 내가 역사와 인연을 맺게 된 것은 천체를 관측하면서 고천문(古天文)을 접하게 되면서부터다. 고대사 공부를 시작하면서 역사에 눈을 뜨기 시작했다. 이어 교과통합체험학습을 창안해내고 생태주의를 만나면서 「화산섬 제주」에서 해방 전후의 우리 역사와 태평양전쟁이 우리 현대사의 출발에 어떻게 영향을 끼쳤는지를 확인할 수 있었다. 칠팔백여 개의 갱도진지가 눈앞에 다가섰고, 4.3의 참혹한 현장들이 가슴에 깊게 꽂히면서 「화산섬 제주」는 나의 삶 속에 역사가 아리게 자리한 배경이 되었다. 그 역사의 시작점에서 만난 것이 일본이었다. 오늘 아침 그 일본을 떠올리며 마음가짐을 다지는 것으로부터 오늘의 연수를 시작하기로 했다. 집을 나서기 전에 가슴속에서 이미 오늘 내가 30여 명의 교원과 어떤 교감을 나누어야 하는지를 느끼고 있었다.

어느덧 버스는 벽골제 제방 남쪽 끝의 일제강점기에 건설된 도로를 타고 김제 부량면을 지나고 있다. 지난 태풍으로 인해 이곳 드넓은 호남평야에 나락들이 많이 누워버렸다. 연수에 참여한 교원들은 이미 60시간의 직무연수에서 실내 집합 연수를 완료하고 현장 적용 답사를 수행하는 중이다. 코로나 위기로 차량 두 대를 이용하여 밀집도를 낮추고 마스크를 착용한 채 진행되는 연수인지라 한편 걱정이 앞서지만, 그래도 우울감을 떨칠 수 있는 시간이라고 자위(自慰)해본다.

일제강점기에 화호리에서 북쪽으로 벽골제를 따라 건설했던 그 도로를 타고 김제의 지평선 평야지대를 통과하여 오늘 첫 연수지 부안 백산에 도착했다. '앉으면 죽산 서면 백산'의 바로 그 백산이다. 1894년 3월 20일 고창 무장 기포의 창의문이 발표되고 6일 뒤인 3월 26일 혁명군은 이곳 백산에 이르러[1] 그들의 창의의 기세가 혁명적 구호로 전환되었다. 국내 최대의 호남평야가 빙 둘러 사방으로 펼쳐진 이곳 백산은 지리산 천왕봉, 아니 한라산 백록담보다 더 높은 산이라고 역설했다. 고

---

1   조성운, 「부안지역의 동학농민운동과 백산대회」, 『역사와 실학』 61, 337쪽.

김제 부량면에서 신태인 화호리로 연결되는 도로. 일제강점기 쌀 수탈을 위해 건설되었던 길이다.
2020-09-05

작 해발 47m 높이의 산이 말이다. 백산에 올라보아야 이 말의 의미를 알 수 있다. 백산은 드높고 우러러보이는 혁명의 산이다.

1861년 12월에서 다음 해 6월까지 수운 최제우는 남원의 교룡산성 은적암에 머물면서 동학 경전을 지었다. 동학 경전 속 『포덕문』에 동학의 창도 목적을 분명하게 밝혔다.

우리나라에는 나쁜 병이 가득해 백성들이 사시사철 단 하루도 편안한 날이 없으니 이런 현상 역시 다치고 해를 입을 운수다. 서양 각 나라는 싸우면 이기고 치면 빼앗아 성공하지 않은 일이 하나도 없으니 천하가 다 멸망해 버리면 역시 입술이 없어져 이가 시리게 되는 한탄이 없지 않게 되리니 잘못 되어가는 나라를 바로잡고 도탄에서 헤매는 백성들을 편안하게 만들 계책이 장차

"지기금지원위대강(至氣今至願爲大降) 시천주조화정영세불망만사지(侍天主造化定永世不忘萬事知)"라는 주문 속의 시천주의 의미를 시작으로 도(道)와 학문(學文)으로서의 동학을 만났다. 정조 사후 순조에서 철종에 이르는 60여 년의 암흑기 속에서 싹트고 움튼 민중의식의 성장과 천주교인들의 죽음으로 부딪힌 조선 봉건사회에 대한 도전. 수운의 동학 창도 1년 뒤 전국적으로 퍼져나간 동학은 1862년 임술민란 등을 거치며 더 이상 민중은 침묵과 복종 속에 있지 않았다. 수운 순교 이후 30여 년간 온갖 탄압과 박해 속에서도 동학의 도인들은 전국적으로 그 세를 확장해나갔다. 모든 사람의 내면에는 하늘님을 모시고 있다는 시천주 사상은 신분사회를 해체하고 만민평등세상을 향하는 거대한 민중혁명의 물결을 만들어내는 마중물이었고, 근대국가로 향하는 발전기와도 같은 존재였다.

혁명 2년 전인 1892년에는 공주·삼례에서, 1893년에는 광화문·보은·금구 원평 등지에서 전개된 동학도들의 교조신원운동(教祖伸寃運動)은 혁명을 이끌어간 지도자들의 역량 강화의 공간이 되었다. 척왜양(斥倭洋), 동학도 탄압금지, 수운 최제우의 신원을 목표로 전개된 이들 집회는 봉건사회가 더 이상 지속될 수 없음을 증명해주는 것이었다. 동학의 생태주의적 사상과 생명존중의 철학이 담긴 『포덕문』을 살펴보고 혁명의 전개 과정에서 제시된 창의문과 백산창의격문 그리고 4대 강령과 12군호의 구호들을 『포덕문』 속의 사상과 연관성을 살피면서 동학의 내면을 들여다보았다.

---

2   최제우(박맹수 역), 『동경대전』(서울: 지식을 만드는 지식, 2012), 5쪽.

부안 백산에서 동진강과 고부천 사이에 있는 지형을 확인하고 있다. 2020-09-05

　　이어폰을 끼고 거리를 유지한 채 진행되는 현장연수는 만석보, 예동마을, 말목장터, 고부관아 습격, 그리고 다시 고을 내의 민중봉기에서 공간을 넓혀 국가를 대상으로 무장기포와 창의문 등으로 시야를 넓혀나갔다. 이제 그들은 고을 봉기가 아닌 혁명군으로 거듭나며 고창 무장을 지나 다시 고부관아를 점령하고 서울로 진격하기 위해 부안 백산, 당시는 고부 백산에 진을 치고 북을 올리며 장엄한 출정식을 거행했다.

　　우리가 의를 들어 이에 이름은 그 본의가 단연 다른 데 있지 아니하고 창생을 도탄에서 건지고 국가를 반석 위에 두자는 데 있다. 안으로는 탐학한 관리들의 머리를 베고 밖으로는 횡포한 강적의 무리를 구축하는 데 있다.[3]

3　嗚知泳(李圭泰 校註), 『東學史』(서울: 문선각, 1973), 203쪽.

부안백산동학혁명창의비 앞에서 자주와 통일을 외치고 있는 전북교육연수원 「한국사, 눈으로 배우고 가슴으로 이해하는 한국사」 교원연수단 2020-09-05

　　오늘 동학의 정신을 찾아서 떠나는 역사탐방의 출정식은 백산에서 1시간 넘게 진행된 강연을 통해 그 의의를 충분히 찾을 수 있었다. 그렇다. 오늘 동학의 사상으로 가슴을 채우고 혁명기를 드높이 세우며 창의의 깃발을 휘날려 자주와 통일의 깃발로 바꿔 여기 모인 지식인들이 이제 그 혁명을 계승할 차례다. 오늘 우리가 의를 들어 이에 이름은 본의가 단연 다른 데 있지 아니하고 분단된 민족의 아픔을 치유하고 교류와 협력을 통해 통일로 가는 데 있다. "자주!" 우렁찬 선창에 "통일!"로 화답하며 백산과 죽산을 진동케 하는 대동의 함성이 이곳 동학혁명 백산 창의비 광장에 쩌렁쩌렁하다.

2020-09-05

동학농민혁명의 정신을 따라서 2

– 만석보

백로를 코앞에 둔 가을의 초입, 더위가 한풀 꺾인 기세다. 엊그제만 해
도 폭염이 기승을 부렸는데, 자연의 순리에 고개가 숙여진다. 다행히
하늘에 구름이 끼고 기온도 적당하여 야외활동하기에 최적의 상황이
다. 동진강과 고부천의 두 물이 만나 곶 같은 지형에 자리한 백산. 우리
는 창의 함성의 울림을 들으며 혁명의 강 동진강을 거슬러 올라가 만석
보를 향했다. 작년 초에 정읍천과 동진강이 만나는 두물머리에 거대한
토단을 쌓아 올려 혁명의 기폭제가 되게 한 만석보의 현장을 조망할 수
있는 전망대가 설치되었다.

　　동고서저 지형을 파노라마 영상으로 감상할 수 있는 이곳에서는
동쪽의 북에서 남으로 향하는 호남정맥을 확인할 수 있다. 이곳에서 동
에서 서로 내려오는 동진강이 남쪽에서 우리가 서 있는 조망대를 향해
북으로 흐르는 정읍천과 합류한다. 그래서 두물머리라고 하는 것이며,
여기가 바로 만석보다.

　　모악산에서 내려오는 산줄기 그 작은 맥이 북으로 원평천과 남으
로 동진강을 나누고 내장산을 지나 입암산성을 거쳐 정읍 두승산, 천태
산을 통해 백산으로 이어지는 저 아스라한 산줄기는 두승지맥인데, 그

만석보터를 내려다볼 수 있게 조성한 두물머리 전망대 2020-09-05

만석보 전망대에서 호남평야의 지형을 살피고 있는 연수단 2020-09-05

산줄기 너머는 고부천이고 이쪽으로는 정읍천 유역이다. 동학농민혁명
의 출발은 이러한 평야지대에 물을 대는 보에서부터였다. 이름하여 물
과의 전쟁이 그 중심에 자리하고 있다.

호남평야는 고대 시기 벽골제, 조선 후기 만석보, 일제강점기 운암제와 낙양리 취입수문 등 수리시설의 박물관 같은 공간이다. 그만큼 물이 부족했다는 의미다. 만석보 전망대에서 동서남북으로 지형과 산줄기 그리고 물줄기를 접하고 나면 비로소 동학농민혁명의 출발이 물로부터 꿈틀댔음을 느낄 수 있다. 서울로 끌려간 전봉준 장군이 1895년 2월 9일부터 다섯 차례 공초를 받게 되는데, 그 심문 과정에서 고부봉기 이유로 그 첫 번째를 민보〔萬石洑〕라고 했다.

자연의 소통로인 강을 막아 세운 보는 적어도 공공의 이익을 위해 써야 한다. 그것이 보가 가져야 할 미학이다. 그 예가 저 호남정맥 너머 섬진강에 1639년 운학 조평 선생이 세운 설보다. 그런데 조병갑은 그것을 가렴주구의 도구로 사용했다. 그러니 민중의 봉기로 끝내 혁파되어 사라지게 된 것이다. 만석보에서 군사분계선의 출발인 38선을 생각했다. 다음 두 줄이 우리에게 주는 교훈이다.

동진강과 정읍천을 막아 보를 세우고 수세를 착취한 조병갑
한민족의 가운데를 막아 38도선을 긋고 천문학적인 주둔비를 요구하는 미국

둘 다 소통을 가로막는 거대한 권력임을 알 수 있다. 만석보를 동학농민혁명으로 혁파했듯이 오늘 군사분계선은 통일혁명으로 혁파해야 한다. 그것이 동학의 후예인 우리의 사명이다.

2020-09-05

동학농민혁명의 정신을 따라서 3

- 피향정의 유방백세와 유취만년

동학농민혁명의 정신을 따라 혁명의 강 동진강을 거슬러 상류로 향하는 연수단의 다음 목적지는 태인의 피향정(披香亭)과 성황산이다. 신라 말 최치원 선생이 이곳 태산군수 시절에 피향정 주변의 연지를 거닐었다고 전해지는 곳이다. 광해군 시기부터 중건의 흔적을 엿볼 수 있어 그 이전부터 있었을 피향정은 호남제일정이라고 편액이 걸려있다.

유방백세(流芳百世)와 유취만년(遺臭萬年) 향기의 의미를 맛볼 수 있는 곳이 피향정이다. 고부군수 조병갑이 백성에게서 갈취해서 세운 그의 부친 조규순의 영세불망비와 경술국치에 자결한 태인군수를 지낸 금산군수 홍범식 선생의 선정비는 오명으로 악취를 풍기는 유취만년과 아름다운 향기로 백세토록 전해질 유방백세의 상징성을 대변한다. 비는 각기 세워진 이들의 삶에 맞는 향기를 품어낸다.

피향정에서 바라볼 때 북쪽으로 펼쳐진 성황산은 전봉준 장군과 손병희 장군이 공주에서 퇴각하여 마지막으로 전투를 벌인 곳이다. 동학농민혁명군의 의로운 향기가 이곳 피향정에 연꽃향과 함께 어우러진다. 동학농민혁명군 이후 12년 뒤 1906년 면암 최익현과 돈헌 임병찬의 의병진이 창의한 뒤 처음으로 관을 공격하여 점령한 곳이 바로 이곳

피향정에서 유방백세와 유취만년을 생각한다. 2020-09-05

피향정 비석군. 우측 끝이 홍범식선정비이고, 좌측 끝이 조규순영세불망비다. 2020-09-05

태인이니 의병들의 의로운 의향이 머물러 있음이다. 보물 피향정은 유방백세의 아름다운 향을 피워내고 있다.

　연수단은 다시 창의의 깃발을 들고 을사의병들의 병오창의기적비가 있는 세계문화유산 무성서원으로 향했다. 1873년 계유상소와 제주

유배, 제주에서 노사 기정진 문하생 안달삼과의 만남, 그리고 해배되어
장성의 기정진을 만난 면암 최익현은 호남의 선비들과 교류했고 이를
배경으로 병오창의 때 호남의 의병장들과 만남을 가질 수 있었다.[4] 동
학농민혁명 이후 12년이 흘러 혁명군의 중심지였던 태인의 무성서원
에서 유생들을 중심으로 한 항일의병진이 창의의 깃발을 치켜세웠다.
동학에서 의병으로 이어지고 있는 역사의 현장에서 서원과 선비정신을
돌아본 뒤 3.1독립만세투쟁까지 이어갔다.

　　동진강을 거슬러 올라오며 동학의 정신을 되새긴 연수단은 섬진강
유역으로 넘어서기 위해 칠보수력발전소 부근의 호남정맥상 구절재를
넘어섰다. 순창군 쌍치면 피노리 전봉준 장군이 체포된 곳에 조성된 녹
두장군 전봉준관을 찾아갔다. 혁명의 시작점인 만석보, 백산창의지, 마지
막 전투지 성황산, 그리고 이곳 피노리는 장군의 운명이 다한 곳이다.

　　전봉준 장군이 피체된 이곳 순창 피노리 녹두장군 전봉준관에서
는 서로 각자 이 시대에 계승해야 할 동학정신은 무엇인지 생활 속에서
실천할 수 있는 한 가지를 말해보는 시간을 통해 과거 역사로서 동학
이 아닌 지금 시대 상황에서 살아 숨 쉬는 동학을 느꼈으면 좋겠다. 그
래서 많은 사람들이 수운 최제우의 동학을 한다면 이 사회가 좀 더 생
태주의적 환경으로 변하지 않을까. 내가 나와 우리 사회 그리고 국가와
민족에 바라는 오늘의 동학정신이 향해야 할 방향은 이렇다.

　　개인적으로는 자기혁신을 이루어 부단히 열려 있는 삶의 자세를
갖도록 해야 한다. 사물을 바라보거나 현상을 접할 때 사고의 편견과
선입견을 제거하려고 노력해야 한다. 특히 학문하는 사람들은 초정 박
제가가 지적한 것처럼 눈에 덧씌운 색안경을 걷어내는 노력을 부단하

---

4 〔한국고전종합DB〕, 『면암선생문집』 부록 제1권 / 연보(年譜).

순창 쌍치면 피노리에서 이 시대 동학정신이 가야 할 방향을 나누고 있는 전라북도군산교육지원청 교원연수단 2021-09-25

순창군 쌍치면 금성리 피노리 녹두장군 전봉준관에서 자주와 통일을 외치고 있는 전북교육연수원 교원연수단 2020-09-05

게 해야 한다. 아울러 돈과 권력 그리고 명예로부터 자유로워야 하고 스스로 자신 안에 내재된 계층의식을 제거하며 차별하려는 구분의식도 없애야 할 것이다.

사회적으로는 남녀노소, 계층, 학력, 직업, 지역 간에 만연된 차별을 없애야 한다. 양극화되어가는 빈부격차를 해소해야 하고 복지제도의 부단한 개선을 통해 사각지대에 놓여 있는 취약계층을 배려하는 데 소홀해서는 안 된다. 극한으로 치닫고 있는 진보와 보수의 이념적 대립의 해소와 공존을 위해서 서로 다름을 인정하고 배려하는 마음을 갖도록 해야 한다. 국가와 민족적으로는 남북분단 고착화를 막기 위한 남북의 교류와 협력을 증대하고 평화적 통일을 이루기 위하여 지속적으로 신뢰를 구축해 긴장 완화를 이끌어야 한다. 그리고 우발적 충돌을 막기 위한 양측 수뇌부의 소통의 창구를 마련해야 한다. 나아가 남북 모두 시대의 요구와 과업인 통일을 이루기 위한 반외세 자주정신을 함양해 나가야 한다. 또한 통일 이후의 민족의 미래를 위하여 압록강과 두만강 너머에 있는 재중동포들에 대한 지원을 아낌없이 제공해야 한다. 전 지구적으로는 지구생태계 파괴와 기후 위기에 대처하기 위하여 세계 각국이 공동으로 연대하고 소통해야 한다. 모든 국가에서 생태주의적 사고 접근과 생태주의 교육을 전개해 지구를 살리는 교양인들을 길러내야 한다. 아울러 전쟁없는 평화로운 세상을 위하여 각국의 지도자들과 위정자들이 솔선수범하여 반전쟁과 비폭력을 선포해야 하고 지구상 모든 인종과 각국의 문화 다양성이 존중되는 세상을 만들어가야 한다.

동학에서 소중하게 여기는 시천주(侍天主), 생명존중, 이천식천(以天食天), 사인여천(事人如天) 그리고 유무상자(有無相資)와 같은 사상과 정신은 우리나라 사람들뿐만 아니라 오늘날 지구 위의 모든 인류가 함께 추구하고 실천해야 할 생태주의 철학이다.

전봉준 장군이 응시하는 눈빛을 바라보는 가운데 연수단은 동학농민혁명의 정신을 계승하기 위해 지금 이 시대에 요구되는 정신과 사명을 자주와 통일로 귀결 짓고 장군이 우리를 향해 피맺힘으로 울부짖는 소리를 가슴 찢어지는 절절함으로 새기며 "자주! 통일!"을 우렁차게 내뿜었다.

통한의 금강을 넘고 한강을 지나 종각 앞에 세워진 전봉준 장군의 동상을 그리며 이제 서울을 지나 임진강을 넘고 군사분계선에 이르러 분단의 벽을 허물고 통일혁명을 위해 힘차게 달려간다. 자주통일의 우렁찬 함성이, 그리고 높이 치켜세운 주먹의 힘이 피노리 뒷산 계룡산을 울렸다.

오늘 마지막 답사지 정읍 산외면 동곡리와 지금실로 향하는 길, 추령천과 함께 내려가며 김개남 장군이 은신했던 근처 너디마을과 마지막 피체된 종성리를 뒤로 다시 구절재를 넘어 동진강 유역으로 들어섰다. 개남장 김개남 장군의 묘역에 비장한 모습으로 선 연수단은 혁명의 의의를 되새기며 혁명군의 의로운 산화를 그리고 수십만 희생자들의 넋을 위무하며 머리 숙여 참배했다.

김개남 장군 묘역. 눈으로 배우고 가슴으로 이해하는 한국사 교원연수단 2020-09-05

1894년 갑오년 그해 동학농민혁명군은 일본군에 맞서 비장하고 장엄한 가슴으로 피 흘리며 최후의 순간까지 전투를 벌였다. 얼마나 외로웠을까! 일본군과 전쟁을 하기도 버거운데 관군까지 일본군을 도왔으니 그 참담함을 어찌 말로 표현할 수 있으랴. 하물며 당대 지식인들조차 혁명군을 거부했으니 전쟁의 결과는 어떠했으리. 오늘 분단 앞에 이 땅의 지식인들은 통일을 생각이나 하고 있는지, 갑오년 그때 그들과 어떤 차이가 있는지, 해방 이후 오늘에 이르기까지 아직도 분단의 시대인 이유를 1894년 혁명군은 너무나 잘 알고 있음이다.

2020-09-05

제7부

문학으로 만나는 인문학

소설『아리랑』따라가는 역사기행 1

소설『아리랑』을 따라가는 역사기행을 시작한다. 전북교육연수원에서 주관한 「문학으로 만나는 인문학」 연수를 북원태학이 길을 놓고 있다. 소설『아리랑』은 해방 50주년이 되던 1995년 12권으로 마무리되었다. 내가 교단에 첫 발령을 받은 1990년 9월부터 3개월 뒤인 12월 11일부터 한국일보에 연재하기 시작했으니 30년이 되었다.

소설 아리랑의 주 무대 김제 벽골제와 죽산면 내리와 외촌 주변 2020-10-17, 드론 사진 김길수

'소설『아리랑』을 따라가는 역사기행'이라고 표현해도 될 만큼『아리랑』은 역사서의 역할을 하고 있다고 해도 그리 크게 무리가 되지 않는다.『아리랑』의 시대적 배경은 1902년 김제 죽산면 외리마을의 감골댁 큰아들 방영근이 역부가 되어 하와이에 20원에 팔려나가는 장면으로 시작하지만, 내용 면에서 보면 동학농민혁명으로부터 출발하고 있다.

공간적 배경은 역사 속의 실존했던 인물들이 등장하는 곳과 작가에 의해 설정된 소설 속 가상의 인물들이 활동하는 공간적 배경이 거의 일치하는데, 드넓은 호남평야와 이 너른 평야를 적셔주는 젖줄이 되는 동진강 유역이 출발지다. 원평천 하류의 김제 죽산면의 외리와 내촌 그리고 죽산면사무소, 주재소, 하시모토 농장을 중심으로 하는 핵심공간이 소설 속의 등장인물이 적을 두고 퍼져나가는 곳이다.

하와이, 군산, 무주, 목포, 전주, 김제 만경, 정읍, 익산, 고창, 서울, 원산, 광주, 일본, 사할린, 압록강, 심양, 통화, 용정, 무송, 화룡, 왕청현, 장춘, 하얼빈, 천산산맥 타슈켄트, 연해주, 상해, 중경, 일본 도쿄 등으로 소설이 진행될수록 배경은 점점 확대되어나간다. 소설『아리랑』의 주무대는 죽산면과 군산 그리고 만주다. 동학농민혁명에서 의병전쟁 그리고 만주로 이어지는 독립전쟁이 스토리텔링의 중심 줄기다.

동진강 유역의 자연자원과 인문자원을 통합하여 쓴 나의 책『동진강에 흐르는 아리랑』[1]에 등장하는 콘텐츠가 사실 조정래의『아리랑』속에 많은 곳이 등장하고 있어 먼저『동진강에 흐르는 아리랑』을 가지고 현장답사를 하고 나서 소설『아리랑』을 읽는다면 작품을 깊이 이해하는 데 도움이 될 것이다. 아울러 내가 기획하여 진행하고 있는 전북 근대역사 4부작으로 동진강 2회, 만경강 2회 등의 현장답사를 통해 이 지

---

1   장현근,『동진강에 흐르는 아리랑』(성남: 북코리아, 2019).

금강 하구와 동백대교. 근처에 도선장이 있었다. 2020-10-13

역 안에 있었던 동학농민혁명, 항일의병전쟁, 일제강점기 수탈 등의 역사를 접할 수 있다면 『아리랑』을 이해하는 데 한결 도움이 될 것이다.

작가는 우리의 근대사를 소설이라는 방식을 통해 독자들이 역사의식을 갖게 하고자 『아리랑』을 썼다. 그 목적 달성이 주라면 소설 『아리랑』을 읽지 않아도 전북지역의 동진강, 만경강, 섬진강, 금강 등의 유역안의 인문자원을 깊게 들여다보면 그것이 곧 우리의 근대사 현장임을 느낄 수 있고, 그를 통해 역사의식을 함양할 수도 있다.

역사 속의 소설 『아리랑』 기행이라고 해도 좋고 소설 『아리랑』 속의 역사기행이라고 해도 의미와 목적을 이루는 데는 크게 차이가 나지 않는다. 그만큼 소설 『아리랑』은 시대에 따른 역사적 사건들을 사실에 근거하여 풀어가면서도 소설적 상상력이 동원되어 등장인물들이 해당

역사적 사건에 맞게 끊임없이 재구성된다.

아리랑에서 중요한 공간이 군산이다. 군산 하면 소설로 말할 때 채만식의 『탁류』가 강하게 박혀 있어 『탁류』 하면 군산이 떠오르고 『아리랑』 하면 김제가 떠오르겠지만, 사실 『아리랑』의 주된 사건의 기획과 스토리를 견인해가는 공간은 김제 죽산이 아닌 군산이다. 하와이와 연해주는 가보지 못했지만 『아리랑』의 또 하나의 주무대인 만주지역은 내가 진행하고 있는 독립운동기획 답사 프로그램인 「아직 끝나지 않은 독립운동」의 배경지다.

전북교육연수원에서 주관하는 「문학으로 만나는 인문학」 연수는 하루 일정으로 진행해야 하는 제한적인 상황이어서 약간의 무리를 하여 군산, 김제, 정읍 등 세 곳의 공간을 답사지로 설정했다. 먼저, 군산에서는 『아리랑』의 서막인 방영근의 하와이행 출발지였던 군산내항, 목포영사관 군산분관과 군산우편국 그리고 군산경찰서 등이 자리한 옛 군산진 터, 군산부두와 철로, 장미동의 미선소와 정미소 및 쌀 창고, 그리고 민초들의 애환이 깃든 째보선창 등을 연수지에 포함했다. 김제·만경에서는 새창이 다리, 만경의 만석꾼, 김제 주막집, 김제향교, 죽산 면사무소와 주재소, 하시모토 농장사무실, 외리와 내촌마을, 아리랑 문학마을 등을 주요소로 했으며, 마지막 정읍에서는 하루 일정의 제한된 시간을 고려하여 주인공 송수익과 지삼출 및 손판석 등이 의병전쟁에 참여하는 태인 무성서원을 답사지에 포함했다. 사실 주인공 송수익의 여정은 독립운동사와 함께 만주에서 다루어야 그 진면목을 만날 수 있지만, 공간적 제약으로 인해 무성서원에서 그 전체적인 흐름과 핵심적이라고 할 수 있는 그의 사상적 변화를 살펴보는 것으로 그것을 대신하고자 하는 의도였다.

이제 전주월드컵경기장에서 『아리랑』 따라가는 역사기행을 시작

504

한다. 역사는 우리에게 무엇일까. 나는 그것이 생명이고 사랑이라고 강조한다. 오늘 『아리랑』과 함께하는 하루의 길이 한 작가의 5년의 글감옥에서 태어난 『아리랑』이라는 생명을 따뜻한 온기로 가슴 안에 담아오는 내 안의 삶의 여정이 되기를 바란다.

2020-10-30

소설 『아리랑』 따라가는 역사기행 2

전주월드컵경기장을 출발하여 새로 난 산업도로를 타고 군산으로 달린다. 우리나라 최초 신작로였던 전군도로는 그 큰 기능을 내려놓고 새만금으로 이어지는 산업도로에 밀려났다. 일제가 그토록 눈독을 들이고 탐을 낸 이곳 평야지대를 달리며 좌측으로 전주시가지 남쪽으로 솟아 있는 모악산을 바라본다. 어쩌면 『아리랑』의 중심에서 하나의 축이 되어주는 산이라고 할 수 있다. 김제·만경은 물론 전주 북부지역의 평야지대에 젖을 내어주는 산이 모악산이기 때문이다. 다시 북쪽을 바라보면 익산시 북쪽으로 미륵산이 뒤로 밀려나고 있다. 달리는 도로를 사이에 두고 모악산과 거의 대칭적으로 그 형태마저 비슷하게 자리하고 있는 산이 미륵산이다. 미륵불교의 중심지 국보 미륵사 석탑이 세월의 풍파를 딛고 당당하게 서 있는 곳이다.

1923년 쌓은 옥구저수지를 지난다. 일부러 새만금 부근까지 돌아서 장미동으로 간다. 후지이 간타로(藤井寬太郎)의 불이흥업회사의 간척지를 보여주고자 함이다. 외리, 내촌마을 김춘배 아들 김장섭과 남상명이 토지조사사업으로 땅을 강탈당하고 이곳 군산 서부 간석지의 간척사업에 몸을 담았던 곳을 지나기 위함이다. 2,500정보, 750만 평을 논과 저수지로 만들어낸 조선 수리왕 후지 간타로. 3천여 명의 조선 농민

506

전주-군산 산업도로에서 바라본 모악산 2020-10-30

옥구저수지. 한민족문화공동체후원회가 주최하고 북원태학이 진행하는 역사기행 2022-08-06

옥구저수지 남쪽의 옥구농장. 소설 속에서 조선인이 움집을 짓고 살았던 공간이다. 2020-10-31

옛 군산진과 군산창 터. 수덕공원 북쪽의 한국전력 건물 자리가 대한제국 시기 군산진이 있던 곳이다. 2020-09-21

이 동원되어 만들어낸 거대한 농토. 그곳의 지배인이 『아리랑』 속의 요시다이며 그의 앞잡이가 이동만이다. 움집에서 목숨을 부지하고 영구소작권이라는 희망으로 그 넓은 간석지를 논으로 만들어낸 조선 농민들은 일본 이주민들에게 간척지를 빼앗기고 저수지 남쪽 간척지에서

군산진 터에 자리 잡은 일제의 목포 일본영사관 군산 분관(一), 군산경찰서(二), 군산우편국(三).
지금의 수덕공원 북서편에서 촬영된 것으로 보인다. 군산 개항 3주년 기념인 1902년 모습으로 보고
있다. 자료: 전라북도·군산시, 『동국사 소장 일제강점기 문화유산』 군산 편(흐름출판사, 2019), 54쪽.

한을 품으며 해방이 될 때까지 살아야 했다. 여름 어느 날 폭우로 인해 집이 잠기고 아이들을 잃었던 가슴 아픈 현장이 바로 이곳 불이농장과 옥구농장이다.

첫 답사지인 옛 군산진터를 가기 위해 군산 시내를 통과하지 않고 산업도로를 타고 옥구저수지와 옥녀저수지를 지나 옥녀교차로에서 우회전한다. 우측으로 해성초등학교가 있는데, 이곳이 바로 일본인 이주민들이 정착한 불이농촌이고 지금의 열대자마을이다. 지도상에서는 이곳을 미성평야와 옥구평야로 표시하고 있다. 저 멀리 전북외국어고등학교 뒤편으로 점방산이 보인다. 지금 달리고 있는 이 도로가 1922년 후지이 간타로가 막은 불이농장의 방파제길이다.

해망굴을 우측에 두고 옛 군산진과 칠읍해창인 군산창의 사라진 터를 찾아가고 있다. 군산 해양경찰서 맞은편 수덕공원 위에서 대한제국의 마지막 흔적인 군산진 수군 터와 호남 3대 조창인 군산창 자리에

금강을 따라 도선장으로 이동하는 전북교육연수원 연수단 2020-10-30

서 각각 『아리랑』 속의 조선총독부 역할을 하는 쓰지무라의 목포영사
관 군산 분관과 하야가와의 군산 우편국 자리, 그리고 군산경찰서의 위
치를 찾았다. 목포영사관 군산 분관은 훗날 군산 이사청으로 바뀌며 새
로운 건물을 신축했다.

　　오늘 군산해양경찰서 자리에는 과거 군산의료원이 있었는데, 일제
강점기에는 도립병원이 있던 자리다. 간척사업 이전에는 일제가 들어
오기 전에 7읍 해창인 군산창이 있던 곳이다. 군산신사가 있었던 곳에
는 군산서초와 군산해양경찰서가 자리 잡고 있다. 돌고 돌아 다시 우리
의 주권 아래 경찰서가 들어섰으니 제자리로 돌아온 셈이다. 금강 건너
장항이 내려다보이는 수덕공원에서 군산진과 군산창을 찾아보고 계단
을 내려와 옛 군산진 뒤로 자리했던 도선장을 향했다. 김제 죽산 외리
마을에서 지삼출과 방영근 그리고 감골댁이 징게맹갱 외에밋들 50리
를 걸어와 금쪽같은 큰아들을 하와이 사탕수수농장으로 보내는 상황을
설명하기 위해 장항과 선유도 등지로 떠나던 도선장으로 답사지를 선

군산내항 도선장에서 장미동으로 이동하는 연수단. 우축 Y자 가로등 아래 조선은행
군산지점(근대건축관) 지붕이 보인다. 2020-10-30

장미동 철로. 일제 침략의 상징이며 쌀의 군산을 상징하는 장미동의 상징이다. 2020-10-30

정했다.

　수덕공원에서 금강을 내려다보면 한국전력 건물이 있던 자리가 대
한제국의 상징인 군산진이 있었던 곳임을 확인하고, 장칠문이 대륙식

군산내항 장미공원 앞의 소설 『탁류』속의 등장인물 조형물, 군산역사생태교원동아리 2021-10-02

민회사 사무실에서 방영근을 접수했던 곳을 찾아 본정통을 지나 해안통으로 이어질 해변에서 도선장을 찾았다. 금강을 거스르면서 군산항역이 섰던 곳을 지나 부잔교 가까이서 옛 사진 촬영장소를 확인하고 4차에 걸쳐 진행된 군산내항 축항공사사업을 통해 이 기간 중에 있었던 지삼출, 손판석, 방대근, 서무룡 등 조선 노동자와 중국인 노동자들의 집단 패싸움 현장을 살폈다.

군산근대역사박물관을 뒤로 올라오다가 장미동 철로 여섯 가닥이 하나로 합쳐지는 곳에서 군산내항 철도의 건설 속으로 들어간다. 조선인에게 혜택을 주기 위해 철로를 건설한다고 허울 좋게 선전하라는 쓰지무라와 일제 앞잡이들이 등장한다. 그리고 장미공원 앞에 설치된 채만식의 『탁류』소공원에서 『아리랑』과 『탁류』의 중첩되는 부분을 만났다. 『아리랑』의 만석꾼 정재규와 『탁류』의 정주사는 미두장에서 재산을 탕진한다. 장미공원 카페는 일제강점기 쌀 창고였던 공간을 개조하여 카페로 활용하고 있다. 이곳에 있던 정미소와 미선소 그리고 쌀 창고를

일제강점기 수탈의 수렴지였던 군산내항 2020-10-03, 드론 사진 김길수

배경으로『아리랑』속의 인물 감골댁과 부안댁 그리고 수국이의 삶으로 들어간다. 미선소에서 네 줄로 25명씩 100명이 앉아 쌀을 골라내는 일을 하게 되는 수국이에게 찾아오는 거대한 먹구름은 늑대의 발톱이었다. 좌측의 뜬다리를 바라보며 소설 속으로 빠져드는 연수단은 썰물 때라 금강 하구에 펼쳐진 질펀한 펄을 확인할 수 있었다.

외리마을에서 보름이에 이어 수국이에게도 침을 흘리며 첩으로 들여앉히려고 노리는 김참봉과 거대한 물량 공세로 역시 첩으로 들이려는 대지주 하시모토의 발톱을 피해 수국이의 가족이 야반도주하여 숨어들어온 곳이 군산이다. 어렵게 미모로 잡은 일터이자 밥줄인 미선소, 그 미선소 주인 백종두의 아들인 헌병 백남일이 곱디고운 수국이를 짓밟는 장소가 이곳 내항 부근 장미동이다. 김참봉의 마수를 피해 무주로 시집간 보름이가 일본군에게 남편을 잃고 시아버지마저 총살당하자 아들 삼봉이를 데리고 군산으로 온다. 보름이는 버팀목인 손판석의 도움으로 쌀 창고 낙미쓸이 일을 하다가 장칠문, 세끼야, 서무룡을 받아들여야 하는 운명을 맞이하는 곳 또한 장미동이다.

부둣가에서 일본인을 상대로 구걸하던 양치성이 하야가와의 눈에 띄어 첩보원과 밀정으로 길러져 만주의 독립군과 조선인을 학살하는 앞잡이가 되어가는 출발점 또한 수탈의 수렴지 내항이다. 백종두, 장덕풍, 백남일, 장칠문, 서무룡 등이 친일파가 되어 군산을 주름잡으며 『아리랑』의 스토리를 끌고 간다. 이곳 군산은 음모, 간계, 강간, 강탈, 살인 등이 전개되며 식민통치의 처참함이 그려지는 곳이다.

째보선창에 모여드는 조선 노동자들, 외리와 내촌을 떠나 입에 풀칠하며 사람이 모이는 곳에서 살아내는 사람들. 그들이 만주로 건너가 독립운동에 참여하기 전에 반드시 적을 두는 곳이 아리랑 속의 째보선창이다. 보름이는 이곳에서 서무룡의 도움을 받아 점방을 차려 아들 삼봉이를 학교에 보내며 희망을 안고 살아간다. 감골댁, 방대근, 방수국이 군산을 떠나 산속 화전민촌으로 숨어들고, 이어서 만주의 송수익이 독립운동하는 곳으로 떠나간다. 지삼출과 방대근은 수국이를 성폭행한 백남일을 짓이겨 반죽음에 이르게 하고 백남일은 일본으로 가서 수술을 받고 돌아와 헌병에서 쫓겨나게 된다.

복개공사가 되어 있어 과거 째보선창의 모습을 잃어버렸지만, 아직 그 흔적은 남아 있다. 일제강점기에 이곳 째보선창 부근에는 석산이 있었다. 보름이와 손판석의 삶이 진하게 배어 있는 째보선창을 떠나 김제 만경으로 향한다.

2020-10-30

514

소설 『아리랑』 따라가는 역사기행 3

파란만장한 삶을 살아가는 보름이를 째보선창에서 만난 연수단은 수탈의 수렴지 군산에서 전주를 잇는 전군도로를 타고 일제강점기 옛 군산역을 거쳐 경포천을 지나서 개정을 빠져나와 대야에서 남쪽 만경강 건너 만경으로 방향으로 돌렸다. 이곳 대야의 전군도로는 1908년 완성되었는데, 소설 속에서는 이 신작로 공사에 손판석이 참여한다. 전주와 군산으로 이어지는 중간 지점의 만경강에는 목천포 다리가 남북을 잇는 역할을 했다.

50리 죽산에서 군산내항에 이르는 길, 그 길을 따라 징게맹겡 외에밋들로 진입한다. 섬진강 물을 동진강으로 돌려 이곳 만경 서편 광활 간척지를 만들고 그곳에서 생산된 농민들의 피와 땀이 소작료로 착취되어 이곳 새창이 다리를 건너 장미동으로 넘어갔다.

역사의 뒤로 밀려나 흉측하게 부서지고 있는 새창이 다리의 난간을 바라보며, 해원의 강 만경강을 건너면서 수레와 우마차에 그리고 트럭에 실려 나가는 만경 들판의 쌀을 바라보았다. 역사 뒤로 밀려난 일제강점기 새창이 다리는 1933년 만경평야와 광활 간척지 쌀을 군산으로 운반하기 위해 세웠다.

일제의 은사금을 거부하고 이곳 만경강에 투수하여 자결을 시도한

째보선창 2020-10-30

군산 대야에서 김제 청하로 넘어가는 새창이 다리에서 섬진강, 동진강, 만경강, 금강을 연결했다.
2020-10-30

춘우정 김영상 선생을 나룻가에서 역사의 시계를 돌려 조우하고 소설
속 만경의 만석꾼 정재규 형제들의 인생을 돌아보았다. 정재규, 정상규,
정도규가 그들이다.

철근이 드러난 새창이 다리. 다리 우측 너머에 새만금방조제가 있다. 2020-10-30

　요시다에게 100원을 빌려 주인공 송수익에게 술을 사주려 한 정재규는 만경의 양반 만석꾼의 큰아들이었다. 구한말 송수익이 같이 돈을 모아 학교를 짓자고 했을 때 일반 평민에게도 기회를 주자는 송수익의 의견에 반기를 들고 손사래를 쳤다. 그뿐이랴. 멀어져가는 송수익의 뒷모습에 대고 영락없는 전봉준이라고 욕을 해댔다.

　그 정재규와 송수익이 만난 당시 김제읍의 주막집은 죽산에서 김제시내로 들어오는 경계부 근방이었을 것이다. 지금이라도 '아리랑 주막집'을 하나 운영해주면 얼마나 좋을까. 김제향교로 향한 연수단은 향교의 뒷건물에서 송수익과 임병서가 의병전쟁의 진행 과정을 비밀리에 상의하는 모습을 바라보았다. 1906년 6월 4일 면암 최익현의 의병진이 창의하기 전까지 송수익은 의병장으로 나서기 위한 준비를 지속했다. 작가는 김제향교를 당대를 살았던 지식인들의 만남의 공간으로 설정했다. 세상은 변해가는데 한문을 읊조리며 공자 왈 맹자 왈 하고 있는 학생들의 합창소리를 배경으로 이곳에서 송수익과 임병서가, 그리고 송수익이 만주로 떠난 뒤에는 신세호와 임병서 그리고 공허 등이 비밀회동을 하는 장소다. 『아리랑』 속 지식인들의 고뇌와 나약함 그리고 때로는 의견충돌을 그려내는 장소를 왜 향교로 잡았는지 쉽게 이해되는 부분이다. 공허와 임병서의 독립투쟁 노선을 두고 벌이는 논쟁이 돋보이는 곳이기도 하다. 조선시대의 학교였던 향교에서 성리학적 한계를 뛰어넘지 못하는 그 시대 지식인들을 돌아보며 오늘의 지식인들이 가야 할 방향을 잡아보기 위해 『아리랑』 문학기행 답사지에 넣었다.

다음 목적지는 조선 농민들을 수탈했던 일제의 상징성을 가지는 죽산면사무소, 주재소, 그리고 죽산면의 땅을 절반이나 차지했던 하시모토의 농장사무실 등이다. 쓰지무라의 앞잡이 백종두는 경술국치 이전 일진회 군산회장을 맡아 친일 첨병으로 열성을 다한 대가로 군수를 원했으나 죽산면장이 되었다. 그리고 일제 토지조사원 다나카, 헌병주재소장 등은 조선 농촌을 지배하고 착취하는 선봉대 역할을 했다.

이들을 등에 업고 간석지와 뻘논 그리고 농민들의 땅을 사들이며 대지주가 되어가는 하시모토 나카바는 훗날 김제읍장이 되어 조선 농촌 처녀들을 성노예로 뽑아 보내는 역할을 담당한다. 수국이에게 반해 첩으로 들이려고 노력하나 실패한다. 토지조사사업에 저항하는 외리 내촌 사람들의 집단항의에 폭력을 휘두르고 일명 '쇠좆매'라는 태형도구를 동원하여 마을 사람들을 초죽음으로 몰아가며 성불구자들을 만들어낸다. 하시모토 농장 사무실 뒤켠에는 그의 덕을 칭송하는 송덕비가 세워져 있는데, 그 비를 세운 자들은 다름 아닌 전 전라북도지사 손영목과 강동희다. 이 둘은 친일파에 등재된 자들로 손영목이 짓고 강동희가 썼다. 백종두가 면장을 하기 위해 얼마나 지독하게 친일했는지를 안다면, 당시 조선인이 전라북도지사를 할 정도면 그의 친일 행적은 보지 않아도 알 수 있다. 일제강점기에 자랑스럽게 자신들의 이름을 돌에 새

김제향교. 소설 속 지식인들의 회합 장소와 의견충돌 현장으로 그려지는 곳이다. 2020-10-30

하시모토 농장 사무실 2020-10-13

긴 손영목과 강동희는 세월이 흘러 지금 만고의 친일파가 되어 두고두고 유취만년의 표본이 되고 있다.

일제강점기 죽산면사무소의 위치를 찾던 중 현재 면사무소에서 내촌마을의 한 노인을 만날 수 있었다. 그분은 90세 이두영 옹이었는데, 아리랑문학마을 조성 시 추진위원장을 맡았다고 했다. 그분의 증언에 의하면 현재 이곳 면사무소 자리에 일제강점기의 면사무소가 있었다고 한다.[2] 죽산면을 나온 연수단은 이제 『아리랑』의 둥지이자 고향인 외리와 내촌마을을 향했다. 나지막한 구릉을 따라 포장된 도로를 타고 내촌을 지나 외리마을 회관에서 내려 마을 전체를 바라볼 수 있는 곳으로 이동했다. 외리마을의 감골댁 그리고 그의 자식들인 방영근, 방보름, 방정분, 방수국, 방대근 등 인물의 특징과 당대 지식인 송수익과 그의 자식들, 내촌마을의 지삼출과 손판석 등 『아리랑』의 주인공들을 배출한 마을 전체 그림을 그려보았다. 이들은 『아리랑』의 공간을 무한정 확산해가는 주인공들이다.

민초에서 동학농민혁명군, 의병에서 독립군, 소지주에서 소작농, 군산의 노무자, 하와이 사탕수수농장, 만주 이민과 동포사회 형성, 경신참변, 동북항일연군 등으로 변신하며 소설 『아리랑』 속에서 이들은 알곡들이 되어준다. 먼발치로 보이는 마을 뒷부분에 솟아 있는 나무들을 당산나무로 설정했다. 당산나무가 지니는 마을에서의 상징성과 조선의 정신을 새겨보고 바로 옆에 조성한 아리랑문학마을을 찾았다.

초가지붕으로 조성한 문학마을에서 내촌의 지삼출과 무주댁, 손판석과 부안댁을 각각 소설 속에서 그려지는 인물상을 돌아보고 바로 옆에 조성한 외리마을의 감골댁 집, 송수익의 집, 차득보의 집을 찾아가 각 인물의 성격을 그려냈다. 특히 송수익의 집에서는 그가 동학농민혁명의 지지자로 스스로 혁신을 꾀했던 선비였음을 만나본 뒤 이후 을사

---

2   내촌마을 이두영(90세) 옹과의 인터뷰는 2020년 10월 13일 죽산면사무소 안에서 이루어졌다.

520

외리마을을 걷고 있는 연수단 2020-10-30

의병장으로 의병들을 이끌고 일본군과 싸우다가 만주로 망명하여 독립
투쟁을 전개하는 과정을 통해 오직 한 길 조국의 독립을 위해 헌신하다
가 무정부주의자로 활동하게 되는 배경을 돌아보았다. 끝내 만주 심양
의 감옥에서 숨을 거두는 것으로 그의 역할을 끝내는 『아리랑』의 주인
공 송수익은 이 시대를 살아가는 지식인들에게 많은 생각을 하게 하는
인물이다. 그는 비록 소설 속이지만 근대사를 살다간 수없이 많은 지식
인 중에서 하나의 모범이 되었던 인물이다. 작가는 송수익을 통해 오늘
을 살아가는 현대인에게 어떻게 살아가야 하는지의 방향을 넌지시 제
시하고 있다.

　　문학으로 만나는 인문학 소설 『아리랑』 따라가는 역사기행의 마지
막 답사지는 정읍 칠보에 있는 무성서원이다. 하루 여정으로 다소 빡빡
한 일정이지만, 연수단은 강사보다 더한 열정으로 『아리랑』 속으로 빠
져들었다. 이곳이 오늘 여정의 마지막인 것은 주인공 송수익이 의병장
으로 나서는 곳이기 때문이다. 당대 지식인 송수익이 행동하는 지식인

으로 본격적으로 나서게 된 것이다.

면암 최익현과 돈헌 임병찬의 태인의병에 가담하여 자신에게 소속된 의병진을 이끌어가는 의병장 송수익을 만나고 그를 따라 만주로 향하고자 함이다. 그것은 의병에서 독립운동으로 연결됨을 의미한다.

소설 『아리랑』에서 송수익이 의병에 가담하는 장면은 실재했던 태인의병을 배경으로 했다. 1906년 6월 4일 이곳 무성서원에서 창의한 면암 최익현의 의병진에 소설 속 송수익의 의병을 포함시켰는데, 송수익은 40여 명의 의병을 이끌고 단위부대의 의병장으로 면암 최익현의 의병진에 합류한다. 송수익의 의병부대에는 지삼출, 손판석 등 외리와 내촌마을의 주인공들이 대거 참여한다.

역사 속에서는 태인의병이 무성서원에서 출발하여 태인, 정읍, 순창을 점령했고 곡성을 경유하여 남원을 공격하려고 했다. 곡성에서 철수하여 순창 객사에 진을 쳤던 의병진은 전주 진위대와 남원 진위대의 공격을 받고 해산되며 지휘부는 체포되어 서울로 압송당하게 된다.[3] 반면 소설 속에서는 송수익의 부대가 산속에서 일본군대와 치열한 전투를 벌이는 것으로 묘사되어 있다. 이후 일본의 압박으로 위축되다가 경술국치를 당하자 만주에서 다시 만날 것을 약속한다. 만주로 망명한 송수익은 먼저 정착한 뒤 의병전쟁에 참여했던 부하들을 만주로 불러들여 무장독립투쟁을 이어간다.

동학농민혁명에 적극적 동조자에서 항일의병장으로 다시 만주와 연해주로 이동하여 단재 신채호를 만나 고구려를 배우고 대종교에 입교하여 독립운동을 전개하며 서간도에 정착하여 신흥무관학교를 찾아가 우당 이회영 선생을 만난다. 대종교 서일 총재와 공산주의에 대해

---

3   박민영, 『최익현』(서울: 역사공간, 2012), 171-180쪽.

내촌마을 옆에 조성한 아리랑문학마을 송수익의 집 2020-10-30

무성서원 2020-10-30

의견을 교환하며 종국에는 독립운동의 방향을 변경하여 아나키스트가 되고 장춘의 관동군 사령부를 폭파하는 계획을 세웠다가 체포되어 봉천(심양)의 감옥에서 옥사하는 것으로 『아리랑』에서의 역할을 끝내게

마지막 답사지 무성서원. 소설 『아리랑』 속의 주인공 송수익은 이곳에서 의병장으로 활동을 시작한다. 2020-10-30

된다.

　작가는 『아리랑』의 주인공 송수익의 삶을 통해 이 시대 지식인들이 가야 할 방향을 제시하고 있다. 송수익의 삶에서 마지막 부분은 우당 이회영의 삶과 닿아 있다. 그의 두 아들 송중원과 송가원의 삶에서도 아버지의 삶을 이어 지식인의 사명을 다하는 것으로 그려냈고, 손자 송준혁은 일제강점기 말 학도병을 피해 지리산으로 숨어들어 원조 빨치산이 되게 했으며, 훗날 남부군 총사령관이 되는 이현상 밑에서 사상학습을 받는 것으로 묘사했다. 이를 통해서도 작가 조정래는 당대의 지식인이 끊임없이 고뇌하고 사색하며 살아서 꿈틀대는 역할을 부여하고 있다.

　소설 『아리랑』 따라가는 역사기행에서 마지막 장소를 무성서원으로 설정한 것은 진정한 선비란 무엇인가를 되돌아보고자 함이다. 한국의 9개 서원이 세계유산이 되었는데, 그 배경 중의 하나는 서원이 가지는 기능 중에서 바로 선비를 길러내는 것이 들어 있다고 본다. 나라가

요동반도 고구려성(성산산성)에서 '자주! 통일!'을 외치고 있는 교직원연수단, 광복 70주년 기념 만주 4,000km 독립운동 대장정 2015-07-27

망해가는 시기, 그 시대를 살아가는 지식인들이 보여주어야 할 정신이 선비정신이다. 그래서 지식인들은 붓 대신 칼을 들고 창의의 깃발을 올렸다. 그것은 선비정신의 발로였다.

　　임진왜란, 병자호란에는 의병으로, 망국에서는 독립군으로, 독재 하에서는 민주투사로 나서는 것이 살아있는 선비정신이다. 그럼, 오늘의 선비정신은 무엇이어야 하겠는가. 이 시대는 분단의 시대다.

2020-10-30

참고문헌 하권

경남도민일보, 〔전라도 엿보기〕「화순 쌍산의소 복원 나선 서재풍 씨」, 2004. 10. 23.

고려대학교민족문화연구원, 『고려대 한국어대사전』, 고려대학교민족문화연구원, 2009.

김광식 외 4인, 『종교계의 민족운동』, 서울: 경인문화사, 2008.

김구(도진순 편역), 『쉽게 읽는 백범일지』, 파주: 돌베개, 2013.

김부식(이병도 역주), 『삼국사기』 상, 서울: 을유문화사, 2002.

김삼웅, 『매천 황현 평전』, 서울: 채륜, 2019.

_____, 『약산 김원봉 평전』, 서울: 시대의 창, 2010.

김상기, 『한말 전기의병』, 서울: 경인문화사, 2009.

김영, 『깃발 없이 가자』, 안양: 청맥, 1988.

김용옥, 「도올이 본 한국독립운동사」 1부 '피아골의 들국화', EBS TV, 2005.

_____, 「도올이 본 한국독립운동사」 7부 '십자령에 뿌린 의혈', EBS TV, 2005.

_____, 『동경대전 1: 나는 코리안이다』, 서울: 통나무, 2021.

_____, 『동경대전 2: 우리가 하느님이다』, 서울: 통나무, 2021.

김중생, 『험난한 팔십인생 죽음만은 비켜갔다』, 서울: 명지출판사, 2013.

김진호 기자, 「다시 쓰는 춘향전 ② 작가는 무명씨?」, 뉴시스, 2016. 8. 30.

김희곤, 『만주벌 호랑이 김동삼』, 파주: 지식산업사, 2009.

_____, 『안동 내앞마을』, 파주: 지식산업사, 2012.

남원문화원, 『용성지(龍城誌)』, 대홍기획, 1995.

대한민국자연생태체험연구회, 「어머니의 강 섬진강에 어려있는 선비정신」, 2018.

류성룡(오세진 · 신재훈 · 박희정 역해), 『징비록(懲毖錄)』, 서울: 홍익출판사, 2017.

류연산, 『불멸의 영령 최채』, 중국 북경: 민족출판사, 2009.

민족문화추진회, 『국역 신증동국여지승람』 7권, 서울: 민문고, 1989.

민족문화추진회, 『연려실기술 XI』, 서울: 민족문화문고간행회, 1982.

박민영, 『최익현』, 서울: 역사공간, 2012.

박은식(남만성 역), 『한국독립운동지혈사(상)』, 서울: 서문당, 1999.

_____, 『한국독립운동지혈사』, 고양: 서문당, 2019.

박이선, 『1938년 춘포』, 인천: 보민출판사, 2012.

보성군, 『홍암나철기념관』, 서울: 선인, 2016.

서재필기념회 편, 『선구자 서재필』, 서울: 기파랑, 2011.

서정섭 · 강정만 편저, 『사랑, 남원 이야기로 피어나다』, 전주: 신아출판사, 2013.

세종대왕기념사업회, 『국역 매월당집 2』, 서울: 신영프린팅, 2011.

안동독립운동기념관 편, 『국역 백하일기』, 서울: 경인문화사, 2011.

안재성, 『이현상 평전』, 서울: 실천문학, 2007.

오을탁 제주본부 기자, 시사저널, 2021. 11. 24.

吳知泳(李圭泰 校註), 『東學史』, 서울: 문선각, 1973.

윤영근 · 최원식 편저, 『남원항일운동사』, 전주: 어화, 1999.

윤흥길, 『기억 속의 들꽃』, 서울: 다림, 2018.

이남일, 『섬진강과 남원의 누정』, 전주: 신아출판사, 2015.

이순신(노승석 역), 『난중일기』, 서울: 여해, 2019.

이영권, 『제주역사기행』, 서울: 한겨레신문사, 2005.

_____, 『조선시대 해양 유민의 사회사』, 파주: 한울, 2013.

이윤옥, 『서간도에 들꽃피다 1』, 서울: 얼레빗, 2014.

이태룡, 『한국근대사와 의병투쟁』 4 답사편, 서울: 중명출판사, 2007.

이해동, 『만주생활 77년』, 서울: 명지출판사, 1990.

이해영, 『안동 학봉 김성일 종가』, 서울: 예문서원, 2011.

이황직, 『서재필 평전』, 서울: 신서원, 2020.

임실군지편찬위원회, 『임실군지 1: 임실의 역사』, 전주: 신아출판사, 2020.

_____, 『임실군지 6: 임실의 인물』, 전주: 신아출판사, 2020.

장현근, 『동진강에 흐르는 아리랑』, 성남: 북코리아, 2019.

장현근, 「지역자원의 콘텐츠 개발과 활용방안 연구」, 석사학위논문, 2019, 9쪽.

전라북도 · 군산시,『동국사 소장 일제강점기 문화유산』군산 편, 흐름출판사, 2019.

전북자연생태체험연구회,『화산섬 제주의 자연과 사람 그 탄생과 적용 보고서』, 2009.

전북향토문화연구회,『全北義兵史 下』, 전주: 선명출판사, 1992.

전주역사박물관 · 진안문화원,「전북진안지역 근현대민족운동사 학술보고서」, 전주: 전북
    정판, 2003.

정영훈,「대종교와 단국민족주의」,『고조선 단군학』10, 2004, 156쪽.

정유진 기자,「전라도 역사 이야기 83: 독립신문과 보성 서재필기념공원」, 남도일보,
    2019. 4. 14.

제주대학교 탐라문화원 · 전주대학교 행정대학원 글로컬창의학과,「'화산섬 제주의 자연
    과 사람' 교과통합체험학습 프로그램 개발 및 적용」,『제주생활문화 원형의 이해와 적
    용』, 2018, 100-132쪽.

제주도교육청,『아픔을 딛고 선 제주』, 제주: 일신옵쇄인쇄사, 2004.

조성운,「부안지역의 동학농민운동과 백산대회」,『역사와 실학』61, 337쪽.

조성윤 편,『일제 말기 제주도의 일본군 연구』, 서울: 보고사, 2008.

조용헌,『5백년 내력의 명문가 이야기』, 서울: 푸른역사, 2019.

조정래,『아리랑』, 서울: 해냄, 1995.

전남일보,「노성태의 남도역사 이야기: 화순 출신 의병장 양회일과 쌍산의소」, 2021. 7. 7.

진안문화원,『호남창의록』, 진안문화원, 2013.

차길진,『빨치산 토벌대장 차일혁의 수기』, 서울: 후아이엠, 2011.

창의실기편집위원회,『항일의병장 春溪 梁公春泳 倡義實記』, 이리: 원광사, 1990.

채영국,『서간도 독립군의 개척자 이상룡의 독립정신』, 서울: 역사공간, 2007.

최국철,『석정평전』, 중국 길림 연길: 연변인민출판사, 2015.

최성미 편저,『임실독립운동사』, 전주: 신아출판사, 2005.

최제우(박맹수 역),『동경대전』, 서울: 지식을 만드는 지식, 2012.

표영삼(신영우 감수),『표영삼의 동학 이야기』, 서울: 모시는사람들, 2014.

한국학중앙연구원,『순흥안씨 사제당 가문을 통해 본 조선시대 호남사림의 존재양상』,
    2016.

허은 구술, 변창애 기록,『아직도 내 귀엔 서간도 바람소리가』, 서울: 민족문제연구소,
    2013.

홍대용(김태준 · 김효민 역),『의산문답』, 서울: 지식을만드는지식, 2009.

홍영기,『대한제국기 호남의병 연구』, 서울: 일조각, 2005.

_____,『한말 후기의병』, 서울: 경인문화사, 2009.

황현(허경진 역),『매천야록』, 파주: 서해문집, 2014.

『면암선생문집』,『백사집』,『송자대전』,『세종실록』,『인조실록』

공훈전자사료관, https://e-gonghun.mpva.go.kr/

네이버 지식백과, https://terms.naver.com/

두산백과, https://www.doopedia.co.kr/

오마이뉴스, http://www.ohmynews.com/

임청각, http://www.imcheonggak.com/

한겨레신문, http://www.hani.co.kr/

한국고전종합DB, https://db.itkc.or.kr/

한국역대인물종합정보시스템, http://people.aks.ac.kr/index.aks

한국향토문화전자대전, http://www.grandculture.net/

한민족문화대백과, https://terms.naver.com/